The Review of New Political Economy

新政治经济学评论

新政治经济学评论
The Review of New Political Economy

主　编：汪丁丁

副主编：金祥荣　潘士远　朱希伟　汪淼军

编辑部主任：叶建亮

编辑部成员：（按姓氏笔画排列）

王志毅　叶建亮　叶　航　朱希伟　宋华盛　汪淼军

陈志俊　罗卫东　罗德明　钱彦敏　曹正汉

黄先海　蒋岳祥　董毅青　潘士远

The Review of New Political Economy

汪丁丁 主编

新政治经济学评论14

浙江大学民营经济研究中心
浙江大学经济学院
浙江大学跨学科社会科学研究中心

ZHEJIANG UNIVERSITY PRESS
浙江大学出版社

图书在版编目（CIP）数据

新政治经济学评论.14/汪丁丁主编.—杭州：浙江大
学出版社，2010.1
ISBN 978 – 7 – 308 – 07300 – 4

Ⅰ. 新…　Ⅱ. 汪…　Ⅲ. 政治经济学 – 文集　Ⅳ. F0 – 53

中国版本图书馆 CIP 数据核字（2010）第 003349 号

新政治经济学评论.14

汪丁丁　主编

责任编辑	王志毅
文字编辑	叶　敏
装帧设计	王小阳
出版发行	浙江大学出版社
	（杭州天目山路 148 号　邮政编码 310028）
	（网址：http://www.zjupress.com）
排　　版	北京京鲁创业科贸有限公司
印　　刷	杭州杭新印务有限公司
开　　本	787mm×1092mm　1/16
印　　张	10.25
字　　数	203 千
版 印 次	2010 年 1 月第 1 版　2010 年 1 月第 1 次印刷
书　　号	ISBN 978 – 7 – 308 – 07300 – 4
定　　价	32.00 元

目　录

CONTENTS

思想随笔

弗格森《文明社会史论》中译本序

◎ 汪丁丁[*]

亚当·弗格森（1723—1816）是苏格兰启蒙运动的核心人物之一，他的《文明社会史论》初版于 1767 年，在他生前已经再版七次（1809 年美国波士顿哈斯亭斯出版公司印行该书第七版）。在这本涉猎广泛的著作中，弗格森在肯定工商业文明的"进步性"的同时，立足于古典社会政治理论对现代文明的"异化"实行了比较深入的批判。他的这些（古典保守主义立场上的）批评与当时由休谟和斯密代表着的（古典自由主义）苏格兰启蒙运动的学术主流相左，从而引发了英国学界关于文明社会的"现代性危机"的争论与思考，而在马克思之前，这种对"现代性危机"的思考主要是由欧陆思想家们进行的。在这一意义上，我们不妨认为，弗格森是近代西方思想家里面最早从"现代性危机"的角度对现代文明加以批判的经典作家之一。也是基于这一理由，我们通常将他视为英美思想传统中的"社会学"创始人（较晚的孔德和德克海姆则被认为是欧陆思想传统中的社会学创始人）。这里我把英美思想传统的"社会学"加上了引号，因为社会学思想的功能之一是对当时社会实行反思和批判，而在英美主流学术传统里很难见到这种专门对社会实行反思和批判的"学科"（这与市场制度和竞争性的学术文化密切相关，就此也可以看到欧陆与英美这两大思想传统之间的重大差异）。下面我仅就我个人的阅读和理解勾勒一下弗格森这本著作的思想脉络，同时，我将试图从当代学术思想的角度揭示这一著作的内在矛盾或"紧张关系"。我相信，如果阅读仅仅是阅读，那么读者马上会发现自己在弗格森杂文随笔式的叙事当中迷失了线索。阅读必须是，尤其是对这本著作的阅读，必须是"重新阐释"的过程。而这一阐释只能是"现代的"，是"反思启蒙"的，从而包含了批判与"扬弃"的阐释。

首先涉及的是"文明"的定义问题，或作者和读者对这本《文明社会史论》所讨论的"文明"的理解问题。作为形容词的"文明"的英文原文是"civil"，但是作为一位启蒙时期的经典作家的弗格森，是在古典意义上使用这一语词的。"civil"的古典来源是拉丁文"civis"，

---

* 汪丁丁，北京大学国家发展研究院教授，浙江大学跨学科社会科学研究中心学术委员会主席，东北财经大学行为与社会演化研究中心学术委员会主席。

其三重含义是：（1）公民权益的，（2）合法的，（3）民法。这一拉丁文来源似乎相当地偏离了人们通常赋予这个语词的"文明"含义。事实上，这一语词的"文明"含义来源于希腊文。由于亚里士多德政治学和伦理学对中世纪政治哲学和法哲学的重大影响，拉丁文"civis"（公民）开始向着"civilization"（文明）转变，并且，在其"公民政治"的含义里带上了浓重的希腊文"polis"（政治）的影响。这一希腊语词的三重含义是（参见 1889 年和 1997 年版本的 Liddell and Scott's *Greek-English Lexicon*）：（1）作为公民整体的"城邦"，指雅典，斯巴达，菲尼基，或威尼斯这类独立的、有自己的法律并依照法律实行自治的城邦国家（city-state）；（2）概括了文化艺术和整体精神生活方式的"文明"，并且通过这一含义与另一个关键的希腊语词"ethos"（社会整体的精神以及由此衍生的风俗习惯"ethic"）相联系；（3）公民精神生活的主要方式——"政治"，这当然也是英文"政治"这一语词的原型。我们在洛克的政治学说中也可以见到这种罗马和希腊的双重影响，例如洛克在《政府两论》中对政治体制的分类（其中第三种制度既是"civil"又是"political"）。

这里又一次出现了黑格尔（《哲学全书》）曾经指出过的精神现象：核心概念的展开过程本身就是理论体系。当我们试图定义"文明"的时候，我们会发现正在涉及弗格森的，西方其他思想家的，以及我们自己的，关于"文明社会"的全部理解。

在晚近的学术叙事中，"文明"这一语词渐渐放弃了它的古典含义，成为相对于（偏重于精神生活的）"文化"而言更加偏重于概括人类"物质生活"的一个语词。另一方面，原本由"文明"的古典意义表现的人类精神生活方式，现在又无法由"文化"（culture）这一语词来表现。因为后者的字源来自拉丁文"cultus"（而不再植根于自由精神的家园——希腊语言），其字源学含义是（参见 *American Heritage Dictionary*）：（1）作为整体的社会生活习惯，信仰，思想方式与特征；（2）艺术与智力；（3）与农业文明相关的土壤改良和家畜养殖。很明显，最后这一含义——"农艺"，应当是这个语词最原初的含义，其后派生出另外两个含义。

由于上述的字源学转变，我觉得这本著作的中文译名其实应当是《公民社会史论》。但是这又会引起其他方面的含混，因为"公民社会"（civil society）这一语词经过"后马克思主义"经典作家的阐释与社会批判理论家的运用，已经几乎完全被"当代化"了。于是在非常学究甚至有些迂腐的方式中，我们不妨接受《市民社会史论》这一译名，因为这一名称除了涉及"小布尔乔亚"这一概念所引起的"布尔什维克"式的反感外，似乎还没有过分偏离它原有的"城邦居民"，"享有公民权利"，"文明社会"等等核心含义。

但是对基本概念的澄清过程不仅仅是理论体系的展开过程，同时，亦如黑格尔（《精神现象学》）指出过的那样，不得不是"历史与逻辑相统一的过程"（我使用了"不得不"这一语词，因为黑格尔意味深远地说过，"密聂瓦的猫头鹰只在傍晚才飞起来"；理性的完善永远是历史过程的一部分）。文明社会在其历史演进过程中逐步展开为"资本主义"：从古代希腊崇尚科学与民主的精神当中，经过中世纪神学的从而是法学的逻辑熏陶，发生了西方社会的"法治"政治制度，以及由这一制度规则支撑起来的工业与贸易的全球性扩张。这一扩张被海德格尔正确地叫作"全球的欧洲化过程"。今天，当人们谈论作为爪洼和夏威夷土著文明对立面的西方的"文明社会"时，首先意识到的不再是雅典人借这一语词所意谓的"公民社会"，而是工商业繁荣及与其相应的价值观念。弗格森的同时代人，亚当·斯密，苏格兰启蒙运动的主将，在其《道德情操论》和《原富》中都对当时工商业发展的阴暗方面有所批评，但是他的批评远不如弗格森来的深刻。我们或许可以认为亚当·斯密对资本主义早期发展持乐观主义的态度，而亚当·弗格森则对此持悲观主义的态度，虽然他们都是启蒙与人文精神的歌颂者。

当我们勾勒出上述的思想背景以后，我们便比较容易体会弗格森的叙述为什么如此广泛和头绪纷杂了。阅读这样一位思想者的"专著"，其实与阅读清代儒者的"札记"差不多，这里最忌讳的就是咬文嚼字，因为语言在当时（在西方思想界发生语言学转向之前）还带有更多的"私人性"，思想者的话语围绕着思想者自己的核心思想展开，而不是（如今天这样）围绕着"公共领域"的某个专题展开。

弗格森在这里的叙事，至少他的叙事的主要部分，在我看来可以更加恰当地叫作"古代文明的政治社会学研究"。我把对他这一研究的思路发生了最大影响的几位思想家以及他们对弗格森所影响的方面罗列如下：（1）大卫·休谟的认识论，这是从英国经验主义传统中生长起来的强烈的怀疑主义意识。在经验主义者看来，一切真理都来源于主体感觉。基于英国经验主义传统，弗格森开宗明义就提出要从我们对"普遍人性"的观察提出他的"文明社会"诸种原理。尽管经验主义关于"一切真理都来源于主体感觉"的信仰导致了后来孔德所倡导的"实证主义"，冯特的"实验心理学"和被詹姆斯带到顶峰的"美国实用主义"哲学，但是同样从这一信仰出发也导致了深刻的怀疑主义以及对实证科学基础的动摇。（2）亚当·斯密的自由竞争观念，从这一观念不仅导致了弗格森的社会学说，也导致了后来达尔文"物竞天择"的学说（至少构成其理论的"前概念"之一），以及种种版本的"社会达尔文主义"（包括当代再度流行的"生物经济学"的核心理念）。斯密本人对自由竞争的异化作用也有所认识，这表现为他的社会学说必须以在《道德情操论》和《原富》这两部著作之间往复论述的方式才自成体系（参见亚当·斯密为这两部著作历次版本写的序言）。（3）孟德斯鸠的法哲学，尤其是他才华横溢的随笔式的叙述方式，让弗格森佩服不已。弗格森反复引证，并且事先告诉读者他将大量地不加标明地引用孟德斯鸠的观点（见中译本第71页）。我们应当明白，当时在英国和法国之间的思想交流非常活跃，而且这种交流极大地激发了两国思想的进步。例如法国重农学派大师奎奈的"经济表"及其自由主义经济学说（laissez-faire）对斯密（在旅居法国期间）所产生的重大影响。又例如休谟与卢梭之间的恩恩怨怨。在这些可以列为"重大影响"的思想事件当中，平心而论，孟德斯鸠的思想表达（《波斯人信札》、《罗马兴衰反思录》、《法意》）不算是最深刻的。我们或许可以认为，他的"实证法学"思考大致是柏拉图理想主义法哲学与政治哲学的法兰西版本。（4）柏拉图的政治哲学。这是相对于苏格兰启蒙运动而言可以叫作"政治保守主义"的政治哲学传统，也是西方古典思想的主流传统之一。包含在柏拉图几十篇"对话"当中的政治哲学思想，集中表现在他的《理想国》和《法律篇》里面（以及主要涉及政治哲学的认识论基础的对话"政治家"）。在经历了老师苏格拉底的审判以后，柏拉图对雅典政治制度充满怀疑，他以斯巴达体制作为理想中的政治制度的原型。柏拉图的理想政治制度非常接近于钱穆（《中国历代政治得失》）总结的中国古代政治智慧——"贤均从众"，也就是说，大家首先听从有智慧的人的意见，只当不同意见的双方具有相等智慧的时候才诉诸"民主"表决程序。换句话说，在柏拉图的理想主义立场看来，最好的政治制度是贤人统治或"哲学家国王"，因为人类事务的本质特征是"不确定性"或对一般规律的违背（人的行为的目的性导致了人类行为不再完全服从"确定性"的普遍必然律），而只有哲学家才知道在每一具体场合下最明智的行为方式。其次，当社会不可能由贤人统治的时候，"次优"的政治制度是"法治"，即由一些官僚机构依照全体公民事前同意的程序合理性治理国家。但这已经如《礼运篇》所论，是"大同"不可得，退而求"小康"了。最后，那些被无能无贤的人统治的社会是最不幸的社会，因为那里既没有贤明君主指导人们追求至善的生活，也没有限制着暴君权力的法律可以遵循。我在阅读中感到，在上列各位思想家中，柏拉图是对弗格森影响最大的一位哲人，他的影响远远超过了例如孟德斯鸠对作者的影响。这主要是由于弗格森毕竟是苏格兰启蒙运动中人，是一位"古典主义"思想家，在其思维中渗透了柏拉图式的理想主义情操。

为什么我认为这本著作可以叫作"古代文明的政治社会学研究"呢？第一，弗格森讨论和分析的对象大多是古代文明而不是他那个时代的文明，尽管他的讨论总是要"影射"到现代文明。第二，除了引导性的文化描述外，弗格森的分析集注于政治制度方面，他的文化方面的讨论旨在揭示特定社会的精神气质（例如对"善"的理解），而那正是古典政治哲学叙事的特征（参见亚里士多德《政治学》、《尼各马科伦理学》，以及《大伦理学》）。第三，弗格森的政治哲学叙事总是反思当前社会，因此是批判性的，是社会学性质的叙事。

西方工商业文明的历史发展逐渐异化于这一文明的希腊根源的古典人文精神，"civil"逐渐异化为"civilization"，逻各斯逐渐异化为"逻辑"，科学逐渐异化为技术。而"技术"，从祭坛上的音乐符号"teke"演变为亚里士多德所理解的在必然律之下的"tekhnikos"（巧遇），又异化为今天的意味着改造、设计，或控制的"technique"。这是西方的历史与逻辑的统一。弗格森在第一章里写道："……根据我们假定的自私的基本原理，我们往往把人性中许多更可爱，更令人推崇的品质排除在个人关注的对象之外……我们没有解释利益到底是什么，就把它理解为是人类行为的唯一合理的动机，甚至还有一种基于这类信条之上的哲学体系①……这种假设的自私的哲学把自爱作为人类主导的感情……"在这一章的另一个地方我们发现弗格森所推崇的人类情感是这样的："……社会阅历可以使每一种对社会的强烈情感在人心中产生。社会的成功和繁荣，灾难和不幸都会引起许多强烈的感情波澜……正是在这种时候，人们才忘了维生之计，并且凭着那些使他发现自己力量的强烈情感去作事……危险和困难只能使他感到更刺激……显然，这种情形对于任何一种生灵的天性发展都是大有裨益的，它增强了他的力量。如果说勇气是社会对人的馈赠的话，我们有理由认为与他人和睦相处是人类生命中最崇高的一部分。这个源泉所产生的不仅仅是力量，还有最令人愉悦的情感：不仅仅是优良的品质，还包括了他几乎所有的理性的品格。如果把他独自一人扔到沙漠中去，他就像一株连根拔起的植物，虽然躯壳残存，但每一个机能都在萎缩，凋零；人类的躯壳和品格都不存在了。"对工商业文明不断强化着的"自私的基因"，弗格森批评说："……野人对他漂泊不定、孤立无助的部落还是那么忠贞不渝。正因为如此，每一个希腊人才会对祖国怀有真挚的爱，也正因为如此，古罗马人才有矢志不渝的爱国热忱。把这些例子同风靡于商业国家的那种精神作个比较吧。在这种商业国家中，人们可能都全面地经历过个人在保存整个国家的过程中表现出的自私自利。正是在这一点上，我们有时会发现人类是一种孤立的寂寞的生灵；一旦他找到了一个与他人竞争的目标，他就会为了利益，不惜像对待牲口、对待土地一样地对待他人。"

关于人类的"天性"，弗格森坚决认为：人不仅有自私自利的一面，而且或者更主要地，还有同情心（affectivity）或社会性。后者相当于孟子就"仁之端"所言说的"恻隐之心"，或者相当于斯多葛学派强调的"reciprocity principle"（"己所不欲，勿施于人"，直译为"对等原理"）。在中译本第38页脚注（1）里弗格森写道："人们说，人类极为重利。这一点，在所有的商业国家，无疑是千真万确的。但并不能由此得出结论：人类天生憎恶社会和相互间的友爱。即使在利欲熏心的地方，我们也可以找到与此相反的事实作为实证。尽管，有一种流行的观点认为：人类的幸福在于拥有尽可能多的财富、地位和荣誉。同情、真挚和友善的倾向还是能使互相竞争这一切的人们保持一定程度的友爱之心，使他们在知道获得这一切会给他人带来灾难

---

① 指边沁的功利主义道德哲学，同时也是对斯密基于"自爱"的道德哲学立场的一种批评。——译序者按

后，放弃自己渴求的利益。"在第 41 页里他写道："一个有爱心的人，心中往往有这样一种信念，即作为个人，他自己只不过是他必须尊重的那个整体的一部分。有了这种天性，他就有了所有美德的基础，就有了蔑视以肉体快乐为主要享乐的基础……"紧接着（第 42—43 页）他询问："这种高尚的品格到底是在什么样的环境中，接受了什么样的教导形成的呢……它存在于一个能唤起高尚情感的地方。在这个地方，人与人的主要区别不在于他们的财富和地位，而在于他们的品格。在这里，追求私利，贪图虚荣都会在更为欣欣向上的感情烈焰中消失；在这里，人类的心灵已经感受到了，辨认出了自己的目标。""如果有人问道，为了使一个人能全身心地投入到人生更高尚的事业中去，他应该在什么地方停止对这些微不足道的衣食住行的追求呢？我们会这样答道：现在就应该停止了。这就是斯巴达人所遵循的准则。"（中译本第 274—275 页）最后，如同后来德克海姆的感叹一样，弗格森感叹道："……在我们形成礼仪制度和政治制度之前，在我们把自由同头衔、车马、随从以及荣誉作交换之前，在我们只看到财富和权力，而看不到美德，只看到贫穷和弃置，而看不到耻辱之前，这种现象还不是不可救药的。什么样的说教魅力才能治愈混乱的心呢？"注意，在此处和在后来的叙述中，与柏拉图的信仰一样，弗格森心目中的理想社会生活始终是斯巴达式的纯朴和古典。

我在上面的诸多引述并不意味着弗格森完全反对功利主义的或亚当·斯密的道德哲学。正如他自己所说，"让我们不要卷入这场争论"，他所相信的，是人类根本感情的双重性格——强烈的爱和同样强烈的恨。这一双重人性是弗格森推导出"文明社会"一般原理的出发点。读者可以从书中看出，在人性自利的那一方面，弗格森追随了休谟和斯密，对商业社会的利益原则及其进步性质给予肯定的评价（例如他关于"财产权利"，"分工"，以及"自由竞争"的讨论）。

可是如果弗格森的讨论只是对人性争论的双方各加褒贬一番，那么他写这本书的目的何在呢？对此他回答说："在这些思考中，我们的目标不在于断定那些臻至辉煌和走向衰亡的任何国家产生腐败现象的精确程度，而在于描绘最终有可能导致政治奴役的精神萎靡，灵魂脆弱和国家衰弱。这是值得我们戒备的最后一种弊病，除此之外，时运日渐不济的国家不再有什么值得研究的问题了。"（中译本第 289 页）马克思说过，资本主义的每一种进步同时也是一种退步。德克海姆询问：难道今天文明社会里的人们真的比野蛮时代的人们更加幸福吗？而在所有这些思想家的批评和怀疑之前，弗格森已经平心静气地写道："人们发现，除了少数独特的情况外，商业艺术和政治艺术的发展是同步的……简而言之，当人们不再认为财富是充满活力的精神的重要因素，而成了贪婪者或挥霍者，劫掠者或怯懦者的偶像时，自由赖以存在的基础就可能会为暴君所用。"（中译本第 291 页）防范国家与社会的政治生活从充满着自由精神异化为普遍的腐败，这就是弗格森关心的问题，也是他写作这本书的隐衷。

"自由是每个人都必须随时自我维护的权利。试图将自由权利作为恩惠施予他人的人，事实上，恰恰会因此而丧失了自由权利。"（中译本第 295 页）自由首先是一种精神，其次才实现为一种制度。"有了这种精神，自由人总能和不光彩的行为作斗争，并依靠自己来维护自身的安全。"（中译本第 195 页）在人类社会里，对自由精神的维护是思想者永恒的任务，因为"对独立的渴望和对统治权的热爱往往产生于同一个源泉。两者都反对受制于人。在一个场合中无法忍受上司的人，在另一个场合中也无法容忍地位与自己相仿的人和自己平起平坐"（中译本第 297 页）。权力的平衡原理在弗格森看来是人类几乎可以用来维护自身自由的唯一原理："在每个国家中，国民的自由取决于国内各部分的均衡和协调一致。而在人类中，任何这种自由的存在都取决于各国间的均衡。在征服的过程中，被征服者即丧失了自由者。但是，从人类历史上看，征服和被征服事实上都丧失了自由。"（中译本第 302 页）"对于任何一位领导者的绝对服从或滥用权力①，即恒本意在于为人类谋福利，往往也会以破坏法制而告终。这种致命的大变革无论是以哪一种方式实现，最终都将导致军政府的出现。"（中译本第 303 页）我们不难理解，正是基于这一权力的平衡原理（这或许是孟德斯鸠对弗格森的最重要影响之一），弗格森同意亚当·斯密关于市场竞争和"看不见的手"原理的叙述。市场是"最不坏"的制度，如果贤明的哲学家君主永远不可能出现，人类为了自身的福利还能指望其他的什么制度呢？

在结尾处，弗格森这样写道："人类除了美德别无依靠……没有一个国家的内部衰亡不是由于国民的邪恶行径造成的……真正坚毅、诚实、有能力的人在每一个舞台上都能适得其所。在每一种环境中，他们都能获得自己天性中最大的快乐。他们是上帝为人类谋福利的合适工具。或者，如果我们必须换一种说法的话，在他们注定要生存下去的时候，他们表明了他们创造的国家同样注定要生存和繁荣下去。"②

作为我这篇序言的结语，我想指出的是，综观弗格森的思想体系，他的所有叙事都包含了一种内在紧张。在我看来，这一紧张关系产生于他所采取的两个基本的立场之间的冲突。这两个基本立场是：（1）英国经验主义的认识论，（2）柏拉图的古典政治哲学。基于经验主义立场，弗格森总是从经验或印象出发，通过"归纳"得到一般原理。而基于柏拉图的立场，经验只是理念的影子，现实的善只是至高的善的影子，人间的王国只是理想王国的影子。于是当弗格森基于理想王国来批判现实中的商业文明时，他又不得不在很大程度上赞同生活在"经验世

---

① 此处译文似不通。——译序者按
② 我稍微润色了一下此处的译文。

界"里的休谟和斯密为这一异化了的文明所作的辩白。

　　每一种伟大的思想，每一位深刻的学者，每一个富有生命力的传统，都总是立基于某种根本性的内在冲突。失去了这种内在的紧张（tension），也就失去了生命。思想空间，如同宇宙空间一样，在张力的鼓动下膨胀着、丰富着、生活着。黑格尔说，精神通过否定和否定之否定实现自身。赫拉克立特说，逻各斯是永恒的活火。

分工、交换和文明的演进

——H. 奥菲克《第二天性：人类进化的经济起源》中的经济演化思想述评

◎ 刘业进[*]

摘　要：本文全面评述了 H. 奥菲克《第二天性：人类进化的经济起源》中的经济演化思想。立基于考古证据的理论推测：脑容量急剧扩张、直立行走、言语能力的出现这些关涉文明出现的核心事件，与交换以及由交换启发出来的劳动分工/知识分工之间具有紧密的关联。在大跨度的演化时空中，交易安排的复杂化和扩展支持专业化分工的发展，从而交易成本是分工获取合作收益的必要代价。在这一框架中，"交换"和"分工"被重新纳入经济分析的中心位置，并置于更大时空维度中用以解释文明演化现象。

关键词：言语能力；交换；演化

奥菲克的 Second Nature：Economic Origins of Human Evolution 2001 年在剑桥大学出版社出版。著作一经面世，好评如潮。Rick Szostak（2002）在 Journal of Economic Literature 上撰文指出，"奥菲克（跨学科）旁征博引、文笔优美，发展出关于我们人类遥远过去的一种新奇的解释，有可能为许多进化之谜提供了潜在的答案。当职业经济学家正尝试性地采取步骤以期对人性作出更为微妙精细的解释时，奥菲克的分析为人类个体和社会水平上的复杂性提供了一种经济学推理。"Gordon Tullock（2004）在 Journal of Bioeconomics 发表的书评文章中称赞此书是经济学和生物学跨学科结合的典范之作。"奥菲克的著作不仅讨论生物学，而且也的确讨论经济学，并深入引用亚当·斯密。"① 塔洛克认为这是一本激动人心的作品，"在我看来本书是关于我们远祖早期历史解释的一种全新开始。不仅经济学家感兴趣，考古学家和人类学家也会同样

---

* 刘业进，首都经济贸易大学公共管理系副教授，从事制度经济学研究。通信地址：北京市丰台区首都经济贸易大学公共管理系，邮编：100070。E-mail：hayeking@163.com。本文最终得以形成，本人特别感谢匿名审稿人的修改建议，但文责自负。

① 指奥菲克处理和发展了交换和分工这一斯密重大主题。

感到激动人心。""如果人们由此（著作）被引导到去阅读斯密，那就太好了。"可见，塔洛克特别强调奥菲克的贡献和斯密之间的紧密联系。Alexander J. Field（2002）在 *The Journal of Economic History* 发表书评文章指出，"这是一本极具野心、激动人心、文笔优美的著作。正如亚当·斯密所关心的，奥菲克关注人类交换的天性。奥菲克没有方便地假设这一天性是新石器时代以来文化演化的人工制品。奥菲克把交换的起源推至更加遥远的更新世时期，并把交换的起源与那一时期的气候稳定化相联系。他把交换作为新石器时代演化的充分条件（原因），而不是它的演化结果。"此外，*Science* 和 *Nature* 都发表了此书的评论。*Science* 的评论："奥菲克对自己关心的问题有良好的、非常有说服力的思想，这对人类早期进化进行经济学的分析来说是重点与核心……《第二天性》是一本令人振奋和有趣的书，对于人类怎样走到今天，以及我们应该怎样进行研究，它提出的问题是具有说服力的。"*Nature* 的评论是："奥菲克在经济学和生物学之间建立了有趣的联系。"

　　尽管如此，H. 奥菲克的演化经济学思想却没有得到主流经济学的更多关注，甚至也没有得到演化经济学的更多关注。本文立足于奥菲克的《第二天性：人类进化的经济起源》，全面评述了浸透其中的经济和社会演化思想。奥菲克揭示了人类通过"交换"而谋生这一人类独有（常常被人们视而不见）的深刻特征。而交换所需要的"沟通、量化、抽取重点和时空定位等"构成人类文化进化的选择压力。由此，语言、数学和艺术等抽象能力在某种"军备竞赛"的进化压力下得以快速进化出来。奥菲克提出了鲜明观点，即：交换不仅仅是一个现代文明的人工制品，它更是人类早期的进化因素。然而既有的考古学、人类学和经济史研究罕有把交换提升这一高度来认识。按照传统的生物学和人类学观点，不能解释人类超乎寻常的认知技能和早熟，这不符合自然选择的理论推测。奥菲克列举了七点人类进化中难以或未经解释的事实，他认为，其中隐含着"深刻的经济学内容"。把经济学原理和演化学说应用于早期人类的进化问题，提出"交换"作为一个进化因素在人类"脑容量的扩大"和"生存环境的扩大"的重大作用。奥菲克的学说大大扩展了经济学的应用时空范围，在经济学和生物学的跨学科研究中作出典范性的贡献。

　　亚当·斯密把财富的原因归为分工，并认为这一过程不是人类智慧的结果。"它是不以这广大效用为目标的一种人类倾向所缓慢而逐渐造成的结果，这种倾向就是互通有无，物物交换，互相交易。"（亚当·斯密，1996，第12页）斯密猜想分工—交换的天性是演化的产物，并回避了演化的进一步原因，"这种倾向，是不是一种不能进一步分析的本然的性能，或者更确切地说是不是言语能力的必然结果，这不属于我们现在研究的范围。"（亚当·斯密，1996，第13页）斯密猜想，即言语能力导致交易和分工，是极富启发性的。相反，奥菲克认为，交换诱导和启发认知技能的进化并导致言语能力最终涌现。言语能力、抽象思维能力与分工和交换所必需的某种思维抽象程度显然具有极大关联。"交换要求人们在沟通、量化、抽取重点和时空定位方面具有一定的机敏，所有这些都取决（即施加选择压力）于人们头脑中的语言、数学和艺术功能。"（H. 奥菲克，2004，第 1 页）

```
┌ ─ ─ ─ ─ ─ ─ ─ ─ ─ ─ ─ ─ ─ ─ ─ ─ ─ ─ ─ ─ ─ ┐
│  ┌──────────────┐      ┌──────────────┐   │      ┌──────────────────┐
│  │ 理性和言语能力 │ ───> │   交易的天性   │   │ ───> │  分工及其巨大回报  │
│  └──────────────┘      └──────────────┘   │      └──────────────────┘
└ ─ ─ ─ ─ ─ ─ ─ ─ ─ ─ ─ ─ ─ ─ ─ ─ ─ ─ ─ ─ ─ ┘
```

图 1　虚框中为"斯密猜想"

一、奥菲克的工作开始于斯密中止的地方

斯密研究终止的地方，正是 H. 奥菲克研究开始的地方。奥菲克的贡献在于完全摆脱经济学古典和新古典范式分析的范围和方法论限制，发现了分工和专业化以及非亲属间的匿名市场交换在人类进化中的根本重要意义。奥菲克发现，在人类这种物种的进化中，不同于动物植物世界的非亲属间交换（及其背后的分工和专业化）的关键作用远未被生物学家和经济学家所重视。如果说亚当·斯密发现了被称为私人资本主义市场经济的根本运作原则，那个指导近代300 多年来人类赖以生活的"合作的扩展秩序"（哈耶克，1988）的"看不见的手"，那么，H. 奥菲克则把这只手的作用时间大大向前扩展到了至少 30 万年前。专业化和分工，以及与此如影随形的市场交换，根本就不是一个近 300 年来带给人类丰裕的秘密武器，"它不是一个现代文明的人工制品"，它是一个文明现象，一个进化现象，一个生存策略，一个自然现象。这个主题完全超越了近现代以来的古典和新古典的经济学分析框架和古典范式所指出的重要意义。分工、专业化和非亲属间交换，不仅仅具有"国民财富的原因"的意义，它是加速人类进化和文明演化的根本动因。

人们不会同时买和卖同一种物品，交换的背后必存在差异。这种差异可能来自资源禀赋；也可来自资源禀赋诱导出来的专业化分工；天生两个完全相同的两个人之间也可以实行专业化分工，然后交换获得合作剩余，这是所谓内生比较优势（杨小凯，1999，第 6 页）。杨小凯认为内生比较优势随着分工的深化而演进，是加速知识积累和生产率内在演进的动力，而李嘉图的外生比较优势则对于分工、生产率进步和加速知识积累没什么影响。显然，杨小凯重内生比较优势而轻外生比较优势。但是我们把生物学和经济学联系起来，把观察时段拉长，把比较优势、分工和专业化与人类进化和文明的演进联系起来，杨小凯的思想就需要修正。在某些时刻，外生比较优势诱导了分工和专业化,因此居于主导地位;而在更长的演化时间里,可能内生比较优势在积累知识和技能方面的作用更大。还有可能,在人类进化的漫长时期内,专业化分工和脑的进化、人体结构的变化相互促进,区分促进专业化分工的因素划分为内生比较优势和外生比较优势也许根本就不是合适的概念。

交换像口语和语言一样是一项人类特有的基本技能,是一项需要用演化解释的适应性(提高早期人类的适存度)行为。随着人类进化和文明演进,出现了惯例化、借助于货币的制度化交换,这就是商业交易。交易的扩展,由近距离向远距离,由小规模向大规模变迁,这时交易常被称为贸易。交换、交易和贸易具有相同的本质,都是分工的另一面,作为一种协调专业化和分工的机制,一种大范围合作协调机制。任何人类的专业化和分工都是无中央控制者客观上的合作行为,这种合作行为需要交换来协调才能进行下去。这一合作进程中,当事人自己不一定能够看得见、感受得到这种超越当事人自身感知的合作状态。在进化适应中,人类形成了特定的地理范围和时间范围感知限制。

H. 奥菲克认为交换需要抽象能力和相互信任。而抽象能力和信任不是短时间内可以获得的,因此,交换"是人类的普遍倾向,并带有明显的进化含义"(H. 奥菲克,2004,第1页)。自然选择进化论并不能完全解释许多人类进化现象。更加合意地解释人类进化中的一些疑点,有必要借助经济学分析,特别是关于专业化分工和商业交换(H. 奥菲克,2004)。

与斯密的工作相联系,并迥异于斯密的猜想,奥菲克关于交换、言语能力、推理和精神能力之间的关系推论是极为引人注目的。在交易和分工这一重大主题早已从经济学主流范式中淡出的今天,重提这一主题并得出新的有一定说服力的解释,意义显而易见。奥菲克拒绝了方便的解释——交换能力是我们的文化演化的副产品。关于斯密猜想——交换的天性是我们言语能力的结果,奥菲克的回答是,相反,恰恰是交换构成一种选择压力,在这种选择压力下,我们的一般智力能力(general intelligence)是它的副产品。这一看似惊异的结论有其坚实的理论和考古依据。首先,只有复杂的社会交往复杂性才足以构成对于智力的最大选择压力。只不过,Rick Szostak(2002)批评奥菲克,把复杂的社会交往单独地聚焦于拥有高级的贸易技能这一因素。也就是说,从遗传进化来看,我们有太大的大脑和太多的精神能力冗余,不引入交换及其选择压力,无从解释。毫无疑问,在奥菲克的分析框架下,制造工具能力是为了便利劳动分工,以及与其紧密相联的交换。相反,过去我们一直认为,把制造工具的能力作为一个"定制"(modular)的前提。其次,我们人类食物结构具有多样性。我们的肠胃已经进化成消化多样性食物,相对比例出奇的小的结构,如此小的肠胃在早期人类的环境下没有发展出特别的食物生产和交易安排条件下是不可能个体生存的,亦即,早期人类社会的环境下,没有交换的支持,这一现象是难以想像的。我们告别边走边吃的战略（eat-as-you-go strategy），走向采集—狩猎生活方式，再到定居农业，其背后依靠的核心要件是分工、专业化和合作，而没有交换的支持，这一切都不可能。最后，考古发现早期人类大范围分布（尚没有形成任何形式的人类亚种，这表明具有足够的交叉繁殖以维持一个公共基因池）和大陆间移民，这也为早期的远距离贸易提供了佐证（Rick Szostak，2002）。我们可以用下图表示这个因果链条。

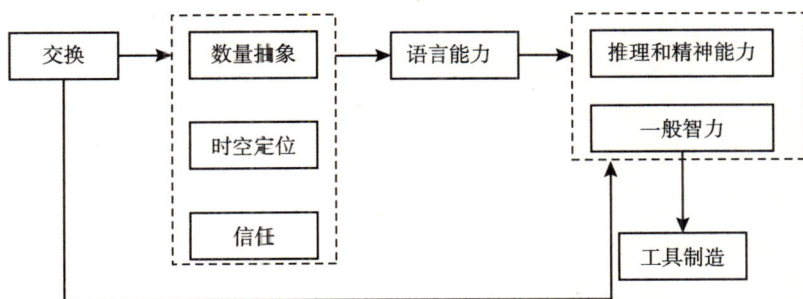

图2 奥菲克推翻斯密猜想及奥菲克自己的新分析框架

二、共生作为分工的一种形式

H. 奥菲克（2004，第14页）认为，在一切生物中，存在三种交换—互惠—合作关系：共生、亲属间交换、商业交换。商业交换唯一存在于人类社会，而共生和亲属间交换则存在于许多生命现象中。共生是资源和服务跨越物种的互惠和护理的转让。人类和驯化的植物和动物间构成共生关系。由于受顽固的人类中心主义思维模式的禁锢，以主客关系看待外部世界，与人类相关的共生不易被识别。另一方面，共生"从本质上说，是'种'的经验而不是个体经验"。共生促进物种间的分工，而亲属间交换，尤其是商业交换促进了这种发生在物种成员个体间的物种内分工。

人类从狩猎采集向定居农业的转变被称为第一次经济革命。大约在1万年以前，人类开始发展定居农业，如放牧、饲养动物以及栽培植物以获取食物（道格拉斯·C. 诺斯，1994，第81页）。在此前约100万年的漫长狩猎采集时期，人类消极地适应着自然。而定居农业的出现，则使人类发展出了一定程度的可控食物获取模式——人与驯化动物和驯化植物之间的共生交换关系。定居农业使得人类的文化演化急速超越生物演化进程。

定居农业根本上改变了人类文明的进程。定居农业出现以后，人类文明进步的速度急剧提升。在诺斯的比较静态模型中，两个原因导致了定居农业出现狩猎劳动的边际产品价值曲线左移，这意味着，给定一定的边际产品价值，一个地区能够承载的狩猎人口数下降了；或者给定狩猎人口数量，狩猎的边际产品价值下降了。诺斯推测这与人口规模增长和公共产权导致狩猎公地的悲剧有关。第二个原因是农业劳动的边际产品价值向上移动。这意味着狩猎能够容纳的人口数较以前更少了，因为农业的边际收益更加吸引人。

根据诺斯（1994，第85—88页）的综述，考古学家 V. 戈登·蔡尔德认为最后一个冰川期的消失导致的气候巨变，许多动物灭绝，狩猎的劳动生产率下降，迫使人类走向定居农业。而罗伯特·J. 布莱德伍德的解释侧重定居农业的边际产品价值上升。由于日益增长的文化差异和人类群落的专业化，文化进化使得人类认识并越来越了解他们身边的动植物，而核心区的自然环境内有许多很快被驯化的野生动植物。刘易斯·R. 宾福德和肯特·弗兰纳则认为由迁徙形成的人口扩张对资源产生压力，从而引起生存竞争，新的生存技术诞生了，"人类从捕获大型哺乳动物变为较小的哺乳动物，从采集业转向开发农业"（诺斯，1994，第88页）。定居农业需要分工（诺斯，1994，第104页）。没有分工就没有定居农业，而分工需要排他性产权的支持。诺斯本人则强调了排他性产权的原因。史前人类的公有产权使得任何原始人类群落的捕食行为不考虑可持续性。"直到所捕杀的最后一个动物的价值与不杀行动的私人成本相等为止。采集过程也会持续下去，直到在私有产权制度下稀缺资源的收益消失。"大概在1万年前的旧石器时代晚期和新石器时代以来，新的工具，密集的人口以及捕猎效率的提高，便正式拉开了物种大灭绝的序幕（E. 威尔逊，2005，第120页）。排他性公有产权制度在演化过程中被"选择"出来，这种选择并不被个体和群体所感知。与阿尔钦安（1950）的"仿佛理性"假说和哈耶克（1976；1988）的文化演进和群体选择思想一致，诺斯提出了排他性公有产权一种可能的演化机制：

> 在一个不确定的世界里，不可能预知哪一种选择是"正确"的。相反，由于许多群落都面临类似的决策，因此，从为生存斗争的角度看，面对新情况所作出的一些探索性反应会被证明是"正确"的，这就是说，这些决策会使该群落的物质状况变好，从与和其他群落相比会增加生存的机会。选择"正确"方案的群落，不论是有意识的还是偶然的巧合，他们都会从自然选择过程中受益……狩猎的公有产权与农业的排他性公有产权的差异是解释第一次经济革命的关键（诺斯，1994，第88—90页）。

在共生和商业交换之间，存在一个人类和动物界共有的交换方式，即亲属间交换。在食物匮乏或者生存危机的重要时期，亲属间交换具有三项功能：再分配、分工、合作以发挥集体的力量。在食物匮乏情况下，食物分享式是人类活动中的核心组织原则。而在动物中，食物分享作为生命保护措施而存在。现代市场经济中的人类，从非亲属间的交换中获得几乎全部消费品。亲属间交换的直接相关因素是亲属作为交易对象容易识别和建立信任，但是亲属间交换与文明的发展程度没有完全的直接对应关系。现代社会中亲属间交换与商业交换同时存在，这可能一定程度上起到了一种保险市场的作用，也承担了一定的社会安全网的作用，以对抗分工社会导致的不确定性问题①。我们可以观察到凡是保险市场发达和社会安全网完善的经济体中，亲属间交换也相对较少，"契约社会"代替"熟人社会"。

三、商业交换的出现是交换飞跃

H. 奥菲克（1994，第 21 页）考证，商业交换作为一种天性在达尔文 1834 年 3 月 1 日的考察日记中得到印证。火地岛的土著居民和英国皇家军舰"比格尔号"上的船员自发交换了他们的各自所需，用碎布料、铁钉交换鱼和螃蟹，即使一方在送出物品的时候没有索取回报的示意，对方仍然表现出了清晰的以货易货的概念和举动。

商业交换是现代社会的基本交换形式，它不受血缘网络限制，以匿名的形式向陌生交易者开放，原则上可以向同物种所有成员开放。人类是目前地球上从事这种交换的唯一生命形式。这种交换形式，连同相关的附属制度安排，在引入货币和资本以后得到迅速扩展，而文明的起源和维持端系于此。以至于哈耶克认为有必要重新定义资本主义，代之以"人类合作的扩展秩序"［哈耶克，2000（1988），第 1 页］。商业交换的根本重要性也得到了 H. 奥菲克（1994，第 23 页）的强调，"在人类活动中，商业交换这种现象具有普遍的重要地位。人的一生都贯穿着商业交换。商业交换贯穿在整个已知的人类社会历史中……限制或根除商业交换的企图无论采取什么形式，是道德说服还是政治压力，或者赤裸裸的迫害，已经被反复证明是徒劳的。"战争、监狱和集中营，语言障碍，交通阻隔都不能阻止作为第二天性的商业交换（及其背后的分工）。诺斯（2008a；2008c）区分人格化交换和非人格化交换，并将从人格化交换向非人格化交换转变视为经济史的结构与变迁中的根本性转变。非人格化交换过程是一个"整合复杂世界的分散知识"的过程，而"知识整合是经济发展的核心问题"。

反面的事例也证明了商业交换的重要地位。20 世纪以来，中央计划经济实验者试图取消商

---

① 不是每一个卷入分工的个体都准确地获得报酬而得到生存和发展，在分工网络中，要素付出和收益分配不存在一个简易的线性可计算公式。

业交换，这带来了毁灭性的后果。我们看到那些试图建立完美计划经济的国家尝试取消货币和商业交换的行动一次又一次被宣告失败。

世界各地发生的绝大多数大饥荒并不是因为食物的绝对短缺，而是商业交换系统遭到破坏甚至取缔。广义的商业交换系统包括分工、对要素支付的报酬系统、产品和服务的交易系统，对于其中任何部件的破坏都可能带来灾难性后果。大饥荒不是神的原因（干旱、洪水等灾害性天气），而是人为的失策造成的。阿玛蒂亚·森（2002，第 163—175 页）的研究表明，营养不足、饥荒受整个经济和社会运行的影响，而不仅仅是粮食生产和农业活动的影响。世界上大多数人不直接生产粮食，他们通过在其他商品生产中就业来征得获取食品的能力，涉及许多不同的行业。这种相互依赖在分析饥荒时具有高度的中心意义。饥荒的出现不能得出禁止市场交易以阻止粮食流动的结论。相反，在一个分工已经扩展到民族国家以外的现代世界经济体系内，只有通过种种手段使得那些可能面临饥荒的人获得支付能力，即促使他们获得交换粮食和食品的收入。

商业交换是不可摧毁的人类行为的组成部分。运转良好的交换系统为大多数人提供一个隐形的安全网（H. 奥菲克，1994，第 24 页）。人和动物在共生交换和亲属间交换上没有种类上的差距，而生物界独一无二的商业交换现象把人区别于动物。在这个意义上，商业交换及其整个市场机制表征了文明。由此观之，20 世纪以来的计划经济和市场经济之别根本不是什么可资选择平行的经济发展道路，而是文明与反文明的重大抉择。哈耶克（1944）"孤独的呐喊"恰是呵护文明的理性之声。

四、分工、交换和人类文化演化

如斯密所说，交换的倾向是人类天性中的原始法则，是推理和言语功能的必然结果，还是恰恰相反——交换和分工导致了推理和言语功能？这涉及演化生物学和演化经济学中有关物种进化和文化进化的区别。分工和交换系统的发展是生物进化过程中生存压力下的适应性回应，也可能是某种自激励式进化的结果。人类在距今 200 万年的时间里实现的漫长的生物进化过程为最近 1 万年时间里实现的文化进化准备了一个包括与躯体不成比例的巨大大脑和表型可塑性极强的手。文化进化的速度得益于复杂的分工和交换系统。分工在生物体适应环境上具有巨大的优越性，但是利用这种优越性依赖于一个发达的交换系统。而发达的交换系统的根本点在于与分工相协调的报酬系统。文明现象是一个生物适应和文化适应现象。在生物发展出一系列适应机制时，像分工和交换系统这样的适应机制一旦启动，就有一种类似军备竞赛的"自激式进化"过程，把适应机制推到一个极端的程度，文明涌现出来了。

著名的"斯密猜测"——人类的理性和言语功能产生了交换的倾向吗？现在看来恰恰是交换和分工的发展促进了人类的早期进化。对生物适应性特征的自然选择在生物进化方面起着主要作用；而模仿和习俗在文化进化方面起着主要作用。习俗和模仿通过服务于人类个体顺利地加入到愈发复杂的交换系统和分工网络系统中去。达尔文（1983（1887），第206页）把晚期人类进化分为两部分（以及相关的进化现象）：一是"人从半人半兽的状态向现代野蛮人状态进展的一段"；一是"自然选择在文明的民族国家中的影响"。这个区分是粗略的。H. 奥菲克（1994，第29页）认为这种区分有问题，质疑达尔文到底把人类的交换现象放置在哪个等级上。结合哈耶克（2000（1988），第23页）的生物进化和文化进化的区分，我们认为人类交换和分工应该被置于达尔文二分法中后者的分析中。

奥菲克（2004，第28—34页）正确地归纳出亚当·斯密和达尔文的共同核心洞见："他们都承认存在'无设计者的设计'的可能性：即自发秩序的可能性。"相应的，两个知识上的伟大成就分别是"自然选择"和"看不见的手"。奥菲克考证了为什么达尔文几乎忽略了交换这种生物学固有的现象。原因在于达尔文的《人类的由来》并不是一部人类进化的全面或综合的纲要。达尔文忽略了很多普通进化论看来极为重要的议题，如生命起源、人类智力、人类的交换和分工等。达尔文忽略的是文明开启以来的文化进化，重视的是生物进化。因为他的著作的目的定位于"建立和发展从动物到人类的进化连续性的思想"。"而交换和其他人类的生存手段，是人类有别于而不是相似于动物的领域，因此不得不放弃"。

要用自然选择理论来证明人类的智力和精神进化问题是困难的。这个困难需要引进新的解释变量。奥菲克正是成功地引入经济学分析，用分工和交换来解释人类早期进化尤其是文化进化的尝试者。迈入狩猎采集时代的摄食战略到定居农业时代的分工进一步复杂化都促进了脑的进化，不能忽视的共同点在于分工（从早期的性别分工开始）和交换在人类进化中的重要地位。以自然选择为主的生物进化为现代人类准备的是一个表型可塑性极强的大脑和手。华莱士（转引自奥菲克，2004，第32—33页）认为，在地质时间尺度上进化的动态发展不会延续到近期历史时间的尺度上。长期的变化因素在短期内是恒定的。斯蒂芬·J. 古尔德（2008，第12页，第90页）也认为文化进化是我们的主要创新。文化进化作为一个非生物学过程以迅速的"拉马克式"方式进行①，而生物学的变化则按照达尔文式的步骤缓慢进行。生物学意义上的进

---

① Geoffrey M. Hodgson & Thorbjørn Knudsen（2007）概括演化的"拉马克主义"包含三个含义：1. 获得性特征的遗传（inheritance of acquired characters）；2. 演化朝向复杂性增加的方向，即演化是有方向的，向高级方向迈进，演化不是随机的；3. 强调在演化变迁过程中的适应性主体的深思熟虑和有目的性。

化仍然在缓慢进行，但是由于其太慢，不可能对于人类的文化进化的迅猛节奏有很大的影响。当然，人的精神功能就像其他物种的特征一样，并不是近期历史事件或现有人类发展阶梯的事物。如果我们现有的开化种群，精神功能没有得到充分的运用和表现，那么这是那个种群所在社会中的"手段"和"激励"不足，而不是进化的延迟。从现存未开化社会的落后可以寻找到不同于自然选择在人类进化中的另一条线索，那就是分工和交换复杂化开启的文化进化在现代野蛮人以后的时期所起的重要作用。

自然选择的基本原则——实用原则，即自然选择既不能产生有害于生物体的结构，也不能在它的进化史的一定阶段产生出比它所需要的完善程度更高的结构，如果严格按照这个所谓"达尔文的实用原则"，人类智力将不能得到满意的解释。华莱士首先发现这个矛盾，他指出人脑及其高级精神功能（数学、音乐、诗歌等）预期特定的生理特征（手）超出进化所必需的完善程度。华莱士把人类进化（文明特征明显的晚近时代）排除在自然选择之外。天才生物学家E. O. 威尔逊也称，"自然选择不适应语言未来的需求。自然选择怎样在文明之前就为文明准备智力？这是人类进化汇总重大的神秘现象。"奥菲克在确证这个疑难之后，明确提出基于分工和交换的"自激式脑进化"假说（奥菲克，2004，第34—38页）。

交换是进化的独立动因，是人类推理和言语功能的起因（而不是结果！）。早期人类靠分工和交换促进了人类理性，正是分工和交换启动了一个被称为自激式脑进化的极速进化过程，把文明进程不断推进到一个与适应不必要的完善程度（见图2）。交换从共生、亲属间交换和商业交换的演化过程中，交换促进了智力技能。奥菲克指出：

> 他们的智力技能在适应意义上不断受到挑战。交换各方从交易中获得的好处不仅取决于他们智力的绝对水平，而且还取决于他们之间智力的相对水平。交易者治理水平相对低下就会处于比较中的劣势。华莱士首先坚持认为，自然选择没有给这种劣势留有空间。如果有一个交易者略占上风，别人必然要仿效他。这一过程一旦被启动，进化循环就自动地进行，并世代保持增强的趋势，直到达到一种群体意义上的平衡点，这个平衡点不见得对所有交易者都是最佳的。其结果是在同物种中产生一种自我加强的竞争过程，这就像国家间"军备竞赛"的升级。这个过程并非人类所独有……长颈鹿是现存最高的动物，红杉树是现存最高的植物，在物种之内为生存而竞争的自我加强的竞赛过程中，它们获得的高度无可争议，几乎到了荒唐的地步。人类通过这种自激式进化或其他类似过程所获得的是头脑，人的脑与身体的比例和人脑的复杂程度是前所未有的（H. 奥菲克，2004，第37页）。

达尔文（1983（1887），第205—220页）对自然选择原理在文明中的适用可行性似乎没有那么坚定不移。达尔文在体格、理智能力和道德情感方面都找到了自然选择的例证。但是他同时说，我们要建立各种痴愚残疾救助制度、济贫法等挽救那些物种中脆弱的成员。这似乎与自然选择背道而驰。在理智能力上，达尔文比较坚定，那些才智较高的人群总体上要比较低劣的群体更容易成功，因此获得繁育优势。道德品质上，最恶劣的性情与行为倾向的人总是在或多或少地被淘汰着。为非作歹的、抑郁的、暴露的、冒失缺乏恒心的人，总是被监禁、自杀和不得善终，以种种方式被淘汰。尽管如此，达尔文还是认为道德方面至少从表面上看，自然选择的作用是有限的。在处理低等族类的时候，不是自然选择，而是通过榜样、同情心、推理能力、幼年教育、宗教情感等措施促进其道德发展。"就文明程度高度发展的民族国家来说，持续的进步只在某种次要的程度上有赖于自然选择的作用。"文明社会进步的更有效的原因似乎在于教育，在于寓于民族国家的法律、习俗、一切传统之中和贤人示范中的高尚道德标准。但达尔文认为促成这些因素的根本还在同情心，而这一点又是由自然选择发展起来的。达尔文似乎在把自然选择原理作泛化理解和应用，脱离生物进化之原因的自然选择的原始含义。

奥菲克认为，与早期人类生活紧密相关的一种特殊的物品——火，最可能启动了早期的非亲属间交换。作为具备非竞争性而又具有排他性的火，有足够强大的激励启动最初的贸易。

关于支持交换的必要条件，Alexander J. Field（2002）批评道，奥菲克似乎有意规避了早期人类如何发展出了抑制彼此伤害的倾向，而这是任何非亲属间互惠关系得以发展和维系的必要条件。不像古典经济学明确坚持有一只强有力的看不见的手盘旋在无数双边交易中而促进众人的福利那样，奥菲克没有明确地宣称，支持交换的生物学的、演化的前提条件已经摆在那儿了。

五、高度表型可塑性、人类禀赋多样性和分工

对分工作出突出贡献的杨小凯（1997）曾提出即使"所有个人在一切方面都是事前相同的"（杨小凯，1999，第23页，第31页）。这种同一性假定增强了杨的框架的说服力。如果放松同一性假定，初始的交易效率改善这一外生变量的大小和变化也被内生化，且原有理论框架仍然有效。但从演化生物经济学的角度，杨小凯的假定删除了人类禀赋多样性这一基本事实（虽然放松假定更有助于证明其框架的有效性）。而这种多样性与交换依赖具有进化意义。不同的表型可塑性对应着不同的分工模式和对于交换系统的依赖程度。从而，多样性、交换系统、分工以及分工对于多样性的依赖关系，多样性对交换系统的依赖关系是一个有待解释的具有进化意义的事实。

人类能力的范围和种类远较动物多得多。按照华莱士所谓"独立证明",自然选择的过程只能对有用或有害的特征起作用,它消除"有害",维持"有用",有用的效率变化程度在平均值的 1/5 到 1/6 之间。然而华莱士发现,人类智慧及其高级功能违背此法则。人类的变化率比华莱士估计的变化率小得多,例如音乐才能、数学才能等一般都只有 1% 的突出者。如此小比例意味着人类各种天资的范围和变异都差不多。按照自然选择的法则,人类如此完善的高级智能不可能发展出来。奥菲克(2004,第 41 页)认为,是程度高度显著的表型可塑性而不是遗传基因变异使得完善人类智能具有可能。我们由此认为由高度表型可塑性造就的人类多样性与一个复杂的分工和交换网络相结合,的确成就了一个超越任何个体感知的高智慧的"社会组织"。这个类似有机体的"社会组织"的智能程度越来越独立于基因变异的自然选择过程。从亚当·斯密的"看不见的手",到"门格尔疑问",再到哈耶克的"自生自发秩序",无非表达了对这个走向了高度显著的表型可塑性生物群体借助于复杂的分工和交换系统所获得完美的智能的惊叹。

没有哪一种物种像人类这样,其内部的个体呈现出如此多样的特征。仅从遗传特征上看,人类抵御外界的侵袭和自我保存的生物特征并不具有优势。奥菲克发现古希腊人早就注意到这一点。柏拉图把人类多样性视为进化的失败,这种失败通过普罗米修斯盗取天火以及 Hermes 给予的"道德、正义感和统治的艺术"来弥补。这里的天火就是"技艺、智力和职业技能"的隐喻。"在最基本的层面上,他们(古希腊人)解决人类多样性'问题'的方法依靠的是两种经济制度:分工和交换。"(H. 奥菲克,2004,第 43 页)在古希腊时代以前的古代世界,分工和交换在实践上就已经完善了,完全成为人们的行动原则。色诺芬的记载表明古希腊社会的分工和专业化程度具有普遍的重要性,人们依靠专业化的职业为生。因此,分工和交换把人类天生多样性的不良影响降到最低。生产的专业化背离了自给自足,因此一个有效的交换系统必须随之建立,这甚至关系到分工网络中个体的生存。"按照这个古老的推理链条,交换是分工的前提,同样也是生存的前提。"

斯密则颠倒了古希腊范式,认为人类才能的多样性是分工的结果。奥菲克(2004,第 45 页)认为,这里有一个时间尺度的问题,进化时间尺度来看,是多样性引出分工和交换;一两代人时间尺度来看则是分工造就多样化才能。

分工的根本优越性是生产的高产,优质,投入少,时间短。这些优越性普遍有效地体现在狩猎—采集和定居农业、18 世纪苏格兰的大头针制造厂、20 世纪早期的生产线和当代工业网络(奥菲克,2004,第 49 页)。分工带来的效率源于:(1)个体视角:专于一业使得头脑反复记忆和思考同一件事情,因此对抗了艾宾浩斯遗忘曲线(汪丁丁,2002)。(2)整体视角:知识的互补性（汪丁丁，2002）。获取分工的好处依赖于功能和形式的专门化和区分化的能力；协调（H. 奥菲克，2004，第 49 页；J. S. Becker and K. Murphy，1992；杨小凯，1999）。奥菲克（2004，第 50 页）认为，多样性最大限度地扩大了分工的好处。多样性通过表型可塑性的提高得以实现，这个现象是进化中自然选择的结果。专业化通过本能、学习和模仿、繁殖三种途径实现，而人类在这三个方面都有体现，最显著的专业化途径是学习和模仿。拉马克式的获得性遗传在这种演化中扮演中心作用。这个结论和哈耶克［2000（1988）］的研究是一致的。哈耶克把这个问题置于文化进化和生物进化的题目下讨论：

> 扩展秩序当然不是一下子出现的；这个过程与它最终发展出来的世界范围的文明所能够给予人的提示相比，其持续时间要长得多，它所产生的形态变异也要大得多（大概用了几十万年而不是五六千年的时间）；市场秩序只是相对晚近的产物。这种秩序中的结构、传统制度和其他成分，是在对各种行为的习惯方式进行选择中逐渐产生的。新的规则得以传播，并不是因为人们认识到它们更有效，或能够估计到它会得到扩展，而是因为它们使遵守规则的群体得以成功地繁衍生息，并且能够把外人吸收进来。……生物进化是一个极为缓慢的过程，因而它在文明发展的一两万年的时间里，并不足以改变或代替人们天生的反应方式……一切新近开化的群体，都表现出一种通过学习某些传统而获得文明的能力。由此可见，文明和文化的传递，几乎不受遗传的决定。它们必定是被所有类似的人通过传递而学会的［2000（1988），第 13 页］。

人类通过学习和模仿习得文明，这以显著的表型可塑性为前提。表型可塑性分为形态表型可塑性和功能表型可塑性。奥菲克特别考察了人手这一功能可塑性的典型。"人体很少在形态可塑性有超凡的表现。但是有一个更深入的观察揭示，大量的功能可塑性如果不是优越于就是等同于形态可塑性。生物体所需要的全部功能可塑性几乎都汇集于一个单一器官上，这就是人手。人手得到具有精细调节能力的、敏感的接收器的支持，并被各种工具装备起来，它囊括了无数功能各异的器官于一身。"（奥菲克，2004，第 50 页）奥菲克引用 Penfield 和 Rasmussen 在"功能定位的临床研究"一文中的经典图示，形象地说明了脑和手的完美联合，控制手运动的大脑功能皮层的区域大体等于从肩膀以下的身体其他部位的区域。奥菲克认为，脑和手的功能可塑性所承载的人类分工的多样性，其程度是前所未有的。人类恰巧也以前所未有的规模和复杂性配置了分工和交换体制。这种巧合是进化的产物。社会性昆虫也高度以分工和交换生存，但是它们发展了另外一条表型可塑性的途径，即高度的形态、行为上具有任务取向的表型可塑性（如蜜蜂和蚂蚁等社会性生物中精密的分工，见 E. 威尔逊，2007）。

表1 表型可塑性和交换

表型可塑性				分工模式	协调方式
自然选择	遗传变异	生物独有性状		广义共生	共生交换
表型可塑性	形态可塑性	形态和行为	形态的任务取向	性别分工	交换系统、感情
			社会性行为模式		感情
		性别二态性			本能
	功能可塑性	低级	象鼻		
		高级	人手、人脑	职业分工	复杂的交换系统

H. 奥菲克（2004，第62—65页）提出一个假说，单倍二倍性（haplodiploidy）和商业交换是协调分工的两种不同方向进化高峰。单倍二倍性是一种具有创新性的弱化了的有性繁殖方式，雌性后代通过有性繁殖被孕育，雄性则来自未受精卵。这种繁殖方式放松了整个种群性别比率的限制，也放松了对大规模分工的限制。这样的繁殖方式允许和促进同胞成员居住在一起，其数目增加到每一个聚居地既是一个单一的核心家庭，又是一个种群单位，这使参与分工和交换的个体数目仅受规模经济的限制，从而能够使群体在很少有冲突的情况下进行大规模的分工和交换。

另一个与单倍二倍性截然相反的进化巅峰是商业交换。大规模的商业交换使人类社会分工在大大超越亲缘关系的人口群体中进行。分工按照个人特点运作，但又具有人们所需要的集体结果，尽管这些集体结果不是出于私人的本意。在此，我们看到奥菲克继亚当·斯密、门格尔、哈耶克以后，又一次从生物学和演化经济学出发得出了同样的结论。奥菲克把这种商业交换原则称为互利的自私性。把个人追求私利转化为社会需求的后果，这归功于市场这只"看不见的手"。互利可以建立合作，自私也可以建立合作。前者通过亲缘关系的交换进行分工，后者通过市场交换组织分工。在引用斯密的著名的看不见的手的经典论述以后，奥菲克指出，"亚当·斯密在这里指出的是存在一种自我调节的超结构：看不见的市场力量，它盘旋在所有双边的市场交易之上（即在经济中，仅这部分是我们直接意识到的），由于没有外部的智慧对它的运作进行指导，所以当人们偶然观察它时，看不出什么线索，只能使我们对财富的来源感到惊讶（H. 奥菲克，2004，第65页）。"

值得注意的是，奥菲克忽略了早期的性别分工（男性狩猎女性采集）及其启发的交换在人类进化中的意义（Gordon Tullock，2001）。

分工和交换的有序化时刻都在接受选择压力的检验。市场通过奖惩调节自身，这就把分工置于选择压力下。在精确调节的市场经济中，分工在功能上总是伴随着同样精细调节的收入分配系统。没有一个相匹配的收入分配系统，个体行动就失去了激励。奥菲克重视的是分工和与之相关结构的进化含义。分工和交换系统在早期人类进化和此后的文明进程中起到了独特作用。分工的深化和交换系统的精致和复杂化相互支撑。分工和交换启动的某种"军备竞赛机制"促进了脑进化、言语和推理能力的进化等一系列文明事件。

参考文献

[1] 爱德华·O. 威尔逊著，2007，《昆虫的社会》，重庆出版社。

[2] ——，2001，《论人性》，浙江教育出版社。

[3] ——，2005，《生命的未来》，上海世纪出版集团。

[4] 道格拉斯·C. 诺斯，2008，《理解经济变迁》，中国人民大学出版社。

[5] ——，1994，《经济史中的结构与变迁》，上海三联出版社。

[6] ——，2008，《制度、制度变迁与经济绩效》，上海三联出版社。

[7] 弗里德里希·冯·哈耶克，2000，《致命的自负》，中国社会科学出版社。

[8] 哈伊姆·奥菲克，2004，《第二天性：人类进化的经济起源》，中国社会科学出版社。

[9] J. C. 埃克尔斯，2007，《脑的进化：自我意识的创生》，上海世纪出版集团。

[10] 理查德·道金斯，2005，《盲眼钟表匠》，重庆出版社。

[11] 迈克尔·波兰尼，2006，《社会、经济和哲学》，南京大学出版社。

[12] 斯蒂芬·J. 古尔德，2008，《自达尔文以来》，海南出版社。

[13] 斯蒂芬·J. 古尔德，2008，《熊猫的拇指》，海南出版社。

[14] 苏珊·布莱克摩尔，2001，《谜米机器——文化之社会传递过程的基因学》，吉林人民出版社。

[15] 汪丁丁，2002，《制度分析基础：一个面向宽带网络时代的讲义》，社会科学文献出版社。

[16] 亚当·斯密，1972，《国民财富的性质和原因的研究（上）》，商务印书馆。

[17] 亚当·斯密，1997，《道德情操论》，商务印书馆。

[18] 杨小凯、黄有光，1999 《专业化与经济组织——一种新兴古典经济学框架》，经济科学出版社。

[19] Alexander, J. Field, 2002, "Book Reviews: Second Nature: Economic Origins of Human Evolution by Haim Ofek", *The Journal of Economic History*, 62 (3): 922 –24.

[20] Geoffrey, M. Hodgson, Thorbjørn Knudsen, 2007, "Evolutionary Theorizing Beyond Lamarckism: a Reply to Richard Nelson", *J. Evol. Econ*, 17: 353 – 59.

[21] Gordon, Tullock, 2004, "Book Reviews: Haim Ofek, 2001. Economic Origins of Human Evolution", *Journal of Bioeconomics*, 6: 227 – 28.

[22] Joseph, Henrich, Robert Boyd, Peter J. Richerson, 2008, "Five Misunderstandings About Cultural Evolution", *Hum Nature*, 19: 119 – 37.

[23] Rick Szostak, 2002, "Second Nature: Economic Origins of Human Evolution by Haim Ofek", *Journal of Economic Literature*, 40 (4): 1283 – 84.

Division of Labor, Transaction and the Evolution of Civilization: Review to H. Ofek's Thought of Economic Evolution in *Second Nature: Economic Origins of Human Evolution*

Liu Yejin

(Capital University of Economics and Business)

Abstract: This paper makes a comprehensive review to H. Ofek's thought of economic evolution in his famous work *second nature: economic origins of human evolution*. Based on the archaeological evidence, our theoretical speculation argue that the critical cases concerned civilization are closely related to exchange, such as the rapid expansion of brain capacity, upright walking and occur of language ability, as well as the division of labor/division of knowledge inspired by transaction. In large-span evolutionary space and time, the complexity of the arrangements for exchange and its expanding support for the development of specialization and division of labor. So that transaction costs are considered the costs of obtaining cooperation return though division of labor. In this framework the analysis to transaction and division of labor are put back into the center stage of Economic analysis, and have been implied to interpret the phenomenon of civilization at a larger spatial and temporal dimensions.

Keywords: language ability; transaction; evolution

JEL Classification: N00, P50, Z10

论文

基于 GARCH 模型对上证 50ETF 价值与价格关系的实证分析

◎ 蒋岳祥　兰天剑　姬 凡*

摘　要：本文在借鉴国内外相关文献的基础上，通过拟合 GARCH 模型对上证 50 交易型开放式指数证券投资基金（上证 50ETF）的价值与价格的关系进行了实证研究。从对折（溢）价率的描述性统计分析来看，上证 50ETF 表现出了一定的定价效率：这与套利活动有关。另一方面，基金的折（溢）价率呈现金融资产收益率的聚类特征：Granger 因果检验给出了解释——价格引导价值变化。最后，我们通过协整分析，并构建了误差修正模型，对基金价值与价格的长、短期关系给出了精确描述。

关键词：折（溢）价率；基金净值；GARCH 模型

ETF（Exchange-Traded Fund），常被译为交易型开放基金，是现代金融市场的创新产品。它是一种特殊的开放式基金，兼具开放式和封闭式基金的特点，一方面可以像封闭式基金一样在交易所二级市场上买卖，另一方面又可以向基金公司申购或者赎回。ETF 具有独特的申购和赎回制度，即需要用一揽子的股票组合（该基金所投资的股票组合）加上一定的现金替代作为对价来向基金公司进行申购；赎回时投资者会收到基金公司返还的一揽子股票组合加上一定的现金替代。ETF 大多是跟踪某个股票指数的指数化基金，具有操作透明度高、交易成本低、交易效率高和实时交易等特点，因此大受专业投资者的追捧。自 1993 年在美国证券交易所面世，短短十几年间，美国 ETF 的总规模已经超过 4310 亿美元。现在中国一共有五只 ETF，全部都是指数型基金，分别是华夏上证 50ETF、华夏中小板 ETF、华安上证 180ETF、友邦华泰上证红利ETF 和易方达深证 100 ETF。

ETF 与封闭式基金一样，有着单位资产净值和二级市场价格两个不同指标。单位净值主要由基金所投资的股票组合市场价格决定，它是基金的内在价值，我们简称价值。基金的市场交

---

* 蒋岳祥，浙江大学经济学院管理学、统计学博士，学院副院长，教授、博士生导师；浙江大学玉泉校区经济学院 318，310027，jyxbern@ hotmail. com。兰天剑，浙江大学经济学院硕士研究生；浙江大学玉泉校区 9 舍 5084，310027；ltjzzyz@163. com。姬凡，浙江大学经济学院本科生。

易价格主要由基金的内在价值决定，但同时也受到二级市场（证券交易所）上 ETF 的买卖力量强弱的影响，当买方的力量相对更强时，ETF 的交易价将相对上升；反之，交易价相对下跌。基金价值与交易价格在大多数时候都是不一致的，当两者的偏离程度达到一定程度时，我们说就出现了套利机会。

马克思主义政治经济学中有一条价值规律：价值决定价格，价格围绕着价值上下波动。但事实上，我们常常和价格打交道，很难知道资产的确切价值。ETF 是一个研究资产价值与价格实证关系的非常好的对象：它既可以在一级市场上以资产净值申购赎回，又可以在二级市场上买卖交易。不论资产净值也好，交易价格也好，这些都是可以观察到的。本文选取上证 50ETF 为研究载体〔我国证券市场发行的第一只 ETF（成立于 2004 年 12 月 30 日），这使得我们有足够的样本数据〕，尝试对基金的价值与价格的关系进行精确的刻画，期望能够更好地了解上证 50 的运行特征，进而提供相应的投资建议。

一、国内外主要研究成果综述

2002 年，美国被公认为交易所交易基金专家的 Gary Gastineau 撰写了 *The Exchange-Traded Funds Manual* 一书。该书系统地比较了 ETFs 与传统共同基金的异同和优劣，详细探讨了执行一项以 ETFs 为主导的指数化投资的成本优势，以及投资计划时存在的一系列问题，并以较大篇幅讨论了 ETFs 的发展趋势。同年，深圳证券交易研究所研究员王霞的研究报告"海外 ETFs 发展与实践研究"详细介绍了国外 ETFs 的发展状况、运作机制和交易模式，并且给出了开发 ETF 产品的建议。这拉开了国内对 ETF 研究的序幕。Richard A. Ferri（2008）在他的书 *All You Need to Know About Exchange-Traded Funds* 详细介绍了不同种类的 ETFs，并且对如何利用 ETFs 来进行资产组合管理进行了阐述。

学术界对 ETFs 的研究侧重于对该产品的跟踪误差、折（溢）价水平、收益率比较等各技术层面。Lucy F. Ackert 等（2000）研究表明，与封闭式基金不同，标准普尔存托凭证（SPDRs）并没有出现经济上显著的折价。他们认为 SPDRs 的赎回机制给了成熟的投资者套利的机会，这使得定价偏差得以减小或消除。Edwin J. Elton 等（2002）对 ETFs 和它的目标指数——S&P 500 指数的收益率进行了多个层面的比较分析，发现在剔除管理费和股利因素的影响后，ETFs 的净值收益率与指数收益率之间的追踪误差很小；文章还对 ETFs 的折（溢）价程度作了考察，并就 ETFs 的二级市场交易量与 SPDR 的折（溢）价水平之间的关系进行了实证分析，剖析了 ETFs 交易量的决定因素和主要交易主体。James M. Poterba 等（2002）在 Edwin

的基础上，对各种以 S&P 500 指数为标的的金融工具的税前、税后收益率进行比较。最后得出 ETFs 可以使投资者在税收上获得最大便利。在国内，赵文娟（2006）的硕士学位论文采用了跟踪误差偏差法、跟踪误差偏离度和回归分析法对上证 50ETF 上市一年以来跟踪误差表现进行了实证研究，认为其基本上达到了上证 50ETF 招募说明书中规定的投资目标，具有比其他指数基金更加明显的优势。范云峰（2006）通过计算波动率来研究 ETFs 的跟踪误差，并对其进行分解，最后给出了跟踪管理的办法。邹平等（2008）以 Edwin 的文章为原型，对上证 50ETF 进行了相关实证分析。研究表明，上证 50ETF 在我国运行以来的市场表现是相对稳定的，其收益基本实现了对上证 50 指数的复制，而上证 50ETF 的管理费和股利分配是造成跟踪误差的重要原因。与 Edwin 不同，他们发现折（溢）价水平与二级市场交易量并没有显著的关系。

另一个研究视角则着眼于 ETFs 的价格发现功能。Joel Hasbrouck（2003）利用日内价格（intraday price），采用"信息分享"方法（information share approach），得出结论：如果没有或只有很少的衍生替代品，ETF 指数基金在价值发现中扮演重要的角色——ETF 指数基金合约引导着指数现货价格。张宗新等（2006）采用多资产方差分解法分析 50ETF 交易的信息含量，从交易价格和交易量对 50ETF 的价格发现功能进行检验。研究表明上证 50ETF 具有一定的价格发现功能。

上述研究虽涉及 ETFs 的各个方面，但较少从深层面刻画 ETFs 介值与价格之间的关系，多是对折（溢）价水平进行简单的描述性分析。许宁宁（2007）在他的硕士学位论文"ETF 交易价格与其净值和标的指数的联动研究"中，通过向量误差修正模型、Granger 因果关系检验、冲击响应函数分析和预测误差变异数分解等模型，较为详细地阐述了包括上证 50ETF 在内的三只ETF 交易所交易价格与跟踪指数之间的引导延迟关系，以及价格与基金净值之间的引导延迟关系这两组关系进行实证研究。尽管是实证分析，但作者并没有明确给出模型的显性形式，而仅是对一些关系，如协整关系的存在性进行探究。

本文将首先从折（溢）价率入手，简单探讨上证 50ETF 的定价效率。我们将 Edwin 的AR（1）模型扩展为 GARCH 模型，研究折（溢）价率的先后依赖关系，发现其具有金融资产收益率特有的聚类现象。最后，我们通过协整检验，Granger 因果检验，并建立误差修正模型来明确上证 50ETF 价值与价格的联动关系，并对折（溢）价率的聚类特征进行解释。与许文不同，本文并没有利用过多前沿的方法，而是采用基于简单回归的方法。从方法上来讲，虽然相对朴素，但是却可以更为细致地捕捉和刻画价格与价值之间的显性联动关系，并加深对这种机制的理解，这些都是许文所不具备的。本文所采用的样本区间为 2005 年 2 月 24 日到 2008 年 9

月 26 日，数据来自 Wind 金融数据库。

二、关于上证 50ETF 的定价效率与套利的描述

定价效率是指资产价格能够反映基础价值的程度。若 ETF 长期处于折价或溢价状态，则被认为是一种定价无效率的表现，它对投资者而言是一种机会也是一种成本。从理论角度出发，资产的定价效率与套利密切相关。无套利定价理论认为，套利机会一旦被发现，投资者会马上利用这种无风险套利机会来获取利润。随着套利活动的进行，市场供求情况随之改变，套利空间随之减少至消失，资产价格也回到均衡的真实价值水平。所以，套利提高资产的定价效率。本部分将从折价溢价率的大小与持续时间两个方面来检验上证 50ETF 的定价效率。在那之前，我们首先来明确两个概念：

$$折（溢）价 = 价格 - 净值，$$
$$折（溢）价率 =（价格 - 净值）/净值。$$

1. 折（溢）价率的描述性统计

图 2.1 和图 2.2 分别给出了样本区间内折（溢）价和折（溢）价率的分布状况。

很明显，折（溢）价与折（溢）价率并不服从正态分布，它们拥有较高的峰度（见表 2.1）。因为偏差总是相对于资产价值而言的，从而考虑折（溢）价率是更为合理的。下面我们的讨论主要针对折（溢）价率。

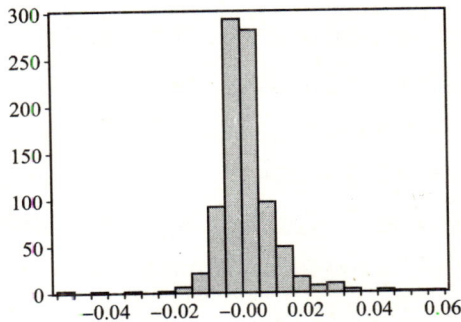

图 2.1　折（溢）价的直方图（单位：元）

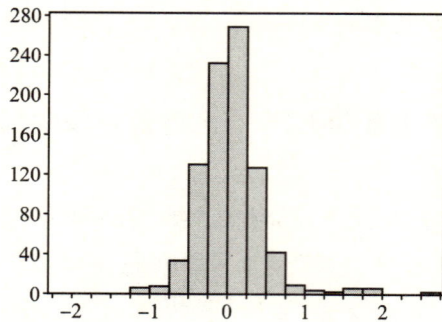

图2.2 折（溢）价率的直方图（单位:%）

表2.1 折（溢）价和折（溢）价率的描述统计

变　量	均值	最大值	最小值	标准差	偏度	峰度	雅克－贝拉统计量
折（溢）价（元）	0.0008	0.057	−0.053	0.0083	1.0937	12.590	3 539.852（p＝0.000）
折（溢）价率（%）	0.0226	2.704	−2.078	0.4219	1.0857	9.9783	1 953.991（p＝0.000）

表2.2 折（溢）价率分布

折（溢）价率范围（%）	天数	占总数的百分比（%）
［−0.5，+0.5］	757	86.2
［−0.5，−1］或［0.5，1］	92	10.5
绝对值大于1	29	3.3

　　结合直方图和上面折（溢）价率分布表格，我们发现折（溢）价率主要集中在±0.5%左右，占了样本总数的86.2%。从这个意义上说，上证50ETF的定价还是颇具效率的。当然，这还远远不能与美国等成熟市场相比（SPDR从1993年1月29日在美国证券交易所正式挂牌到2000年底，其中97%的交易日其二级市场折（溢）不超过0.5%），上证50ETF折（溢）价率也出现过持续较大的情况，这使得套利成为可能。具体说来，上证50ETF可以实现"T+0"套利模式。当"二级市场价格＞［基金份额净值（申购当日）+二级市场买入标的股票组合现货佣金+一级市场申购基金份额费用+二级市场卖出基金份额佣金+转托管费］"时，投资者可通过一级市场申购基金并转到二级市场卖出实现套利。当"二级市场价格＜［基金份额净值（赎回当日）（二级市场买入基金份额佣金+一级市场赎回费用+二级市场卖出股票组合现货佣金+转托管费）］"，投资者可通过二级市场买入基金份额并转到一级市场赎回实现套利。

对于 ETF 套利的研究多是借助高频数据（实施行情价格和 IOPV），这里，我们不妨根据每日收盘价格和基金净值计算的折（溢）价率简单看一下存在的套利机会。粗略估算，券商自营的套利成本（包括固定和变动成本）大约在 0.4% —0.5% 之间，非券商机构投资者的套利成本在 0.60% —0.80% 之间，而个人投资者的套利成本超过 1%。折（溢）价率分布表格中只有 3.3% 的样本数有超过 1% 的折（溢）价率，不难看出套利主要是券商和大机构投资者的游戏，对于个人投资者的门槛较高。在 2005 年 6 月 20 日至 2005 年 6 月 28 日出现较高的溢价水平，平均溢价水平为 1.709%。在正常情况下，这样的溢价足以让投资者通过套利获利，市场偏差也会很快减少。这里，高溢价状态为什么持续这么久？王辉（2006）认为主要原因在于股权分置改革的试点公司有上港集箱、宝钢股份、中信证券、紫江企业、中化国际、申能股份、东方明珠和长江电力 8 家 50 指数的成分股停牌，这其中上港集箱、中信证券、中化国际、申能股份和东方明珠必须使用现金替代，现金替代的原则按照停牌前的收盘价计算，而宝钢股份、紫江企业和长江电力允许现金替代，现金替代溢价比例都是 21%。尽管预先收取的金额高于基金购入该部分证券的实际成本时，基金管理人将退还多收取的差额，但是投资者不愿意承担现金替代溢价所带来的等待成本以及未来股票价格上涨的风险，因此套利无法完成。

2. 折（溢）价率的持续性

这一部分，我们通过折（溢）价率的持续性来进一步探讨上证 50ETF 的定价效率。Edwin 等（2002）对每日收盘时的折（溢）价序列进行分析。他们拟合了一个 AR（1）模型，发现一阶滞后项的系数并不显著。为此得出结论——价格对价值的偏离仅需一日就可以消除，表明定价是极度高效的。他认为，基金价格与基金净值的偏离是套利机会的信号，与套利相关的价格压力可以导致这种偏差的消失。这里，我们定义 D_t 为第 t 日收盘时的折（溢）价率。下面我们就来探讨一下序列 D_t 之间的依赖关系。根据样本自相关函数（ACF）、偏自相关函数（PACF），以及相应的赤则信息准则，我们可以模拟一个 AR（3）均值方程。

表2.3 折（溢）价率的样本 ACF 和 PACF

滞后阶数	1	2	3	4	5	6	7	8	9	10
ACF	0.398	0.265	0.255	0.166	0.170	0.122	0.101	0.096	0.077	0.070
PACF	0.398	0.125	0.137	0.007	0.070	-0.003	0.018	0.016	0.009	0.009

表 2.4　AIC 信息准则

	MA 0	MA 1	MA 2	MA 3	MA 4	MA 5
AR 0	−1.73276	−1.81567	−1.83565	−1.86517	−1.86791	−1.87655
AR 1	−1.90001	−1.91636	−1.91317	−1.91073	−1.90505	−1.90029
AR 2	−1.90887	−1.90946	−1.91508	−1.90759	−1.90091	−1.89389
AR 3	−1.92017	−1.91281	−1.90784	−1.90041	−1.89506	−1.88813
AR 4	−1.91261	−1.90521	−1.90079	−1.89501	−1.88738	−1.88088
AR 5	−1.90997	−1.90243	−1.89486	−1.88809	−1.88046	−1.87339

　　但是，我们发现残差的平方之间依然存在较高的相关性（图 2.3）。Eviews 提供的 ARCH 检验也表明存在自回归条件异方差（表 2.5）。

自相关图	偏相关图		AC	PAC	Q-Stat	Prob
		1	0.202	0.202	35.725	0.000
		2	0.047	0.007	37.677	0.000
		3	0.132	0.127	53.062	0.000
		4	0.167	0.123	77.662	0.000
		5	0.078	0.021	83.031	0.000
		6	0.024	−0.012	83.528	0.000
		7	0.029	−0.007	84.255	0.000
		8	0.023	−0.012	84.716	0.000
		9	0.038	0.024	86.005	0.000

图 2.3　残差平方的混成检验

表 2.5　自回归条件异方差检验

自回归条件异方差检验			
F 统计量	13.37799	Prob. F (5, 864)	0.0000
R 平方	62.51464	Prob. Chi-Square (5)	0.0000

　　综合以上考虑，最终我们拟合了一个 AR (3) - GARCH (1, 1) 模型（已经剔除不显著的常数项）

均值方程：

$$D_t = 0.3340 D_{t-1} *** + 0.0915 D_{t-2} ** + 0.1605 D_{t-3} ***$$

$$(8.19) \qquad (2.17) \qquad (4.65)$$

波动率方程：

$$\sigma_t^2 = 0.0172 *** + 0.1076 a_{t-1}^2 *** + 0.7748 \sigma_{t-1}^2 ***$$

$$(4.78) \qquad (4.66) \qquad (17.77)$$

其中，括号内给出的是 t 值（双侧），＊＊＊表示在 1% 水平下统计显著，＊＊表示在 5% 水平下统计显著，下同。

与 Edwin 研究的结果不同，折（溢）价率存在着较强的序列相关性，甚至依赖于 3 天前的值。这里我们用折（溢）价率代替折（溢）价，并且拟合了一个更为充分的 GARCH 模型，这不能不说是对原模型的一种改进。对于上证 50ETF 来说，折（溢）价率依赖于它的过去值，这与前面提到的套利成本较高可能有关：相对于成本来说，较低的折（溢）价率水平限制了进一步的套利活动，使得折（溢）价率形成一种特殊内在的变化规律。

波动率方程表明，对于折（溢）价率来说，聚类现象（volatility clusters）也是存在的。这种现象在金融资产收益率的波动率中相当常见，它表明大的抖动（shock）往往意味着另一个大的抖动。为什么折（溢）价率会呈现金融收益率的特征？许文曾经表明，价格是领先于价值变化的。从这个意义上说，折（溢）价率就是一种特殊的"收益率"。对此，我们将在下一部分加以讨论。

三、基金价格与净值的关系

上一部分表明，基金的定价是具有一定效率的，这是套利行为的客观结果。而如果这种效率是存在的，必然会导致同期的基金价格与基金净值的存在固有的内在联动关系。这一部分，我们就来刻画这种关系，从另一个角度来检验基金的定价系统。

（一）平稳性检验与协整

平稳性是时间序列分析一个非常重要的概念。首先，我们通过 ADF 单位根检验来判断 price 和 NAV 序列的平稳性。如果时间序列不平稳，我们就不能直接进行回归分析，因为那样会出现伪回归。但是，也有例外。如果两个序列是协整的，我们说这两个序列具有长期均衡关系。这个时候我们也可以进行回归分析。

结果表明，这两个序列都是非平稳的（表 3.1）。事实上，它们是一阶单整的。于是我们接着考虑两者协整的可能性。双变量协整我们可以采用 Engle-Granger（1987）的两步检验法：先拟合回归方程，再对残差进行平稳性检验（同样是采用 ADF 单位根检验）的方法。如果残差是平稳的，我们就可以说变量之间是协整的。

表 3.1 价值序列与价格序列的单位根检验（ADF）

变量	外生变量	t 统计量	P 值	带后阶数（根据 AIC 确定）
NAV	含趋势和截距	−0.482458	0.9843	16
	含截距	−1.152089	0.6966	16
	无	−0.165844	0.6262	16
D（NAV）	含趋势和截距	−5.891114	0.0000 ***	15
	含截距	−5.792366	0.0000 ***	15
	无	−5.773856	0.0000 ***	15
price	含趋势和截距	−0.599060	0.9785	15
	含截距	−1.184389	0.6830	15
	无	−0.213731	0.6092	15
D（price）	含趋势和截距	−5.873202	0.0000 ***	15
	含截距	−5.611559	0.0000 ***	14
	无	−5.595381	0.0000 ***	14

通过不同的尝试，我们最终拟合了一个 ARMA（1，1）–GARCH（1，1）模型：

$$NAV_t = 0.0021 *** + 0.9981 price_t *** + u_t$$

$$(3.50) \qquad (2495.25)$$

$$u_t = 0.7906 u_{t-1} *** + v_t - 0.4871 v_{t-1} ***$$

$$(18.73) \qquad (9.02)$$

$$v_t = \sigma_t \varepsilon_t$$

$$\sigma_t^2 = 7.79E(-8) + 0.1398 v_{t-1}^2 *** + 0.8986 \sigma_{t-1}^2 ***$$

$$(1.49) \qquad (12.26) \qquad (126.56)$$

除了 GARCH 方程的常数向外，所有的系数都在 1% 的水平下显著。我们依然关注残差的平稳性，表格 3.2 告诉我们残差通过了单位根检验，我们说价格序列和争值序列之间是协整的。这表明从长远看两者具有稳定的平衡关系。在短期内，因为季节影响或随机干扰，这些变量有可能偏离均值。但这种偏离是暂时的，随着时间推移将会回到均衡状态。这与我们的预期是相同的。

表 3.2 残差的单位根检验

变量	外生变量	t 统计量	P 值	滞后阶数（根据 AIC 确定）
残差	含趋势和截距	−6.890118	0.0000 ***	13
	含截距	−6.409272	0.0000 ***	13
	无	−6.297691	0.0000 ***	13

（二）Granger 因果检验与关于聚类现象的说明

在经济变量中有一些变量显著相关，但它们未必都是有意义的。Granger（1980）给出了一个关于因果关系的定义。他的定义是建立在完整信息集以及发生时间先后顺序基础上的。X 是否引起 Y 的问题，主要看当下的 Y 能够在多大程度上被过去的 X 解释，加入 X 的滞后值是否使解释程度提高。如果 X 在 Y 的预测中有帮助，就可以说"Y 是由 X Granger 引起的"。在 Granger 意义下，如果一个事件 X 是另一个事件 Y 的 Granger 原因，则可以认为事件 X 领先于事件 Y。

许文在应用 Granger 因果检验时，滞后阶数设定为 2。但事实上，在 Granger 因果检验中对滞后期（滞后项数）的变动十分敏感，因此我们根据 AIC 标准确定滞后阶数。

表 3.3　Granger 检验不同滞后阶数的 AIC 标准

滞后阶数	1	2	3	4	5	6	7	8	9	10
AIC 标准	−15.572	−15.566	−15.566	−15.563	−15.576	−15.579	−15.572	−15.579	−15.572	−15.565

不难看出当滞后阶数为 5、6 和 8 时，AIC 标准的值比较低（表 3.3），于是我们分别对滞后阶数为 5、6 和 8 时对价格和净值序列进行 Granger 检验，结果见下表：

表 3.4　Granger 因果检验

滞后阶数	格兰杰因果性	chi-square	P 值	结论
5	$price \nrightarrow NAV$	9.93	0.0773 *	拒绝
	$NAV \nrightarrow price$	4.71	0.4525	不拒绝
6	$price \nrightarrow NAV$	11.24	0.0812 *	拒绝
	$NAV \nrightarrow price$	5.21	0.5176	不拒绝
8	$price \nrightarrow NAV$	15.79	0.0455 **	拒绝
	$NAV \nrightarrow price$	7.95	0.4382	不拒绝

我们得到的结论是：价格是净值的 Granger 原因，但反之则不然。也就是说，价格领先于净值变化。这一结果与许文是一致的，而且与国内外一些学者的研究流派相吻合：ETF 具有价格发现功能。基金的净值是由基金所持有各种证券的市值决定的。基金根据每个营业日市场收盘价所计算出其总资产价值，扣除基金当日之各类成本及费用后，所得到的就是该基金当日的净资产价值。除以基金当日所发行在外的单位总数，就是每单位净值。更为特别的，对于 ETF 指数基金来说，尤其是像上证 50ETF 这样旨在 100% 跟踪指数的基金，其净值是完全正比于上证 50 指数的（两者几乎是一回事）。对于市场上新的信息，投资者根据构成上证 50 指数的一揽

子股票所属公司的价值，对这一揽子股票的给出预期价格，这就是基金的交易价格。而这样的预期价格就是市场对信息的反应和消化。ETF 市场领先于指数现货市场，信息从 ETF 市场传递到现货指数：预期价格变化在前，指数变化亦即基金净值的变化在后，基金价格 Granger 引起基金净值变化。从这个意义上说，我们通过现行价格可以对未来的基金净值进行简单预测。

明确了这一点，我们就可以来解释为什么折（溢）价率会有与金融资产收益率类似的聚类现象了。折（溢）价率是一种特殊的"收益率"。

$$折溢价率_t = (price_t - NAV_t)/NAV_t$$

$$金融资产收益率_t = (price_t - price_{t-1})/price_{t-}$$

既然价格先于净值，并且对净值有着引导作用，那么我们是不是可以把今天的价格看成是明天的净值呢！注意，如果我们把计算折（溢）价率公式中的 $price_t$ 看成是 NAV_{t+1}（实际中这种提前并不一定是一天），那么就有

$$折溢价率_t = (price_t - NAV_t)/NAV_t = (NAV_{t+1} - NAV_t)/NAV_t$$

而后者是什么，不正是第 $t+1$ 日基金净值的收益率吗！第 t 日的折（溢）价率就是第 $t+1$ 日的基金收益率。既然同样是收益率，那么拥有聚类现象也就不奇怪了 —— 这是金融收益率的共同特性。

（三）短期均衡 —— 误差修正模型

在一个长期均衡关系中，短期内会因为各种因素而产生偏离。但这种偏离是暂时的，存在一种调节机制，使得这种偏离的影响会随着时间的推移而消失。误差修正模型就是为了刻画这么一种机制：反映 y_t 的短期波动 Δy_t 是如何被决定的。

下面，我们对基金净值和基金价格建立误差修正模型，以模拟两者的短期修复机制。我们可以利用上面得到的协整方程，构成误差修正项。然后建立短期模型，将误差修正项看作一个解释变量，连同其他反映短期波动的解释变量一起，建立短期模型。当然，我们也可以直接拟合这个短期模型。

先前，我们得到协整方程的均值方程部分是

$$NAV_t = \beta_0 + \beta_1 price_t + u_t \qquad u_t = \phi_1 u_{t-1} + v_t - \theta_1 v_{t-1},$$

滞后一期，并且方程两边都乘以 ϕ_1，有

$$\phi_1 NAV_{t-1} = \phi_1\beta_0 + \phi_1\beta_1 price_{t-1} + \phi_1 u_{t-1}$$

采用广义差分，有

$$NAV_t = (1 - \phi_1)\beta_0 + \beta_1 price_t + \phi_1 NAV_{t-1} - \phi_1\beta_1 price_{t-1} + u_t - \phi_1 u_{t-1}$$

$$= (1 - \phi_1)\beta_0 + \beta_1 price_t + \phi_1 NAV_{t-1} - \phi_1\beta_1 price_{t-1} + \nu_t - \theta_1 \nu_{t-1}$$

再对方程两边都减去 NAV_{t-1} 整理得

$$D(NAV_t) = \beta_1 D(price_t) - (1 - \phi_1)[NAV_{t-1} - (\beta_0 + \phi_1\beta_1 price_{t-1})] + \nu_t - \theta_t\nu_{t-1}$$

$$= \beta_1 D(price_t) - (1 - \phi_1)ecm_{t-1} + \nu_t - \theta_t\nu_{t-1}$$

这个就是我们所要的误差修正模型的数学形式。

为了得到这个方程，我们首先拟合方程

$$D(NAV_t) = \gamma_0 + \gamma_1 D(price_t) - \gamma_2 NAV_{t-1} + \gamma_3 price_{t-1} + \nu_t - \theta_t\nu_{t-1}$$

结果是，

$$D(NAV_t) = 0.0003 ** + 0.9438 D(price_t) *** - 0.3315 NAV_{t-1} *** + 0.3314 price_{t-1} *** + \nu_t - 0.3223\nu_{t-1} ***$$

$$\quad (3.00) \qquad (337.07) \qquad\qquad (3.87) \qquad\qquad (3.87) \qquad\qquad\qquad (8.76)$$

$$\nu_t = \sigma_t \varepsilon_t$$

$$\sigma_t^2 = 2.01E(-7) *** + 0.1427\nu_{t-1}^2 *** + 0.8811\sigma_{t-1}^2 ***$$

$$\quad (3.10) \qquad\qquad (7.51) \qquad\qquad (62.49)$$

只需要对模型估计出的均值方程稍作变形，我们就可以得到误差修正模型，即

$$D(NAV_t) = 0.9428 D(price_t) - 0.3315 ecm_{t-1} + \nu_t - \theta_t\nu_{t-1}$$

若长期均衡关系出现正的偏离，即有 $ecm_{t-1} > 0$，它前面的负系数使得 $D(NAV_t)$ 在短期关系的基础上减少；若长期均衡关系出现负的偏离，即有 $ecm_{t-1} < 0$，它前面的负系数使得 $D(NAV_t)$ 在短期关系的基础上增加：这就体现了对偏离的调整和控制，使得价值与价格的长期关系得以保持，而这正是套利机制保证定价效率的又一体现。

四、结　论

通过上述分析，我们将结论总结如下。上证 50ETF 虽然具有一定的定价效率，但其折（溢）价率具有较高的前后相依性，这与我国市场特殊的套利活动有关。二级市场的交易价格与基金净值具有长期均衡关系，并且前者先于后者变化，这从一个侧面验证了上证 50ETF 的价格发现功能。而这也导致了基金的折（溢）价率具有聚类特征。

虽然价差常常出现，但是对大多数人来讲，这不是真正意义上的套利机会。就现行的市场环境来看，套利的门槛相对较高。

（1）申购和赎回有规模上的限制，必须是基金设立单位（Creation Unit）的整数倍，即 100 万份基金份额，低于一个设立单位数量的申购和赎回不予接受。

（2）套利成本比较高。一般投资者在作"T+0"套利交易时，会出现双边成本：买卖股票和申购赎回都需要费用。除了这些固定成本外，冲击成本和等待成本这些变动成本也不可小视。

（3）不允许卖空。所谓的"T+0"模式只能提供单边交易，即先买后卖，而不能先卖后买。

在上市初期，由于投资者的不熟悉造成市场效率相对较低，"上证50ETF"的套利机会或许相对较多。姚铮（2005）指出，随着产品深入人心，市场效率会逐步地提高，折（溢）价率将接近普通客户的交易成本，此时只有可按零佣金交易的券商自营和大的机构投资者有能力进行持续的套利活动，普通客户只有在遇到市场出现剧烈波动导致市场效率瞬间下降的时候，依靠券商的技术系统和套利工具参与套利交易。目前"上证50ETF"的套利机会是逐步收敛的。只有未来外汇市场和指数期货市场不断走向成熟，衍生出更多的创新品种，ETF的套利机会才能获得增长。

ETF的价格发现功能是具有非常重要的现实意义：我们可以通过当前的基金价格为未来的基金净值进行预测；更重要的是，它为我们探究资产的价值提供了一种途径。我们知道，资产价格的市场化指由供求关系相互作用而导致的资产价格的形成及其波动，而金融资产市场价格机制的形成是金融深化的最明显表现。准确、高效的市场定价机制能够降低交易成本，提高市场效率。上证50ETF就基本上实现了这样一个目的。当然，只有金融产品的种类不断丰富，不断满足更多各类投资者的需求，证券市场的这种定价机制才能体现得更完善。另一方面，基金价格与净值的长期协整关系和短期调整模型也为我们投资决策提供了一种参考。从长期看，基金的价格与价值存在均衡一致关系。个人投资者很难通过主动的"介差搜寻"工作来获取无风险收益；相反，是机构投资者的套利倾向使得价格—价值的偏差得以修复。

参考文献

[1] 程林，2005，"一级交易商逐渐控制ETF套利垄断者利益图谋何在？"，《证券时报》，转自证券之星，http：//www. stockstar. com/info/darticle. aspx？id=SS，20060323，30353472。

[2] 范云峰，2006，《Volatility计算研究及ETF跟踪误差和分解》，浙江大学出版社。

[3] 王辉，2006，"上证50ETF的运作状况分析"，《华北电力大学学报》（社会科学版），第2期。

[4] 王霞，2002，"海外ETFs发展与实践研究"，深圳证券交易所联合研究所，深证综研字第0049号。

[5] 姚铮、单祥，2005，"上证50ETF"套利机制探讨，《经济论坛》，第21期。

［6］赵文娟，2006，《我国交易型开放式指数基金（ETF）跟踪误差的研究》，对外经济贸易大学。

［7］张宗新、丁振华，2006，"上证 50ETF 具有价格发现功能吗?"，《数量经济技术经济研究》，第 3 期，第 141—149 页。

［8］中国证券业协会，2008，《证券投资分析》，中国财政经济出版社。

［9］邹平、张文娟，2008，"对上证 50 交易型开放式指数证券投资基金的实证研究"，《上海金融》，第 4 期，第 60—64 页。

［10］Edwin, Elton J., Martin J. Gruber, George Comer and Kai Li, 2002, "Spiders: Where are the Bugs?" *The Journal of Business*, 75 (3): 453 –72.

［11］Gastineau, G. L., 2002, *The Exchange-Traded Funds Manual*, John Wiley & Sons.

［12］Hasbrouck, 2003, "Intraday Price Formation in US Equity Index Markets", *Journal of Finance*, 58: 2375 –99.

［13］James, M. Poterba and John B. Shoven, 2002, "Exchange-Traded Funds: A New Investment Option for Taxable Investors", *The American Economic Review*, Papers and Proceedings of the One Hundred Fourteenth Annual Meeting of the American Economic Association, 92 (2): 422 –27.

［14］Lucy, F. Ackert and Yisong S. Tian, 2000, "Arbitrage and Valuation in the Market for Standard and Poor's Depositary Receipts", *Financial Management*, 29 (3): 71 –87.

［15］Richard, A. Ferri, 2008, *The ETF Book: All You Need to Know About Exchange-Traded Funds*, John Wiley & Sons.

Empirical Analysis on the Dynamic Relation between the Net Value and Market Price of 50ETF Based on GARCH Model

Jiang Yuexiang   Lan Tianjian   Ji Fan

(Economics School, Zhejiang University)

Abstract: After reviewing the related domestic and foreign references, this paper, based on GARCH model, engages in the empirical analysis on the relationship between the net value and secondary market price of 50ETF. Through the descriptive statistical analysis of the discount (premium) rate of 50ETF, the fund displays pricing efficiency to certain extent, which is explained by arbitrage activity. Moreover, the discount (premium) rate also displays volatility clusters which is an ordinarily characteristic of financial assets. Granger Causality Test provides an answer for that: the price leads the net value. Finally, the co-integration technique and fitted error correction equation accurately describe both the long term and short term relationship between the net value and secondary market price.

Keywords: discount (premium) rate; net value; GARCH model

中国大型民营企业的绩效变化及其决定因素（2003—2006）

—— 基于全国工商联上规模民营企业调研数据的实证研究

◎ 赵世勇　刘小玄*

摘　要：政府在经济发展中的作用一直是理论研究和政策辩论中一个持久的热门问题，特别是在发展中国家和转型中国家，这个问题更具争议性。本文利用全国工商联连续四年对上规模民营企业的年度调研数据，研究了中国大型民营企业 2003 年以来的绩效变化及其决定因素，特别分析了政府政策和企业绩效之间的因果关系。研究发现，2003 年以来，中国大型民营企业绩效下降的主要原因在于政府实施宏观调控导致的企业融资困难，以及国有企业对上游产业的垄断导致的民营企业原材料价格上涨。

关键词：大型民营企业；宏观调控；融资困难

一、引　言

自 1978 年中国实行改革开放以来，特别是 1992 年邓小平南方谈话以来，中国的民营企业经历从无到有、从小到大、从弱到强的迅猛发展。2004 年中国经济普查数据显示，民营企业在工业领域的产值、营业收入、总利润以及就业方面所占的份额已经超过了 50%。截至 2007 年底，民营经济已占国民经济的半壁江山，同时解决了城镇就业的 3/4。[1]

2003 年以来，各种数据表明，跟 20 世纪 90 年代相比，中国民营企业的发展速度明显下降。从 1990 年到 2002 年，中国民营企业的营业收入年均增长 59.75%；[2] 从 2002 年到 2005 年，营业收入的年均增长仅为 28.34%，大大低于 20 世纪 90 年代的水平。2003 年以来，中国大型民营

---

* 赵世勇，澳门科技大学行政与管理学院；刘小玄，中国社会科学院经济研究所。通信地址：北京月坛北小街 2 号经济所微观室，100836。电子邮件：zhaoshy@ cass. org. cn 或者 shiyong0812@ gmail. com。作者感谢全国工商联提供了研究所需的数据。

① 参见《中华工商时报》，2008 年 9 月 11 日。

② 参见中华全国工商联，2006，《中国民营经济发展报告》，社科文献出版社。

企业营业收入增加值的增速也明显放缓，从 2003 年的 65.21% 下降到 2005 年的 42.43%。①

本文研究的问题不是大型民营企业规模指标（资产、营业收入、增加值、利润、出口、税收以及就业等）的变化，而是绩效指标（技术效率和赢利能力）的变化，因为技术效率和赢利能力才是反映一个企业竞争力和综合实力的核心指标。根据全国工商联连续四年（2003—2006）对上规模民营企业的调研数据，2003 年以来，中国大型民营企业的技术效率和利润率呈下降趋势。

因此，一个自然的问题是，中国大型民营企业绩效恶化的原因是什么？是市场需求萎缩、原材料价格上涨，还是宏观经济政策不利？抑或是其他原因？回答这个问题最好是利用经验数据进行实证分析。全国工商联对中国上规模民营企业的年度调研数据为我们的研究提供了原始的资料，使得我们能够计算大型民营企业的绩效变化并寻找背后的决定因素。

中国的大型民营企业主要分布在劳动密集型的制造业以及商业领域，例如纺织业、化学纤维制造业、黑色和有色金属冶炼及压延加工业、批发零售业、电气机械及器材线缆制造业、化学原料及化学制品制造业以及建筑业等。极少的民营企业分布在资源和资本密集型的煤炭、天然气、石油、电力、通信、运输、矿业、冶金、机械以及钢铁等。这些国民经济的"上游"领域依然由国有企业主导乃至垄断。此外，金融和保险等服务领域的大型民营企业也为数极少（参见表 1②）。这是中国目前产业分布的一个典型特征，我们把这种产业分布特征叫作国有企业和民营企业的"产业分工"，需要指出的是，这种现状不是市场竞争的内生结果，而是外生的产业进入壁垒造成的。

在观察到 2003 年以来中国大型民营企业绩效下滑的同时，我们也注意到，中国政府在 2003—2004 年间实施了新一轮的"宏观调控"政策。为了抑制投资过热，中央政府要求各商业银行紧缩信贷，加速回收贷款，使得商业银行对民营企业的贷款急剧缩减。此外，一些大型民营企业在钢铁、电解铝和水泥等行业的投资项目被叫停乃至取消。宏观调整政策实施以来，民营企业的投资规模受到抑制，国有企业的垄断地位则得以加强。这样，宏观政策无疑会降低民营企业的发展速度，恶化其绩效。因此，我们根据现象和逻辑提出如下假说：宏观调控下的信贷紧缩和投资限制是民营企业绩效恶化的主要原因。然而，宏观调控下的信贷紧缩和投资限制到底在多大程度上影响了大型民营企业的绩效？这种影响在不同行业间有没有显著的差异？还有没有其他的因素导致了民营企业绩效的恶化呢？

①　参见中华全国工商联，2006，《中国民营经济发展报告》，中国社科文献出版社。
②　因为上规模民营企业的行业分布年度变化不大，我们只在表 1 中列出了 2006 年的行业分布情况。

在梳理相关文献的过程中我们发现，已有文献中有很多研究关注中国民营企业的成长和发展。张维迎（2006）从理论上研究了民营企业的核心竞争力与企业成长的关系，指出产权保护不利和司法制度落后是阻碍中国民营企业成长的重要因素。陈凌和曹正汉（2007）对中国的几家民营企业进行了案例研究，指出，在过去的 20 年间，制度环境决定了中国民营企业的发展；他们还强调，中国的民营企业在发展的每个阶段都面临相似的问题。关于中国民营企业进一步发展的困难和问题，亚洲开发银行（2002）利用全国工商联的问卷调研数据，发现了制约中国民营企业进一步发展的五大障碍：融资困难；缺乏技术和管理人才；缺乏信息；政策和法规实施的不透明和不一致；不公平竞争。

全国工商联每年都有一个"上规模民营企业"和"民营企业 500 家"的发展报告，然而这些报告更多是描述性的数据统计，并没有对上规模民营企业的绩效变化进行系统的分析，更没有研究绩效变化背后的决定因素。有关民营企业的经验研究更多是利用抽样数据比较不同产权类型企业的效率和绩效（刘小玄，2005）。受制于数据的可获得性，专门研究大型民营企业绩效变化及其决定因素的文献还较为少见。

本文下面的内容是这样安排的。第二部分介绍本研究所使用的数据的来源和基本研究方法。第三部分分别用技术效率和利润率来度量中国大型民营企业的绩效变化。第四部分构建计量经济模型，进行回归分析，并对回归结果进行解释。第五部分是结束语。

表 1   中国上规模民营企业的行业分布（2006 年）

行业	户数	百分比
纺织业、化学纤维制造业	339	10.62%
黑色金属、有色金属冶炼及压延加工业	294	9.21%
批发和零售业	256	8.02%
电气机械及器材、线缆制造业	246	7.71%
化学原料及化学制品制造业	222	6.96%
建筑业	211	6.61%
通用设备和专用设备制造业	176	5.52%
食品加工与食品、饮料制造业	148	4.64%
金属制品业	146	4.58%
服装、鞋帽、皮革制造业	142	4.45%
房地产业	127	3.98%
综合（含投资类、主业不明显）	123	3.85%
非金属矿物制品业（含水泥、玻璃、陶瓷、耐火材料等）	98	3.07%
交通运输设备制造业	97	3.04%

续表1

行业	户数	百分比
医药制造业	83	2.60%
石油加工、炼焦加工业	60	1.88%
通信设备、计算机及其他电子设备制造业	57	1.79%
橡胶制品、塑料制品业	55	1.72%
造纸及纸制品、印刷业、文教体育、办公用品制造业	44	1.38%
木材加工及木、竹、藤、棕、草制品业、家具制造业	41	1.28%
采矿业	41	1.28%
农、林、牧、渔业	34	1.07%
其他行业	28	0.88%
工艺品及其他制造业	25	0.78%
交通运输、仓储业和邮政业	23	0.72%
电力、热力、燃气及水的生产和供应业	18	0.56%
仪器仪表制造业	17	0.53%
信息传输、计算机服务和软件业	12	0.38%
住宿、餐饮业	10	0.31%
租赁和商务服务业	10	0.31%
居民服务和其他服务业	2	0.06%
烟草制品业	2	0.06%
卫生、社会保障和社会服务业	1	0.03%
教育	1	0.03%
文化、体育、娱乐业	1	0.03%
金融、保险业	1	0.03%
总计	3 191	100.00%

资料来源：全国工商联2006年上规模民营企业调研数据。

二、数据和方法

本文的数据来源于全国工商联对中国上规模民营企业的年度调研。全国工商联每年都会通过发放问卷的形式，对中国的上规模民营企业进行调研。全国工商联首先设计问卷，然后将问卷发放到目标企业，企业通过填写问卷来回答问题。当然，企业有权拒绝填写，也就是说，问卷调研是基于企业自愿的原则。

根据全国工商联的统计标准，"上规模"民营企业指的是年营业收入在1.2亿元人民币及以上的民营企业（2003 年），2004 年之后，只有年营业收入等于或大于 2 亿元的民营企业才被称为上规模民营企业。2003 年，满足这样的统计标准的中国民营企业有 2 268 家，2004 年至2006 年满足标准的企业数目分别为 2 119 家、2 688 家和 3 191 家，这些大型民营企业构成了中国最具竞争力的民营企业，它们代表的是中国民营企业的最高水平。工商联的调研数据库包括了上规模民营企业的财务指标，包括营业收入、资产、利润、税收以及就业等，还包括了企业的融资、投资、营销、管理等方面的信息。此外，问卷还调研了上规模民营企业在经营和发展中面临的主要问题。

我们需要指出的是，数据可能存在一定程度的偏误，因为问卷不是基于随机抽样，而是基于自愿填写。也就是说，企业有权利选择不填写。我们猜测，绩效好的企业可能更愿意填写，而绩效差的企业更不愿意填写。但是，我们认为这一问题不会很严重，因为工商联的调研几乎涵盖了全部的上规模民营企业，而且跟中小企业相比，规模较大的企业通常具有较好的业绩。基于这样的判断，我们认为，数据库中的企业基本代表了中国大型民营企业的总体。这是我们进行分析的一个前提。

工商联数据库的另外一个不足之处在于，虽然它是连续几年的数据，但它不是追踪数据（面板数据），而是横截面数据。也就是说，数据库中不仅每年的企业数目不同（如上所述），而且每年的企业也可能不一样；当然，也有一部分企业出现在每年的数据库中。数据库的这种特点是由工商联的调研方法决定的，工商联的调研不是连续几年对某些企业进行固定追踪，而是每年按照一定的规模标准选取，这样就可能会有规模下降的企业落选，也会有新的企业加入。因此，我们就没有办法对数据进行动态分析，只能进行比较静态分析。尽管如此，这种数据特点并不妨碍我们研究中国大型民营企业连续几年的绩效变化并试图发现其背后的决定因素。①

---

① 有匿名审稿人质疑这一点。审稿人指出，数据不是追踪数据（面板数据），用这种数据来研究企业绩效连续几年的变化，没有根据，较难接受。这种质疑是有一定道理的。但是，数据是不是合适，关键看研究的目的。如果用的是固定企业的追踪数据，那么研究的就是这些固定企业的连续几年的绩效变化，而这些固定的企业能否每年都能代表一定的总体也值得怀疑。我们所能得到的这个数据库，不是固定企业的追踪数据，而是在一个相对固定的标准下选择出来的企业，即它们都是按照销售额进行排名的最大的前两三千家民营企业，因此，虽然每年的企业不尽相同，但是它们能够代表中国的大型民营企业这个总体，我们研究的也是中国大型民营企业的绩效变化及其决定因素，并不是研究一批固定的民营企业的绩效变化及其决定因素。此外，能进入工商联某一年"上规模"排行榜的企业，应该说都是当年比较成功的民营企业，或者说绩效比较好的民营企业。我们用每年都是比较成功的民营企业计算发现，中国大型民营企业的绩效连续几年出现下滑的趋势，那么，可以想像，如果用随机的一批固定的民营企业为样本的话，只会加强而不会削弱我们的结论。当然，这是不同的研究对象和问题了。总之，我们认为，基于我们的研究目的，数据是合适的。

为了考察中国大型民营企业的绩效变化，我们需要定义一些指标来反映企业的绩效。我们并不打算用规模指标（如营业收入、总资产或者总利润）的增长来反映绩效。这是因为：其一，数据库中的企业是按照规模来选取的，只有足够规模的企业才能入选。如果用规模变化来反映绩效，因为样本企业不同，所以规模增长较快的企业就容易被包含到数据库，从而不可避免会高估企业的绩效增长。其二，规模虽然能在一定程度上反映绩效，但规模更多是一个外在的指标，受外部因素影响较大，容易发生大起大落，不能很好反映企业内在的效率和赢利能力，因为效率是一个投入产出关系，相对比较稳定；而赢利能力未必跟规模正相关，可以排除规模的影响。基于这两点考虑，我们决定用企业的技术效率和赢利能力这两个指标来表示企业的绩效。

为了度量企业的技术效率，我们采用"Farrell 投入节省的技术效率"指标。使用数据包络分析法（Data Envelope Analysis，简称 DEA），我们可以计算每家企业每年的 Farrell 技术效率，我们使用的软件叫作 OnFront。所谓"要素节约的技术效率"，就是说，我们首先定义企业一些作为参照系企业，这些参照系企业能够用最少的投入（资源）或者最低的成本生产一定数量的产出；即，这个参照系企业的技术效率是最高的。有了参照系之后，其他企业的技术效率就可以相应计算出来。用这种方法，我们可以计算每一家企业的技术效率。考虑到数据库中每年有几千家企业，无法列出全部企业的技术效率，我们决定采用行业平均的办法，只列出各个行业平均的技术效率。我们用销售净利润率来度量企业的赢利能力，销售净利润率等于企业的税后利润除以营业收入。

三、中国大型民营企业的绩效变化（2003—2006）

（一）技术效率的变化

表 2 显示，中国大型民营企业各行业的平均技术效率自 2003 年以来呈现了一个明显的下降趋势。2006 年略微改善，但是依然低于 2003 年和 2004 年的水平。综合（包括投资）、石油加工、炼焦加工、批发零售以及化学原料与化学制品制造业等行业有明显的效率下滑。以 2003 年为参照系，大部分行业的技术效率都出现了下降。

表2 中国大型民营企业技术效率的变化（2003—2006）

行　业	行业平均效率			
	2003	2004	2005	2006
食品加工与食品、饮料制造业	0.860	0.798	0.593	0.799
纺织业、化学纤维制造业	0.861	0.729	0.678	0.792
服装、鞋帽、皮革制造业	0.893	0.762	0.628	0.798
木材加工及木竹藤棕草制品业、家具制造业	0.912	0.803	0.589	0.730
造纸及纸制品、印刷业、文教体育、办公用品制造业	0.869	0.815	0.539	0.711
非金属矿物制品业（含水泥、玻璃、陶瓷等）	0.791	0.818	0.713	0.568
黑色金属、有色金属冶炼及压延加工业	0.745	0.673	0.611	0.512
金属制品业	0.757	0.581	0.343	0.657
石油加工、炼焦加工业	0.831	0.681	0.519	0.379
化学原料及化学制品制造业	0.790	0.708	0.544	0.389
医药制造业	0.786	0.805	0.718	0.820
橡胶制品、塑料制品业	0.750	0.558	0.654	0.813
通用设备和专用设备制造业	0.831	0.694	0.399	0.738
交通运输设备制造业	0.805	0.658	0.393	0.726
电气机械及器材、线缆制造业	0.767	0.801	0.545	0.584
通信设备、计算机及其他电子设备制造业	0.751	0.617	0.565	0.547
仪器仪表制造业	0.665	0.582	0.623	0.528
建筑业	0.712	0.754	0.510	0.428
批发零售业	0.641	0.359	0.374	0.429
综合（包括投资）	0.822	0.722	0.629	0.406
平均	0.792	0.697	0.558	0.618

资料来源：根据全国工商联数据库计算。

（二）利润率的变化

中国大型民营企业利润率的变化与技术效率非常相似。表3显示，中国大型民营企业的平均利润率在4%—5%左右。2003年以来，全部上规模民营企业的平均利润率逐年下降，趋势明显。利润率在2006年也是略有改善，但依然低于2003年和2004年的水平。其中，仪器和仪表制造业、医药制造业、食品加工和食品饮料制造业、交通运输、仓储和邮政业利润率下降明显。①

---

① 有匿名审稿人指出，2006年中国大型民营企业的绩效有些翘尾，因此结论值得探讨。我们认为，以2003年为参照系，2003—2006年间，中国大型民营企业的绩效是一个下降的趋势，因为虽然2006年的绩效略高于2005年，但依然低于2003年和2004年。这个下降的趋势是明显的。我们计算的绩效是全行业的平均水平，不排除个别行业会有绩效提高的可能，比如房地产业；全部行业的绩效绝对下降，这是不太可能发生的。实际上，2006年绩效略有好转，正好印证了我们的结论，即宏观调控下融资难度加大恶化了企业绩效，而2006年宏观调控放松，融资困难有所缓解，所以企业绩效出现些许上扬。因此，2006年大型民营企业绩效略有翘尾并不影响我们的结论。

表 3　中国大型民营企业利润率的变化（2003—2006）

行　　业	行业利润率			
	2003	2004	2005	2006
采矿业	13.65%	9.19%	15.97%	10.96%
电力、热力、燃气及水的生产和供应业	7.81%	6.83%	8.60%	6.92%
电气机械及器材、线缆制造业	5.46%	6.02%	4.86%	5.15%
房地产业	6.68%	8.67%	9.28%	8.18%
纺织业、化学纤维制造业	4.25%	3.71%	3.66%	3.77%
非金属矿物制品业（含水泥、玻璃、陶瓷等）	6.86%	11.24%	4.64%	5.88%
服装、鞋帽和皮革制品业	4.25%	6.01%	5.81%	5.39%
工艺品及其他制造业	5.92%	4.30%	4.90%	3.96%
黑色和有色金属冶炼、压延和加工业	6.71%	5.20%	4.01%	4.52%
化学原料及化学制品制造业	5.00%	4.87%	5.99%	5.45%
建筑业	3.01%	3.94%	2.79%	0.58%
交通运输、仓储业和邮政业	6.16%	3.14%	2.84%	1.99%
交通运输设备制造业	3.21%	3.49%	3.67%	4.54%
金属制品业	5.74%	4.76%	3.51%	4.36%
木材加工及木竹藤棕草制品业、家具制造业	2.86%	4.61%	5.12%	5.25%
农、林、牧、渔业	4.88%	5.45%	4.63%	3.73%
批发零售业	2.09%	1.51%	1.47%	1.58%
石油加工、炼焦加工业	5.01%	7.81%	3.89%	6.19%
食品加工和食品、饮料制造业	6.08%	4.79%	4.79%	1.90%
通信设备、计算机及其他电子设备制造业	5.16%	3.98%	1.36%	1.44%
通用和专用设备制造业	6.26%	5.42%	5.05%	6.37%
橡胶和塑料制品业	6.36%	5.17%	5.26%	6.80%
信息传输、计算机服务和软件业	3.42%	4.43%	7.15%	6.27%
医药制造业	8.45%	6.66%	7.58%	5.92%
仪器仪表制造业	6.89%	6.72%	4.43%	4.42%
造纸及纸制品、印刷业、文教体育、办公用品制造业	7.08%	5.36%	6.45%	4.44%
住宿和餐饮业	9.87%	10.55%	13.28%	8.45%
综合（包括投资）	5.46%	5.10%	5.47%	5.14%
租赁和商业服务业	2.09%	0.95%	4.97%	3.01%
全部上规模民营企业的平均利润率	5.12%	4.83%	4.22%	4.45%

资料来源：根据全国工商联数据库计算得来。

　　需要说明的是，我们在表2和表3中列出的行业数目不同，这是因为根据数据包络方法计算技术效率的方法是一种非参数的方法，它要求每个行业中的企业数目不能太少，因此我们在计算行业的技术效率的时候，删掉了一些包含企业较少的行业。而计算利润率则不存在这个问题，因此表 3 包含的行业多于表 2。

表 2 和表 3 显示，以 2003 年为参照系，不管是用技术效率衡量，还是用利润率衡量，中国大型民营企业的绩效都呈现出了下降的趋势。具体而言，虽然不同的行业表现出不同的变化模式，但总体而言，2004 年的绩效水平低于 2003 年，2005 年的绩效比 2004 年下降，2006 年比 2005 年略有上升，但依然低于 2003 年和 2004 年的水平。

四、计量模型、回归分析与结果解释

我们用两个多元回归模型来检验影响中国大型民营企业绩效变化的可能因素。第一个模型用于检测效率变化的决定因素，我们采用 Cobb-Douglas 生产函数模型，我们用营业收入作因变量（被解释变量），度量企业的产出；用固定资产净值度量企业的资本投入；用员工人数度量劳动投入。第二个模型用于检测利润率变化的决定因素，我们用利润率作为因变量。

首先，我们构建 Cobb-Douglas 生产函数模型：[1]

$$Y = AK^{\alpha}L^{\beta}\text{EXP}\left(\sum_i d_i X_i\right)$$

两边取自然对数，得：

$$\ln Y = c + \alpha\ln K + \beta\ln L + \sum_i d_i X_i$$

这里，Y 是营业收入，衡量产出，K 和 L 分别是固定资产净值和员工人数，衡量资本和劳动投入；α 和 β 分别表示资本和劳动的产出弹性；X_i 衡量所有其他影响企业产出的变量以及行业控制变量。

利润率回归模型构建如下：

$$\frac{\pi}{Y} = c + \sum_i d_i X_i$$

---

[1] 有匿名审稿人指出，用 C-D 生产函数作为构造模型的基础，技术效率没有能够在模型中体现。的确，我们在计算各行业的技术效率指标的时候，我们是用 DEA 方法计算 Farrel 效率，这里之所以不用 Farrel 效率指标来作为因变量，而是用 C-D 生产函数作为模型的基础，是因为：其一，Farrel 效率是以行业为基础，而不是以企业为基础；其二，不管是 DEA 方法，还是 C-D 生产函数，刻画的都是企业的生产率或者生产能力（productivity）。鉴于 C-D 生产函数模型在文献中应用更为广泛、更为成熟，我们选用 C-D 生产函数模型来验证影响企业产出效率的决定因素。我们用产出作为因变量，在控制了资本和劳动投入要素之后，看融资变量对产出的效果，这在逻辑和计量技术上是没有问题的。

这里，π 表示企业的净利润，Y 是营业收入；与生产函数模型类似，X_i 是衡量所有其他影响企业利润率的变量和行业控制变量。具体而言，X_i 包含如下的变量：

(1) 人力资源：拥有大学本科及以上学历的员工在总员工中的比重

(2) 融资困难：认为融资难是阻碍本企业发展主要障碍的企业，赋值为1，否则为0

(3) 行业变量：行业 1 至行业 25 分别表示 25 个行业的虚拟变量

(4) 投资资本来源：

- 自有资金：投资资金来源于自有资金的企业，赋值为1，否则赋值为0
- 民间借贷：投资资金来源于民间借贷的企业，赋值为1，否则赋值为0
- 银行贷款：投资资金来源于银行贷款的企业，赋值为1，否则赋值为0
- 资本市场：投资资金来源于资本市场直接融资的，赋值为1，否则为0

通过建立多元回归模型，我们检验了影响中国大型民营企业绩效的可能因素。2004—2006 年连续三年的回归结果发现，[1] 融资困难这一变量在统计上最为显著，这印证了我们在本文开始的假说，宏观调控下的信贷紧缩加剧了企业的融资难度，这在很大程度上降低了企业的绩效。具体回归结果请参见表 4 和表 5。

表 4 的回归结果显示，[2] 我们控制了行业之后，融资困难变量对产出的效应是负的，这一效应在 2004 年并不是很显著，但是在 2005 年和 2006 年却是高度显著。这意味着，融资困难在 2003 年之后对大型民营企业的产出效率带来了负面影响。

中国大型民营企业投资资金的主要来源是自有资金和银行贷款，真正依赖民间借贷和资本市场直接融资的企业数量不多，比例很小。[3] 这是因为民间借贷一般规模较小而且风险较高；而很多企业达不到上市融资的标准，或者因为严格的监管要求而不愿意到资本市场直接融资。

回归结果显示，不同的投资资金来源对企业产出有显著影响。民间借贷对产出有显著的负效应，这意味着民间借贷这种融资方式对产出效率有负面的影响。[4] 资本市场直接融资对企业的产出效率则具有显著的正效应，然而由于资本市场的较高的监管要求，能够通过上市等方式

---

[1] 因为我们把 2003 年作为基年参照系，所以我们并没有对 2003 年的数据进行估计。

[2] 由于是横截面数据，我们对回归模型进行了异方差性和多重共线性的检验，没有发现异方差和严重的多重共线性问题，因此回归结果是无偏的，也是有效的。

[3] 以 2006 年为例，选择自有资金作为投资资本来源的企业占到总企业数的 64%，选择银行存款的企业占到 55%，选择资本市场的占到 12%，而选择民间借贷的不足 2%（企业可以选择多项，故比重之和大于1）。

[4] 这是以其他融资方式为参照系而言的，因为单个企业所能获得的民间借贷资金规模有限、利率高、风险大，从而导致融资成本过高，产出下降。

在资本市场直接融资的企业并不多。银行贷款则显示了不同的效应。2005 年，银行贷款对企业技术效率没有显著的影响，但是到了 2006 年，银行贷款则具有显著的正效应。这意味着，由于 2003—2004 年的紧缩信贷的宏观调控，企业很难获得贷款，从而对贷款的依赖较小，因此银行贷款对企业产出没有产生显著的效应。2006 年，信贷政策有所缓解，获得银行贷款的企业增多，从而银行贷款对企业产出产生了显著的积极效应。①

表4　生产函数模型的回归结果（2004—2006）

因变量 ln Y	2004 年		2005 年		2006 年	
	系数	t 值	系数	t 值	系数	t 值
常数项	6.542 ***	48.59	6.316 ***	56.42	6.305 ***	61.41
ln K	0.246 ***	15.03	0.296 ***	20.39	0.307 ***	23.17
ln L	0.269 ***	13.88	0.219 ***	13.08	0.209 ***	13.73
行业 1	-0.066	-0.91	0.107 *	1.82	0.122 **	2.16
行业 2	-0.0116	-0.12	0.223 **	2.67	0.302 ***	4.05
行业 3	-0.0003	-0.00	0.087	0.59	-0.012	-0.10
行业 4	-0.0659	-0.51	-0.077	-0.66	-0.147	-1.26
行业 5	0.347 ***	4.42	0.525 ***	8.13	0.665 ***	11.15
行业 6	0.479	0.81	0.261 ***	3.15	0.417 ***	5.79
行业 7	0.083	0.41	0.162	0.12	0.166	1.61
行业 8	0.034	0.39	0.079	1.14	0.127 **	2.01
行业 9	-0.323 *	-2.84	-0.064	-0.67	-0.028	-0.31
行业 10	-0.032	-0.24	0.081	0.75	0.065	0.60
行业 11	-0.152 *	-1.74	0.057	0.78	0.032	0.47
行业 12	-0.020	-0.19	0.152	1.70	0.095	1.11
行业 13	0.194 **	2.33	0.288 ***	4.26	0.366 ***	6.01
行业 14	0.002	0.01	0.353 **	1.98	0.008	0.04
行业 15	-0.054	-0.34	0.093	0.70	0.167	1.11
行业 16	-0.504 **	-2.69	0.335	2.21	-0.060	-0.49
行业 17	-0.264	-1.02	-0.099	-0.73	-0.159	-0.86
行业 18	0.008	0.09	-0.153	-0.74	0.534 ***	7.84
行业 19	0.080	0.31	0.443 ***	6.23	0.051	0.33
行业 20	0.399	1.53	0.098	0.46	0.491	1.83
行业 21	0.814 ***	9.57	0.584 **	2.77	1.000 ***	15.16

① 因 2004 年问卷中没有设计这个问题，故而无法对 2004 年的投资资金来源进行回归。

续表 4

因变量 ln Y	2004 年		2005 年		2006 年	
	系数	t 值	系数	t 值	系数	t 值
行业 22	−0.141	−0.87	1.136***	15.94	0.227*	1.76
行业 23	−0.700**	−2.50	0.162	0.53	0.277	1.10
行业 24	0.193**	2.00	0.474***	5.72	0.381	1.55
行业 25	0.115	1.08	0.221**	2.32	0.349	4.42
人力资源	0.010***	11.01	0.007***	8.55	0.008***	10.98
融资困难	−0.051	−1.53	−0.097***	−3.23	−0.085***	−3.04
自有资金	—	—	0.098***	3.02	0.016	0.55
民间借贷	—	—	−0.201**	−2.39	−0.204**	−2.04
银行贷款	—	—	−0.005	−0.15	0.061**	2.13
资本市场	—	—	0.215***	3.91	0.210***	5.07
调整后 R^2	0.4530		0.4951		0.5080	
F 值	47.19		63.12		85.69	
样本数	1 674		2 218		2 790	

注：*、**和***分别表示在 10%，5% 和 1% 水平上显著。作为参照系的行业为"食品加工、食品和饮料制造业"。行业 1：纺织业、化学纤维制造业；行业 2：服装、鞋帽和皮革制品业；行业 3：木材加工及木竹藤棕草制品业、家具制造业；行业 4：造纸及纸制品、印刷业、文教体育和办公用品制造业；行业 5：黑色和有色金属冶炼、压延和加工业；行业 6：金属制品业；行业 7：石油加工、炼焦加工业；行业 8：化学原料及化学制品制造业；行业 9：医药制造业；行业 10：橡胶和塑料制品业；行业 11：通用设备和专用设备制造业；行业 12：交通运输设备制造业；行业 13：电气机械及器材、线缆制造业；行业 14：仪器仪表制造业；行业 15：工业品及其他制造业；行业 16：采矿业；行业 17：电力、热力、燃气及水的生产和供应业；行业 18：建筑业；行业 19：交通运输、仓储和邮政业；行业 20：信息传输、计算机服务和软件业；行业 21：批发零售业；行业 22：农林牧渔业；行业 23：住宿餐饮业；行业 24：房地产业；行业 25：综合（包括投资）。

融资困难一直是中国民营企业（特别是中小企业）面临的一个普遍问题。银行商业化改革以前，贷款基本都给了国有企业，银行被称为"第二财政"，民营企业能够获得的银行贷款微不足道。金融体制改革之后，银行商业化，银行贷款的所有制歧视问题大大好转。但是，由于中国的银行体制基本还是受国有大型商业银行和中型股份制银行主导和支配，银行业务的规模经济特性使得大银行不愿意贷款给中小企业；而中国银行结构中中小银行严重缺乏使得小企业很难得到贷款；而且即使能够得到贷款，也要面对更为严苛的条款。①

相对而言，大型民营企业则好得多，因为大型民营企业一般有相对较长的历史，经营业绩

---

① 银行对中小企业的贷款利率一般比大型企业高 20%—40%。参见《中华工商时报》，2008 年 9 月 11 日。

较好，并且有较多的资产可以进行抵押，从而容易得到银行贷款。换句话说，大型民营企业对银行贷款的依赖程度大大高于中小型民营企业。然而，在2003—2004年的宏观调控之下，中央银行提高存款准备金率，要求商业银行紧缩信贷，这在很大程度上恶化了大型民营企业的融资问题。因此，在宏观调控政策之下，即使是大型民营企业也面临着严重的融资困难。

人力资源变量（职工队伍中大学以上学历的比重）对企业的产出效率有显著的正效应，这个显著的正效应在连续三年的横截面回归中表现稳定，这意味着人才对企业的发展非常关键。也就是说，人力资源缺乏将给企业的发展带来负面的影响。根据全国工商联的调研报告，人力资源不足一直被大型民营企业认为是企业发展面临的主要困难。

表5显示的是以利润率为因变量进行回归的结果。[①] 结果显示，融资困难变量在2005年和2006年对企业的利润率有显著的负效应，这一效应在2004年也是负的，但在统计上并不十分显著。融资困难这一变量在两个回归模型中表现出了极其一致的效应。

表5　利润率模型的回归结果（2004—2006）

因变量利润率	2004 年		2005 年		2006 年	
	系数	t 值	系数	t 值	系数	t 值
常数项	5.117***	8.64	6.027***	13.74	6.016***	15.89
行业 1	-0.915	-1.32	-0.975**	-2.12	-2.147***	-4.83
行业 2	0.831	0.54	0.305	0.47	-0.441	-0.76
行业 3	0.925	0.51	2.349**	2.00	-1.156	-1.21
行业 4	-0.335	-0.27	1.759	1.90	-0.968	-1.06
行业 5	-0.515	-0.68	-1.223**	-2.41	-0.917	-1.96
行业 6	-0.649	-0.73	-1.038	-1.60	-2.075***	-3.67
行业 7	2.95	1.52	-0.082	-0.08	0.087	0.11
行业 8	0.360	0.43	1.079*	1.99	-0.476	-0.96
行业 9	2.983**	2.72	3.813***	5.11	-0.412	-0.57
行业 10	2.307*	1.83	-0.780	-0.92	-0.737	-0.88
行业 11	0.520	0.62	0.612	1.07	1.279**	2.41
行业 12	-1.682	-1.55	-0.569	-0.81	-1.047	-1.56
行业 13	0.314	0.39	0.656	1.24	-0.744	-1.55
行业 14	6.736**	2.52	1.297	0.92	0.580	0.40
行业 15	-0.816	-0.55	0.569	0.54	-2.729**	-2.30

① 我们对回归结果进行了异方差和共线性的检验，发现模型没有异方差和和严重的多重共线性问题。

续表5

因变量 利润率	2004 年		2005 年		2006 年	
	系数	t 值	系数	t 值	系数	t 值
行业 16	4.762 **	2.64	12.571 ***	11.77	5.713 ***	5.91
行业 17	3.740	1.50	3.579 **	2.21	-0.874	-0.60
行业 18	-1.004	-0.12	-1.960 ***	-3.71	-0.044	-0.28
行业 19	-1.276	-0.51	-0.565	-0.33	-2.292	-1.90
行业 20	-1.885	-0.75	1.065	0.65	-1.764	-0.84
行业 21	-4.044 ***	-5.12	-3.646 ***	-6.68	-4.837 ***	-9.56
行业 22	2.226	1.42	1.233	1.03	-1.883 *	-1.85
行业 23	5.010 *	1.87	9.658 ***	4.07	1.914	0.98
行业 24	3.923 ***	4.27	4.066 ***	6.30	2.178 ***	3.32
行业 25	1.688 *	1.65	0.959	1.29	-0.559	-0.90
人力资源	0.023 **	2.65	0.016 ***	2.60	0.010 *	1.75
融资困难	-0.506	-1.58	-0.830 ***	-3.52	-0.829 ***	-3.76
自有资金	—	—	0.464 *	1.85	0.186	0.81
民间借贷	—	—	-0.101	-0.15	-1.550 **	-1.96
银行贷款	—	—	-0.199	-0.84	-0.165	-0.74
资本市场	—	—	1.108 **	2.61	1.766 ***	5.55
调整后 R^2	0.0737		0.163		0.096	
F 值	5.76		14.55		10.30	
样本数	1 677		2 228		2 791	

注：同表4。

　　投资资金来源变量的效应与生产函数模型也很相似，自有资金至2005年对产出和利润率都有正效应，然而到了2006年这一效应便不再显著。这意味着，2005年民营企业的融资难度大于2006年，因此企业在2005年对自有资金的依赖程度大于2006年，改而自有资金在2005年表现出了较为显著的正效应，而在2006年其正效应便不再明显。与生产函数模型略有不同的是，投资资金来源中银行贷款在利润率模型中没有表现出任何显著的效应；这说明，银行贷款对企业利润的变化没有产生显著的影响，这是因为宏观调控下银根紧缩，企业所能获得的银行存款大幅下降，银行贷款在企业的融资资金中所占的比重下降，从而没有能够显著缓解企业的融资困难。两个模型都表明，资本市场直接融资对企业的绩效有显著的正效应。

　　上述回归结果显示，融资困难是影响中国大型民营企业绩效的重要决定因素之一。因为超过一半的大型民营企业把银行贷款作为主要的投资资金来源，那么宏观调控下信贷紧缩，企业融资难度加大，无疑会影响绩效。因此，我们认为，信贷紧缩导致融资难度加大是 2003 年以来中国大型民营企业绩效下滑的主要原因。

行业变量不是我们研究的重点，在回归模型中仅仅是作为控制变量，不过我们也可以看到，不同的行业也表现出了不同的绩效变化。以利润率回归模型为例，我们以食品加工、食品饮料制造业为参照系，赢利能力较好的行业有采矿业和房地产业，赢利较差的行业有纺织业、化学纤维制造业以及批发零售业。这跟我们的直觉是一致的。需要指出的是，采矿业和房地产业的大型民营企业并不多，而纺织业、化学纤维制造业以及批发零售业的民营企业比较多。

回归结果也解释了为什么 2006 年中国大型民营企业的绩效有所改善。在技术效率模型中，银行贷款在 2005 年对产出没有显著的效应，但是在 2006 年出现了显著的正效应，这说明银行信贷环境在 2006 年变得稍微宽松。此外，在相同的控制变量下，融资困难的回归系数的绝对值在 2006 年略低于 2005 年，这也表明银行的信贷约束在 2006 年有所放松，从而在一定程度上改善了民营企业的融资，进而改善了绩效。

2003 年，中国政府认为经济出现了"过热"的迹象，认为固定资产投资过快增长，通货膨胀压力加大。为了降低通货膨胀的压力并抑制投资增速，中国政府实施了新一轮的宏观调控，其中最主要的调控措施是要求商业银行紧缩信贷，减少对民营企业的贷款，甚至提前回收已经发放的贷款。中国人民银行分别在 2003 年的 8 月份和 2004 年的 4 月份，两次提高银行存款准备金率共 1.5 个百分点。

毫无疑问，突如其来的信贷紧缩恶化了大型民营企业的融资环境，因为大型民营企业资金需求量巨大，而银行贷款是重要的融资来源。宏观调控使得商业银行紧缩信贷、减少贷款。由于来势突然，信贷紧缩导致许多大型民营企业资金链断裂，2004 年和 2005 年，也有一些大型民营企业因为资金链断裂而破产。

不仅如此，在宏观调控政策下，民营企业在钢铁、汽车、电解铝和水泥等高耗能项目的投资受到严格限制，许多在建项目被迫停止。在宏观调控期间，许多小煤窑和小火电厂被取缔。也就是说，宏观调控不仅仅是在整个宏观经济层面，而且介入到了产业层面，许多在上述行业"下注"的民营企业遭受了巨大损失。所有这些，都导致了大型民营企业的绩效下滑。

此外，人力资源的匮乏和原材料价格的上涨也是导致大型民营企业绩效下降的两个因素，受制于数据，我们没有能够直接检验人力资源变量缺乏对企业绩效的效应，也无法验证原材料价格上涨对企业绩效的影响。不过逻辑上，两者也是导致民营企业绩效下滑的因素。根据全国工商联对上规模民营企业的问卷调查，人力资源缺乏和原材料价格上涨也是企业面临的主要困难，参见表 6。

表6 大型民营企业在发展中面临的主要困难（2003—2006）

排序	2003 年	2004 年	2005 年	2006 年
第一位	人力资源缺乏 （24.4%）	融资困难 （38.6%）	原材料价格上涨 （41.3%）	原材料价格上涨 （45.8%）
第二位	融资困难 （23.2%）	人力资源缺乏 （30.3%）	融资困难 （36.0%）	人力资源缺乏 （41.0%）
第三位	税费负担 （18.4%）	税费负担 （25.8%）	人力资源缺乏 （30.9%）	融资困难 （36.2%）
第四位	市场拓展 （14.4%）	土地使用 （23.1%）	税费负担 （24.5%）	税费负担 （30.5%）
第五位	土地政策 （14.4%）	技术创新 （19.4%）	市场拓展 （17.9%）	市场拓展 （20.6%）

资料来源：全国工商联数据库。

原材料价格上涨为何突然在 2005 年成为民营企业发展中面临的头号障碍呢？或者说，原材料的价格为何突然出现大幅上涨？我们知道，国有企业在 20 世纪 90 年代中后期进行了大规模的、迅速的民营化，到 2002 年为止，国有企业基本上从竞争性领域退出，而主要集中在煤炭、石油、天然气、钢铁、电力、电信等资源和资本密集的"上游"领域。[①] 而民营企业经过 20 世纪 90 年代的飞速发展之后，主要集中在劳动密集型的"下游"制造业领域。

我们再次强调，出现这样的"行业分工"不是市场竞争的结果，而是因为国有企业受到国家的保护，国有企业经营的领域民营企业无法进入。[②] 实践证明，只要国有企业和民营企业出现在同样的领域进行公平竞争，国有企业往往无法生存。因此，为了保护国有企业，就必须限制民营企业进入这些行业。也就是说，这样的行业壁垒不是市场竞争的内生结果，而是政府施加的外生限制。

然而，这样的"行业分工"意味着，国有企业在"上游"，民营企业在"下游"，民营企

---

① 数据显示，到 2008 年，中央企业 82.8% 的资产集中在石油石化、电力、国防、通信、运输、冶金、矿业、机械行业，几乎垄断全部的原油、天然气和乙烯生产，垄断基础电信服务和大部分增值服务。中央企业发电量占全国的 55%，民航运输总周转量和水运货物周转量分别占全国的 82% 和 89%，汽车产量占全国的 48%，高附加值的钢材占全国的 60%，水电和火电设备分别占全国的 70% 和 75%。参见李荣融（2008）。

② 比如，国家制定法律和政策允许民营企业进入石油流通领域，但在成品油供应上实行限制，使得民营企业始终无法取得和国有企业真正平等的地位。由于中石化和中石油两大集团对民营加油站停供成品油，数据显示，截至 2008 年 7 月，全国 660 余家民营成品油批发企业，仅剩 100 余家；4.5 万家民营零售加油站，已关门 1/3；100 多万就业人口已有数十万下岗失业。参见《中华工商时报》，2008 年 7 月 31 日。

业需要国有企业的产出作为自己的投入，上游产品价格的上涨意味着下游企业成本的增加。"上游"企业数量少，垄断性强，利润丰厚；"下游"企业数量多，竞争惨烈，利润微薄。数据表明，2003 年之后，国有企业的垄断能力进一步增强，这从国有企业利润的飞速增长上可见一斑。1998 年，中国国有企业的总利润是 525 亿元人民币，到了 2004 年，全部国有工业企业的利润达到 5 312 亿元人民币，其中中央企业的利润达到 4 785 亿元，比 2003 年增长 60%。[1] 到了 2006 年，国有企业的利润额达到 12 193 亿元，税后利润达到 6 252 亿元。[2]

集中在"上游"的国有企业，借助本身雄厚的资本和政府的保护，很快在"上游"行业扩张地盘，特别是在煤炭、石油以及钢铁等领域。近年来，国有企业兼并了许多相关行业的民营企业，从而使得国有企业的垄断势力显著增强。[3] 经济学原理告诉我们，垄断能力越强，定价越高，供给越少。民营企业经过 20 世纪 90 年代的快速发展之后，对"上游"的资源和能源的需求量加大，因为"上游"是垄断的国有企业，从而它们不得不接受原材料涨价的现实。

当然，国有企业垄断势力增强不是原材料涨价的唯一原因，还有其他原因。比如，2004 — 2006 年间，国际原油价格上涨；宏观调控下，土地价格上涨；政府关闭大批小煤窑、小火电，导致能源和电力价格上涨。当然，由于经济进入发展阶段，人工成本也开始上涨。这就是为什么"原材料价格上涨"在 2005 年和 2006 年连续被上规模民营企业列为阻碍企业发展的头号障碍。总之，所有这些因素都导致处于"下游"劳动密集型制造业领域的民营企业绩效恶化。

人力资源缺乏为什么成为近年来大型民营企业面临的主要困难呢？实际上，在整个 20 世纪 90 年代，伴随着国有企业民营化的进程，大批技术和管理人才从国有企业释放到民营企业。实际上国有企业人才向民营企业的流动在国有企业民营化之前就开始了。当时市场化改革刚刚开始，国有企业的工资水平还是由政府制定，而民营企业的员工的收入水平可以由市场来决定，并远远高于国有企业的水平，因此巨大的收入差距导致国有企业的管理和技术人员向民营企业（以及外资企业）流动。这样的人才流动给民营企业的发展注入了巨大的推动力。

这个人才流动的过程到了 21 世纪初期基本停止。新世纪初，几乎全部的中小型国有企业都

---

[1] 资料来源：喻新安（2005）。

[2] 资料来源：中国新闻网，http://finance.sina.com.cn/g/20070914/18213980500.shtml。

[3] 比如，1999 年国务院办公厅转发原国家经贸委《关于清理整顿小炼油厂和规范原油成品油流通秩序的意见》（38 号文件）。38 号文件规定，国内各炼油厂生产的成品油，要全部交由中石油、中石化的批发企业经营，其他企业不得批发经营，各炼油厂一律不得自销。这一下子就把民营油企的命脉控制了。地方政府大刀阔斧地进行了清理整顿，取消了中石油、中石化以外的许多企业的经营资格，其中不少企业被两大集团收购、兼并或者直接划转。两大集团在石油流通领域的垄断地位逐步形成。参见《中华工商时报》，2008 年 7 月 31 日。

民营化了，国有企业"战线收缩"，基本退出了竞争性领域，而主要集中到了一些垄断领域。高枕无忧的国有企业职工的福利待遇开始高于残酷竞争的民营企业。这样，像20世纪90年代那样的人才流动不再可能。此外，中国的民营企业基本都是家族企业，公司的治理结构和企业文化还远不成熟，加上很多民营企业并不是集中在大城市，这使得民营企业在跟外资企业吸引人才方面又略逊一筹。这就是为什么民营企业开始觉得人力资源缺乏成为制约企业发展的障碍的原因。

五、结　束　语

本文利用全国工商联上规模民营企业2003—2006年连续四年的调研数据，考察了大型民营企业的绩效变化并分析了背后的决定因素。数据显示，2003—2006年间，中国大型民营企业的技术效率和利润率都呈下降趋势，其中2006年的绩效稍有好转，但衣然低于2003年和2004年的水平。

我们的回归分析结果表明，2003年和2004年宏观调控政策下的信贷紧缩，恶化了大型民营企业的融资环境，加重了大型民营企业的融资困难，这是导致民营企业绩效下滑的显著因素。此外，人力资源的缺乏也是阻碍大型民营企业发展的重要因素之一。国有企业垄断势力的增强和部分宏观调控政策导致民营企业的原材料价格飞涨，以及国家对民营企业投资领域的限制，也是导致民营企业绩效恶化的因素。

我们的研究表明，政府政策对民营企业的发展有着直接的、关键的影响。民营企业所需要的并不是政府的优惠政策，而是一个公平的市场竞争环境。政府宏观调控政策和产业干预往往不能作到一视同仁，这内生于国有企业的存在；只要经济中同时存在国有企业和民营企业，那么政府就很难作到不偏不倚。国有企业和民营企业的效率差距已是不争的事实，因此国有企业在上游产业的垄断，不仅阻碍民营企业的进一步发展，也会给中国经济的长远发展潜力带来负面的影响。

参考文献

[1] 陈凌、曹正汉，2007，《制度与能力——中国民营企业20年增长分析》，上海人民出版社。

[2] 李荣融，2008，"宏大的工程　宝贵的经验——记国有企业改革发展30年"，《求是》，第8期。

［3］刘小玄，2005，"企业效率和绩效的比较研究"，中国社会科学院经济研究所微观经济学研究室，《20 世纪 90 年代中国公有企业的民营化演变》，社会科学文献出版社。

［4］喻新安，2005，"冷看国企利润大幅增长"，《中华工商时报》，4 月 22 日。

［5］张维迎，2006，《核心竞争力与企业成长》，北京大学出版社。

［6］中华全国工商联，2003—2006，《上规模民营企业发展报告》，内部资料。

［7］——，2004，《中国民营经济发展报告 2003》，社会科学文献出版社。

［8］——，2005，《中国民营经济发展报告 2004》，社会科学文献出版社。

［9］——，2006，《中国民营经济发展报告 2005—2006》，社会科学文献出版社。

［10］Asian Development Bank，2002，"The Development of Private Enterprises in China"，prepared by Centennial Group Holdings.

The Performance Change of Chinese Large-sized Private Enterprises and Underlying Determinants During 2003 – 2006

Zhao Shiyong

(Faculty of Management and Administration, Macau University of Science and Technology)

Liu Xiaoxuan

(Institute of Economics, Chinese Academy of Social Sciences)

Abstract: The relationship between government policy and economic development has been a long-standing topic in both academic research and policy debate. The government of a transitional economy is playing an even greater role in its economy. In the past three decades, the Chinese economy has been growing very rapidly, due to the rapid development of the private sector. The performance of private enterprises in China, however, is still highly affected by government policies. In this paper, we examine the performance change of Chinese large-sized private enterprises during **2003 – 2006**, and test possible determinants of this change. We conclude that the Chinese government's discriminating policies against private enterprises are the main cause of the private sector's downturn.

Keywords: macro-control policy; large-sized private enterprises; financing difficulty

JEL Classification: D21, E58, E61

多维信息招投标或采购拍卖中的纵向串谋与有限腐败

◎ 王　宏　陈宏民 *

摘　要：本文引入广义质量的生产函数，把投标者所有关于质量的信息转化为一个综合性质量指标，在基准模型（即不考虑纵向串谋问题）中求解了多维信息招投标或采购拍卖中的最优机制，并证明了三阶段的第一分值拍卖和第二分值拍卖都能够有效实施该最优机制。随后通过引入招标者和投标者之间的纵向串谋而导致的有限腐败问题，求解了存在腐败时的最优机制，分析了此时最优机制如何实施。在此基础上分析了均衡腐败问题，结果表明：（1）在一定条件下，均衡腐败时低效率的投标者更有动机参与串谋，愿意支付较高的贿赂；（2）相对低效投标者之间竞争程度的加强将会提高均衡腐败时的均衡贿赂水平；（3）招标者决定参与腐败的概率与参与串谋的投标者类型负相关，而与投标者之间的竞争程度正相关。

关键词：多维招投标；纵向串谋；分值拍卖

一、引　言

　　招投标中的不正当竞争行为，也称为串通招投标，它是指招标者与投标者之间或者投标者与投标者之间采用不正当手段，对招投标事项进行串通，以排挤其他竞争对手达到使某个利益相关者中标，从而谋取利益的目的。招投标中的不正当竞争行为包括两个方面，即：招标者与投标者之间进行纵向串谋和投标者之间进行横向串谋，它们各有不同的表现形式①。纵向串谋是指等级组织中存在等级上的控制与被控制的多层级招标者之间，为了谋求自身的私利而违背和初始委托人达成的委托代理契约即主契约，通过私下形成并开始实施与主契约不一致的契约，

────────────────

　　* 王宏（通信作者），上海交通大学安泰经济与管理学院博士研究生，通信地址：上海市法华镇路 535 号，上海交通大学安泰经济与管理学院南 303（西室），产业组织与技术创新研究中心，邮编：200052，E-mail：ahong@ sjtu. edu. cn。陈宏民，上海交通大学安泰经济与管理学院副院长、教授、博导，E-mail：hm-chen@ sjtu. edu. cn。

　　① 这些不同的表现形式具体可以参考国家工商总局 1998 年 1 月发布的《关于禁止串通招标投标的暂行规定》和国家七部委局 2003 年 3 月审议通过发布的《工程建设项目施工招标投标办法》。

以损害委托人利益的行为。在采购拍卖中实际上涉及政府、采购招标部门和投标者三方的博弈，且由于政府和招标者之间存在委托代理关系，很容易形成招标者和投标者之间的纵向串谋，搞"明投暗定"共同排斥其他投标者。这种串谋行为可能由于招标者和投标者以及政府采购监督部门之间的寻租和设租，或者由于其他利益关系，如出于地方保护主义等。

近年来在工程招投标过程中频频发生违法行为，在政府工程项目中尤为突出，使得招投标这一"阳光作业"出现了"暗箱操作"，为工程质量埋下了隐患。据调查发现，85%的建筑工程领域的重大商业受贿案件发生在工程的招投标承揽阶段。而且我国目前商业贿赂现象相当严重，已经成为许多行业市场的"潜规则"，面对这样的"潜规则"，许多单位和公司自身往往无力对抗，只能选择屈从，为了获得交易机会，越来越多的商业贿赂正在以回扣、促销费、宣传费、劳务费、提供境内外旅游等更为隐蔽的方式存在。因此即便是为公平而采取的招投标，现实中也充斥着无数的潜规则，目的是避免在竞争中失去市场机会和份额。而这些本应不见天日的交易，却成了行内人人皆知的"行规"，甚至被尊为"市场经济的润滑剂"。它破坏了公平竞争和正常交易秩序，破坏了市场资源的合理配置，使得政府通过采购招标来节约投资的目的无法实现，更令人担忧的是，商业贿赂已成为滋生贪污、受贿等经济犯罪的温床。

对采购拍卖中的腐败进行建模的一种可行方法就是关注腐败的招标者和特定的投标者在事后可能进行串谋的机会，在招标者接收到所有投标者的原始出标之后，参与串谋的投标者可以修改自己的原始出标再重新出标以保证自己能顺利赢标，也就是说在事后有一个再谈判协商的过程（Compte *et al.*, 2005；Lengwiler and Wolfstetter, 2006）。现有的文献将拍卖中的腐败要么视作在复杂投标中对于质量评定的操纵，要么视作直接操纵出标行为（bid rigging）[1]。前者最早由 Laffont and Tirole（1991）作出研究，他们假设拍卖者在评估复杂的多维信息投标（multi-dimensional bids）[2] 时有一些灵活性，他可能对于其中的某个特定的投标者有偏好。该分析框架被后来的一些研究者进行了扩展。Celantani 和 Ganuza（2002）研究了竞争程度的增强对于均衡腐败的影响，出乎意料之外的结果是，如果投标者的数量增加将会加剧腐败程度。Burguet 和 Che（2004）考虑了评分拍卖（scoring auction），从而将拍卖者所偏好的投标者内生化，并假设贿赂竞争与缔结投标合同是同时进行的。他们的主要结论就是腐败可能导致非效率，而且贿赂的非效率成本与拍卖者操纵能力具有相同的数量级，也就说明拍卖者操纵出标的能力越强，由

---

[1] 本文由于是在多维招投标的背景下考虑有限腐败问题，既考虑了招标者在事后对于质量评定的操纵，也考虑了其在事后对于投标者出标的操纵。

[2] 决定拍卖结果的不仅有价格，还有质量等其他信息。

此带来的贿赂的非效率成本也会越高。另外一些文献，比如像 Burguet 和 Perry（2007）以及 Arozamena 和 Weinschelbaum（2004）考虑了一种特定形式的操纵出标行为：拍卖者对于自己偏好的投标者赋予一种优先弃权的权利（right of first refusal），该权利使得受到偏好的投标者可以使得自己修正后的出标超过现有的最高标价从而最终赢得拍卖。在一价拍卖中，受到偏好的投标者实际上能有效地进行相当于二价的拍卖，而其他的投标者在赢标后支付他们的出价。这一类文献实际上都将受到偏好的投标者的地位作为预先设定的，在这种情况下，拍卖将不再有效率，因为受到偏好的投标者可能其估价并不是最高的。但是一旦将受到偏好的投标者的地位作为内生给定的，这种类型的腐败将不会影响拍卖的效率。Koc 和 Neilson（2005）建立的模型考虑了在一价拍卖之前，投标者通过支付一笔一次性固定数量的贿赂获得进行相当于二价拍卖的权利的情况，结果只有具有最高估价的投标者才会购买这种权利，这意味着此时拍卖是有效率的。在国内学者的相关研究中，夏杰长和杨欣（2003）研究了政府竞争性招标采购中的寻租行为，提出了一些如何避免寻租行为的建议；邓培林和张瑞明（2003）对于招投标中的腐败行为进行了分析并认为降低预期收益和提高预期成本是抑制非法收益的有效对策。此外，李建章（2006）对密封拍卖与土木工程招投标中的均衡投标策略进行了研究，周蓉（2002）主要研究了国际范围内政府采购招标与拍卖的几个典型的博弈论模型，但他们都没有分析招投标中的纵向串谋问题。

现有的相关研究一个很大的缺陷就是隐含假定了腐败的拍卖者实际上是在所有的投标者中找出自己最中意，也就是可以使得自己的腐败租金最大的那个投标者。这种假定是不合理的，因为如果拍卖者真这样作将会使自己面临较大的被侦测出来的风险并可能面临严厉的惩罚。任何理性的拍卖者为了尽量避免自己的腐败行为被侦测出来的风险，都应该选择在有限的几个投标者之间进行共谋。Lengwiler 和 Wolfstetter（2000）以及 Menezes 和 Monteiro（2006）的研究简单地考虑了在一价拍卖中拍卖者允许估价最高的投标者降低其出标从而换来一些贿赂的情况，研究表明这种博弈有一个单调的对称均衡且拍卖效率得以保证。Compte 等（2005）以及 Lengwiler 和 Wolfstetter（2005）在研究中都假设拍卖者允许一个投标者在事后降低或者提高自己的出标，不过前者假设贿赂不能超过一个最小上界且是由所有的投标者在出标的同时提交的，结果所有的投标者提交同样的最大值的贿赂和零出标，这就会导致类似于由 McAfee 和 McMillan（1992）研究中的零出标混合均衡中腐败的拍卖者作为串谋的执行机制的解释。Celentani 和 Ganuza（2002）考虑了非同质的物品的采购问题，招标者对于投标者所提供的质量水平具有超强的信息优势地位，招标者为了获得贿赂可以将工程的承包权赋予他所偏好并收到其贿赂的投标者，以及隐藏串谋的投标者实际上提供比给定机制下的最优质量水平要低的质量的事实。该研究主要利用了 Che（1993）的主要结论对均衡腐败进行了刻画并分别考察了供应商之间的竞争和招标者之间的竞争对于均衡腐败的影响。Celentani 和 Ganuza 的研究最大的缺陷就是其结论依赖于特定的函数形式和均匀分布,而且没有考虑到投标者在进行有关质量的出标时,实际上是相互影响的。

本文的研究还和多维信息拍卖的文献相关。学者们对多维信息揎投标的研究,主要来源于现实的一些拍卖中投标者一般都需要对于多维信息进行投标,这些应用研究包括电力工业、国防部采购、耕地环保、有害废物处理等。在这些实践中需要解决的一个中心问题就是:当投标者的私有信息是多维时,如何为卖者设计出一个最优机制。目前这方面的研究集中于对评分拍卖的研究,即通过引入一种合适的评分规则,对投标者的投标进行综合评分,其中分值最高的投标者赢得拍卖。Che(1993)考虑了包含质量和价格两维竞标的模型,在这样的拍卖中出标由包含质量和价格的组合来表示,这样采购方就可以使用一定的评分规则对每个组合进行综合评分,将投标者的二维出标转换成一个单一的分值,其中分值最高的投标者赢得拍卖。Che 的研究表明,只要采购方使用合适的评分规则,第一分值拍卖(first score auction)和第二分值拍卖(second score auction)作为标准拍卖的一般化形式可以被用来实施最优机制。Che 研究的一个局限就是,不同投标者的成本被假设为是独立的,而在采购拍卖的背景下我们实际上可以合理的预期一些投标者的成本不是独立的。

Branco(1997)将 Che 的研究扩展到供应商成本互相关联的情形,研究表明成本的相关性对于多维拍卖的最优机制有重要影响,此时应该提供的最优质量是所有投标者私有信息的函数。而且 Che 和 Branco 只是在私有信息为一维时开展研究的,而一旦私有信息是多维时,他们的研究中所得到的一些重要结论将不再成立。

Asker 和 Cantillon(2008)将 Che 的均衡结果在下面两个方面进行了扩展:允许私有信息是多维的;对于所有的拟线形评分规则得到了期望效用相等原理。通过引入供应商的假型(pseudotype)这样一个充分统计量,分值拍卖中的任何均衡结果都等价于建立在自身假型基础上进行出标的均衡①,在此基础上证明了 Bushnell 和 Oren(1994,1995)所建立的对称均衡的唯一性。在他们的模型中通过引入假型来降低出标信息的维数还依赖于以下两个条件:(1)评分规则对于价格是线性的;(2)不同供应商的私有信息是独立分布的。但是一旦评分规则不是拟线性的,充分统计量方法不再适用。而更为重要的是充分统计量方法在分值拍卖中对于均衡的分析是一种强有力且简单的工具,这包括私有信息是多维时的情况。

————————

① 这是因为投标者的偏好和信念完全由其自身的假型来决定,具有同样假型的投标者在均衡时将会获得同样的分配结果。

多维私有信息会导致更为复杂的激励情况，因此现有的文献研究多维拍卖时，都是采取不同的方法将多维简化为一维或二维拍卖以简化分析。本文也遵循这样的一个基本的分析思路，在多维招投标标准模型（即不考虑纵向串谋问题）的基础上主要在以下三个方面进行了扩展：（1）通过引入广义质量的生产函数，把所有关于质量方面的信息都转化为一个可以具体衡量的综合性质量指标。这实际上可以理解为在正式的竞标开始之前，招标者发布招标公告，要求潜在的投标者提交各种关于自身质量的信息，拍卖方根据这些信息对潜在投标者的资质进行审查，并对他们提供的有关质量的相关信息进行一个事前评价，这更加适合现实中拍卖的实际情况。（2）本文假定，通过广义质量的生产函数所得到的综合性质量指标不仅与投标者自身的私有信息有关，而且也与其他所有投标者的私有信息有关，这主要是考虑到招标者或采购者本身对于标的会有一个质量标准，投标者都会将此标准作为他们竞标时的参考并将其作为共同知识。（3）引入不同的成本函数。成本不仅直接与投标者自身的私有信息有关，而且由于成本是质量的函数，又由于质量是所有投标者私有信息的函数，从而成本也就间接的与其他投标者的私有信息有关。而在 Branco 的研究中，他假设投标者的成本是由于某种共同因素的存在从而导致了相关性，而实际上成本是由企业自身的一些因素所影响的，成本之所以会与其他企业的私有信息有关，主要是因为成本与质量有关，而质量又与其他投标者的私有信息有关的缘故。本文正是基于此，在不考虑腐败的基准模型中作了上面比较合理的假设。

在考虑到由于招标者与投标者之间的纵向串谋而导致的腐败问题时，本文与现有的文献相比，主要创新之处有两点：（1）现有文献在研究竞争与腐败的关系时，在不同模型中得出不同的结论，要么认为竞争程度的加强有利于遏制腐败；要么认为会导致腐败问题更加严重，而普遍没有考虑到竞争程度与腐败之间的关系实际上还与参与竞争的投标者的类型有关。本文研究表明相对低效的投标者之间的竞争会导致均衡贿赂水平提高，从而导致腐败加重。（2）现有文献普遍将投标者向招标者支付的贿赂作为外生给定的，要么假定贿赂是某一固定的数量，要么假定贿赂是腐败总剩余的一个固定比例；本文将贿赂内生化，表明了投标者不仅是在标的物的获取上开展竞争，同时也在获得与招标者串谋的机会上展开竞争，并求解了均衡腐败下的均衡贿赂水平。

本文对腐败过程的刻画是这样的：主持招标的招标者与某个受到偏好的投标者相匹配进行串谋共同参与腐败，招标者在公开开标前，开启标书，并将投标情况告知与其串谋的投标者，投标者可以修改自己的原始出标并使得自己重新提交的新出标能够赢得拍卖，以此作为交换他将向招标者支付一笔与其自身类型有关的贿赂，并且在事后会存在败德行为，即他不按照提交的标书中所要求的质量水平进行供给，而是供给一个较低的质量水平。由于招标者在鉴定投标者的质量水平上具有强势地位，参与串谋的投标者在事后的败德行为实际上得到招标者的默许。

另外，值得注意的是，本文所分析的有限腐败有两层含义：一方面意味着政府决不允许招标者肆意侵蚀政府即纳税人的财产，在这里政府绝对是一个代表纳税人根本利益的政府，因此政府不会与招标者进行串谋。串谋的可能性只存在于招标者与投标者之间。另一方面，政府为了预防招投标中的腐败，往往会设立招投标监督机关，代理政府行使监督权力，因此即使招标者和投标者通过串谋能够达成腐败协议，其参与腐败的行为也不是随心所欲的，而是要考虑到外部监督力量的存在，一旦他们的腐败行为被侦测出来将会受到惩罚。

文章的结构和主要内容安排如下：第二部分建立基准模型；第三部分求解了基准模型即不存在腐败时的最优机制，证明了三阶段的第一分值拍卖和第二分值拍卖都可以实施该最优机制，并在此基础上求解了对称均衡时两种分值拍卖中投标者的广义质量和价格的出标策略；第四部分考虑由招标者和投标者之间的纵向串谋而引致的腐败，求解了有限腐败下的最优机制，并证明了在合适的评分规则下，三阶段的第一分值拍卖和第二分值拍卖仍然可以实施该最优机制，同时求解了有限腐败下对称均衡时两种分值拍卖中投标者的广义质量和价格的出标策略；第五部分是均衡腐败分析，求解了均衡腐败时的均衡贿赂水平和招标者决定参与腐败的概率，并考察了投标者类型以及竞争程度对于均衡腐败的影响；第六部分是总结以及进一步研究的展望。

二、基 准 模 型

假设 N 个投标者同时对 M 维信息进行投标，其中质量为（$M-1$）维，价格为 1 维。进行如下参数设定：θ_i 表示投标者 i 的私有信息，是一个代表效率的参数，θ_i 越大表示投标者 i 的效率越高。买者仅知道 θ_i 在区间 $[\underline{\theta}, \bar{\theta}]$ 上是独立同分布的，分布函数为 F，对应的概率密度函数为 f，且满足风险率非减的性质，即 $\partial\left(\dfrac{1-F(\theta_i)}{f(\theta_i)}\right)\Big/ \partial\theta_i < 0$。定义一个广义质量的生产函数

$Q_i: \mathbb{R}_+^{M-1} \to \mathbb{R}_+$，且 $Q_i(\theta_i, \theta_{-i}) = Q_i(q_{i1}(\theta_i, \theta_{-i}), q_{i2}(\theta_i, \theta_{-i}), \cdots, q_{iM-1}(\theta_i, \theta_{-i}))$

其中 $q_{ij}(j=1, 2, \cdots, M-1)$ 表示投标者 i 广义质量中的第 j 个质量分量，例如在工程建设招标中，这些分量可依次对应于信用等级、质量管理体系、以往承建业绩和建设工期等信息。该质量指标不仅与投标者本身的私人信息有关，而且与其他投标者的私人信息也有关；价格 $p_i(\theta_i) \in R_+$ 为内生①，表示投标者愿意从采购方获得的转移支付。通过这样的设定，实际上所

---

① 在 Che（1993）和 Asker and Cantillon（2008）的研究中实际上假设价格是外生的，在最优机制中他们都只考虑了最优质量的确定。

有除价格以外的信息都包含在广义的质量指标 Q_i 中，我们只需要将 Q_i 看作一个黑箱①，投标者 i 提交各种有关质量的相关信息 q_{ij}，经过广义质量生产函数 Q_i 的处理，我们就可以得到每个投标者的一个一维综合性质量指标，这样任意多维信息投标都可以转化为只包括价格和广义质量指标的二维信息投标。该指标是除了价格以外的所有信息对于招标者需要的一种平均满足程度，且这种满足程度取决于所有投标者的私有信息。这是本文模型研究的一个关键假设条件，也是与现有的研究多维信息投标文献的一个关键差异。之所以作出这样的假定，是因为在实际的招投标中，招标方一般都会对关于投标的质量作出各种规定，各个投标者所提供的各种质量信息实际上是互相关联的，而且具有长期互动历史的投标者对于彼此的质量信息也会有或多或少的了解，这样竞标者之间的关于质量信息的投标实际上是互相影响的。由于不确定性的存在，投标者实际上不清楚自己赢标能给自己带来多大的价值，他们在对质量信息进行投标时，可能会参考对其他投标者的投标信息预期，来作出自己的投标决策。在实际的招投标过程中，招标者一般会在招标公告中对投标者资格进行限定，并对投标者进行审查，同时招标者还会对招标或采购的产品或服务进行具体说明，这些信息对于所有的投标者来说是共同知识。

假设买者和卖者都是风险中性的，即买卖双方决策的依据是各自的期望收益最大化。买者从合同 $(Q_i(\theta_i, \theta_{-i}), p_i(\theta_i))$ 中获得的效用为：$U(Q_i(\theta), p_i(\theta_i)) = V(Q_i(\theta)) - p_i(\theta_i)$，其中 $V_Q > 0$，$V_{QQ} < 0$，$\lim_{Q \to 0} V'(Q) = \infty$，$\lim_{Q \to \infty} V'(Q) = 0$ 以保证内点解的存在。投标者 i 一旦赢标，从合同 $(Q_i(\theta), p_i(\theta_i))$ 中获得的利润为：$\pi_i(Q_i(\theta), p_i(\theta_i)) = p_i(\theta_i) - c_i(Q_i(\theta), \theta_i)$，投标者 i 的成本 $c_i(Q_i(\theta), \theta_i)$ 是质量 Q_i 的增函数，而是效率参数 θ_i 的减函数，同时有 $c_{\theta_i\theta_i} > 0$，$c_{QQ} > 0$，$c_{\theta_iQ_i} < 0$，$c_{\theta QQ} < 0$，且满足单交条件②。根据上面对于效用函数和利润函数的假定，完全信息下的社会福利 $W^P = U + \pi_i = V(Q_i(\theta)) - c_i(Q_i(\theta), \theta_i)$，对于 Q 而言就是紧致且严格凹的，从而社会最优的广义质量 $Q_i^e(\theta) = \arg\max\{V(Q_i(\theta)) - c_i(Q_i(\theta), \theta_i)\}$ 就具有较好的定义且是唯一的。

---

① 该黑箱采取什么样的生产函数取决于采购方的偏好，可能是对各种质量分量的加权平均，或者是其他的评价形式。我们在这里只需要知道投标者投入各种有关自己竞标质量的相关信息，最后经过广义质量生产函数的处理，可以得到一个广义质量的综合评价指标，而不需要关注该生产函数的具体形式。

② 单交条件可以保证我们求解的是确定性机制（deterministic mechanism）的最优。关于这些假设在多单位拍卖（multiple-unit auctions）的许多模型中有具体说明，比如 Maskin and Riley（1989）和 Branco（1996）。

三、不存在腐败时的最优机制及其实施

(一) 最优机制

在最优的直接显示机制中，招标者的目标是通过实行一种可行白机制，该机制能够诱导投标者真实显示自己的类型，使招标者能够选出最有效率的投标者；同时给定该机制，如实报告自己的私人信息是投标者的占优策略均衡，那么该机制就是一个激励相容的最优机制。在这种情况下，即使每个参与人按照自利原则制定个人目标，机制实施的客观效果也能达到设计者所要实现的目标。也就是说，我们现在需要找到这样的一种机制，在满足参与者各自约束条件的情况下，使参与者在自利行为下选择的策略的相互作用能够让配置结果与预期目标相一致。Myerson（1979）认为不失一般性，我们实际上只需要将分析限定于一种可行的机制（feasible mechanism），在该机制中对于所有的投标者而言，真实地显示他们白类型是一个贝叶斯纳什均衡。再根据模型满足单交条件可知，最优显示机制一定可以找到一个确定性合同，也就是说招标者不需要在所有可以选择的合同中进行随机化。这就说明我们只需要将分析限定于确定性的显示机制，该机制可以通过广义质量和价格组成的合同 (Q, p) 来进行描述。

设 $\sigma_i(\theta_1, \cdots, \theta_N)$ 表示投标者 i 赢标的概率，则在任何机制中显然有 $\sigma_i \geq 0$，$\sum_{i=1}^{N} \sigma_i \leq 1$。则给定一个报告的类型 θ_i，投标者 i 赢标的概率为下面的 $(N-1)$ 重积分形式：

$$\sigma_i(\theta_i) = \int_{\underline{\theta}}^{\bar{\theta}} \cdots \int_{\underline{\theta}}^{\bar{\theta}} \sigma_i(\theta_{-i}, \theta_i) \prod_{j \neq i} f(\theta_j) \mathrm{d}\theta_1 \cdots \mathrm{d}\theta_{i-1} \mathrm{d}\theta_{i+1} \cdots \mathrm{d}\theta_N \quad (1)$$

真实类型为 θ_i 的投标者如果报告的类型为 $\hat{\theta}_i$，则其在事前的期望利润为：

$$\pi_i(\hat{\theta}_i, \theta_i) = E_{\theta_{-i}}[p_i(\hat{\theta}_i, \theta_{-i}) - \sigma_i(\hat{\theta}_i, \theta_{-i})c_i(Q_i(\hat{\theta}_i, \theta_{-i}), \theta_i)]$$

由于在直接显示机制中讲真话 $\hat{\theta}_i = \theta_i$ 是均衡策略（Myerson，1979），从而有

$$U_i(\theta_i) = \pi_i(\theta_i, \theta_i) = \max \pi_i(\hat{\theta}_i, \theta_i), \quad \forall \hat{\theta}_i \in [\underline{\theta}, \bar{\theta}] \quad (2)$$

对 (2) 式使用包络定理可得到：

$$\frac{\mathrm{d}U_i}{\mathrm{d}\theta_i} = \frac{\mathrm{d}\pi_i}{\mathrm{d}\theta_i} = \frac{\partial \pi_i}{\partial \theta_i}\bigg|_{\hat{\theta}_i = \theta_i} = -E_{\theta_{-i}}[\sigma_i(\theta_i, \theta_{-i})c_{\theta_i}(Q_i(\theta_i, \theta_{-i}), \theta_i)] \quad (3)$$

命题1：在最优直接显示机制中，效率最高的投标者赢得标的，即赢标企业 i 的类型满足 $\theta_i = \max_{j \in N} \theta_j$；最优机制中的最优合同 $(Q_i(\theta), p_i(\theta_i))$ 由下式给出：

$$\begin{cases} Q_i^*(\theta) = \arg\max\left[V(Q_i(\theta)) - c_i(Q_i(\theta),\ \theta_i) + \dfrac{1 - F(\theta_i)}{f(\theta_i)} c_{\theta_i}(Q_i(\theta),\ \theta_i)\right] \\[3mm] p_i(\theta) = c_i(Q_i^*(\theta),\ \theta_i) - \dfrac{1 - F(\theta_i)}{f(\theta_i)}\left[c_{\theta_i}(Q_i^*(\theta),\ \theta_i)\right] \end{cases}$$

证明：见附录。

命题 1 的结论与 Laffont 和 Tirole（1987）, McAfee 和 McMillan（1987）, Riordan 和 Sappington（1987）的研究结果是类似的，虽然这些研究只是求解了一维信息投标的最优机制。Che（1993）, Asker 和 Cantillon（2008）和 Branco（1997），虽然也求解了多维信息投标中的最优机制，但前两者将价格作为外生的，只考虑了最优机制中的最优质量供给问题，后者虽然同本文一样也将价格作为内生的，但是由于其把所有非价格因素都看作是一维的质量，实际上同 Che 一样，只考虑了二维信息投标。

另外，由于 Che 假设投标者的成本是互相独立的，从而得出结论认为企业所提供的质量水平也仅仅是其自身私有信息的函数而与其他所有投标者的私有信息无关。而从命题 1 可以看出，在最优机制中，赢标企业所提供的最优质量和接受的最优转移支付价格不仅与其自身的私有信息有关，而且也与所有其他投标者的私有信息有关。本文和 Branco 的研究都考虑了投标者之间的相互影响，这样最优质量就不能仅仅通过事中的竞标过程进行简单的决定。最优质量得以实施的机制就必然要求在竞标完成并且确定赢标企业之后，买方还需要在通盘考虑所有投标者在出标时所提交的质量水平的基础上，在事后与赢标企业进行具体的谈判和协商后来确定其应该提供的最优质量水平。这将在下文探讨最优机制的实施时得到进一步讨论。

我们现在来说明在命题 1 的证明中所体现的经济含义。首先考虑在完全信息条件下，交易达成之后的总体社会福利为 $W^P = V(Q_i(\theta)) - c_i(Q_i(\theta),\ \theta_i)$；而在不完全信息下，考虑到信息成本的存在，此时的社会总福利为

$$W^I = V(Q_i(\theta)) - c_i(Q_i(\theta),\ \theta_i) + [(1 - F(\theta_i))/f(\theta_i)]c_{\theta_i}(Q_i(\theta),\ \theta_i)$$

同时，如果投标者选择自己所报告的类型来最大化期望利润，从（3）式中可以看出，随着类型 θ 的上升，每一单位 $p_i(\theta_i)$ 的增加，所有高于 θ_i 类型的每个竞标企业所获得的期望利润会增加 $-c_{\theta_i}(Q_i(\theta),\ \theta_i)$ 个单位。这样我们就可以给出命题 1 最优质量表达式右边所代表的经济含义。该式右边的前面两项代表在完全信息情况下的社会总福利 W^P，也可以理解为 θ_i 上升对于社会剩余的直接影响；如果我们将 $(1 - F(\theta_i))/f(\theta_i)$ 理解为高于 θ_i 类型出现的总频数，则该式右边最后一项 $[(1 - F(\theta_i))/f(\theta_i)] \cdot [-c_{\theta_i}(Q_i(\theta),\ \theta_i)]$ 表示随着 θ_i 上升所有高于 θ_i 类型

的投标者所应获得的激励总租金。这种租金的存在是由于潜在的投标者拥有关于自己类型的私有信息，买者必须向赢标的投标者所支付的，以使得高于 θ_i 类型的投标者没有激励去模仿 θ_i 类型，我们也可以把这种租金称为信息成本。

给定上面的解释，最优质量表达式右边就意味着采购方从最大化其自身的期望收益出发所得到的结果实际上也可以实现不完全信息下社会总福利 W^I 的最大化，这样命题 1 所求解的最优机制就是我们所需要的激励相容的最优机制。此外可以看出，W^I 是类型 θ_i 的增函数，这也保证了在最优机制中最有效率的投标者赢标。命题 1 还表明买者会选择最优的合同，在该合同中类型最高的投标者获得物品，该合同不仅可以实现买者净期望收益最大化的目标，而且在满足个人理性时也可以实现总体社会福利的最大化。

推论 1：在最优机制下，由于信息成本的存在投标者只能提供次优（the second best）的质量水平。

证明：见附录。

推论 1 表明由于信息成本，也就是激励相容约束的成本 $\dfrac{1-F(\theta_i)}{f(\theta_i)} \cdot [\, -c_{\theta_i}(Q_i(\theta),\, \theta_i)\,]$ 的存在，且该成本是质量水平 Q 的递增函数①，通过将质量水平降低到最优水平以下，买者可以减少（获得）部分信息成本（租金）。质量水平向下扭曲以限制相对高效企业对于信息租金的获取，而投标者之间的相互竞争又会进一步降低信息租金的绝对水平。

（二）多维信息招投标下最优机制的实施

合意的机制必须是一种纳什均衡，同时也必须是可实施的。显示原理在简化机制设计分析和寻找最优机制方面极其有用。但是，就算我们已经找到了最优机制，仍然要面临如何实施最优机制的问题。具体而言，当经济参与人的实施机制要依赖其所提供的信息时，他们就会有利益和动机提供错误的信息，而且还会面对多重均衡问题。有些均衡从社会的角度看不是最优的，因此就产生了经济机制如何实施的问题：是否有办法设计一种从社会角度看均衡总是最优的经济机制呢？上面我们求解了多维信息投标下最优机制的均衡结果，现在问题的关键就是我们能否找到一种最优机制的执行规则，从而使得多维信息投标下的均衡结果得到有效的实现。这就

---

① 根据对成本函数的假设 $c_{\theta_i Q_i} < 0$ 可得。

需要采购方找到一种评分函数，对于投标者所出标的所有信息进行综合评估。这样的一个评分函数的设计必须使得最有效率的投标者赢标，同时也能够给予赢标企业有足够的激励去提交多维信息下的均衡投标，使得最优的合同得以实施。一种自然的设想就是直接将采购方的效用函数作为这样的评分标准。但是在这样的评分规则下，赢标企业将会提供社会最优的质量水平，而这在不完全信息下显然不是最优的。因此我们需要在采购方效用函数的基础上进行一个适当的调整得到一种新的评分标准，使得在这样的评分规则下，基于不完全信息的赢标企业的质量水平的提供能够达到有效率的结果。

设 $S(Q, p)$ 表示对于合同 (Q, p) 的评分规则，假设该评分规则在投标开始时对于投标者来讲是共同知识。同时假设买者能够设计并决定是否承诺信守该评分规则，而如果买者没有承诺信守该规则，则买者的评分规则完全反映在他的偏好中，即有 $S(Q, p) = U(Q, p)$。考虑评分规则 $\bar{S} = V(Q) - p - \Delta(Q)$，注意经过广义质量生产函数的处理，这里的 Q 为一维，其中 $\Delta(Q)$ 满足[1]：

$$\Delta(Q) = \begin{cases} -\int_{Q^*(\underline{\theta})}^{Q} \dfrac{1-F(Q^{*-1}(x))}{f(Q^{*-1}(x))} \cdot \dfrac{\partial^2 C(Q,Q^{*-1}(x))}{\partial\theta\partial Q} \mathrm{d}x, & \text{当 } Q \in [Q^*(\underline{\theta}), Q^*(\bar{\theta})] \\ \infty, & \text{当 } Q \notin [Q^*(\underline{\theta}), Q^*(\bar{\theta})] \end{cases}$$

其中 $Q^*(\cdot)$ 是在命题 1 中最优机制下的最优质量水平。注意到此评分规则与买者的效用函数相比，需要减去一个调整项 $\Delta(Q)$。其含义就是，买者希望获得一个最优的合意质量水平，而并不是说质量水平越高就越好。低成本高效率的企业乐意提供高质量的产品，如果一些高效率的企业提供比买者所中意的质量水平还要高的质量，这对于买者而言不是最优的，因此需要从效用函数中减去这样一个因质量水平持续累积增加而给买者带来的不满意程度的衡量指标 $\Delta(Q)$。

我们考虑两种拍卖规则：第一分值拍卖和第二分值拍卖。每一个投标者在竞标之前提交关于产品或服务各种有关质量的信息。招标者根据广义质量的生产函数得到每个投标者的综合性质量指标，在竞标完成之后对于投标者的综合性质量指标和价格组合进行综合评分，其中评分最高的投标者赢得标的。第一分值拍卖类似于一维信息招投标下的第一价格拍卖，评分最高的投标者赢得标的后，需要提供他出标时所报的质量水平，同时获得他出标时所要求的出价；而第二分值拍卖类似于一维信息招投标下的第二价格拍卖，评分最高的投标者赢得标的后，可以

---

① 根据 Che（1993）的结论，当买者有充分的承诺力量（full commitment power）时，最优评分规则应当满足这样的条件。

提供任意的价格和广义质量的组合①，但是最后的总评分必须达到被拒绝的投标者的最高总评分。

本文考虑的是三阶段②不完全信息博弈的第一分值和第二分值拍卖，博弈的时序分别为：在第一阶段中，所有的投标者对于有关自己的价格和广义质量的各种信息进行投标③，招标者只考虑投标者关于价格以外的所有关于广义质量的出标信息，即 q_1、q_2、…、q_{M-1}，根据这些信息通过广义质量的生产函数 Q，招标者就可以得到每个投标者的综合性质量指标。在第二阶段中，招标者考虑投标者的竞标价格，同时利用第一阶段得到的针对每个投标者的综合性质量指标，根据评分规则 S，对每个投标者进行综合性评分，其中最高分值的投标者获胜。在第三阶段，在竞标完成后，招标者和赢标企业再对广义质量中各个分量所应该提供的具体形式和有关细节问题进行双边谈判和协商，由于在均衡时赢标企业所提供的质量与其他投标者的私有信息有关，因此在谈判过程中，在确定赢标企业所提供的质量水平时需要考虑其他投标者在竞标时所提供的质量水平。

在三阶段博弈的过程中投标者先确定自己的投标价格，而质量是在最后阶段与招标者进行谈判协商之后决定的，为了求解分值拍卖中投标者的均衡出标的质量和价格组合，根据逆向归纳法，我们首先要求出分值拍卖中投标者的均衡质量。无论在哪一种拍卖机制下，投标者的目标一方面是为了最大化其自身的利润 $\pi_i(Q, p)$。另一方面在第一阶段得到综合性质量指标 Q 之后，为了赢得拍卖他还必须使得买者对其出标组合（Q, p）的综合评分 $\tilde{S}(Q, p)$ 达到最大。也就是说投标者的目标函数为自身利润和招标者对其评价的综合评分之和，即为

$$\pi_i(Q, p) + \tilde{S}(Q, p) = V(Q) - \Delta(Q) - c(Q, \theta) \tag{4}$$

投标者应该选择质量水平使得（4）式最大，从而我们得到以下引理：

引理 1：无论在第一分值拍卖还是在第二分值拍卖中，在对称均衡时投标者提供的均衡质量水平都为 $Q^{S^*} = \arg \max [V(Q) - \Delta(Q) - c(Q, \theta)]$。

---

① 实际上投标者往往会在总评分必须达到被拒绝的投标者的最高总评分的约束下，选择一个自己最为中意的价格和广义质量的组合。

② 上海浦东国际机场扩建工程的招投标中，就是秉承"招标时考虑投标，投标时考虑评标，评标中考虑谈判"的原则，通过详细的技术参数保障设备的功能需求，减少评标时间以及成本，顺利完成各项设备采购。

③ 一般在实际的招标过程中，在竞标开始之前，招标者会要求竞标方提供有关自身的关于质量的信息，包括竞标方的财务状况、质量管理体系、以往承建经验、项目经理是否具有国家一级建造师资格及注册证书等。

引理 1 的直观含义可以通过图 1 得到较好的阐释。如图所示，假设某一投标者 i 可以提供任意的广义质量和价格的组合，从而得到一系列等分值线（isoscore curve）。在同一条等分值线上广义质量和价格的组合得到相等的评分，并且根据前面模型的一些假设可知，越往东南方向的等分值线的评分越大。投标者的等利润线（isoprofit curve）如图所示，在同一条等利润线上由广义质量和价格的出标套得相等的利润水平，同样根据基本模型假设可知，等利润线越往西北方向所代表的利润越高。只要投标者在同一条等分值线上移动，其赢标的概率保持不变，同时为了避免赢者诅咒（winners' curse）效应的出现，他还必须努力实现自身利润的最大化。这样最优的选择必然出现在等分值线和等利润线的切点位置，因为在该点使得投标者可以在不降低赢标概率的条件下实现其利润最大化的目标。在切点处两条等值线的斜率相等，从而有：

$$\frac{\partial \tilde{S}(Q, p)}{\partial Q} \bigg/ \frac{\partial \tilde{S}(Q, p)}{\partial p} = \frac{\partial \pi_i(Q, p)}{\partial Q} \bigg/ \frac{\partial \pi_i(Q, p)}{\partial p} \tag{5}$$

由于 $\tilde{S} = V(Q) - p - \Delta(Q)$，$\pi_i(Q, p) = p - c_i(Q, \theta)$，由（5）式得到：

$$\frac{\partial(V(Q) - \Delta(Q))}{\partial Q} - \frac{\partial c(Q, p)}{\partial Q} = 0$$

即 $Q^{s*} = \arg\max[V(Q) - \Delta(Q) - c_i(Q, \theta)]$。

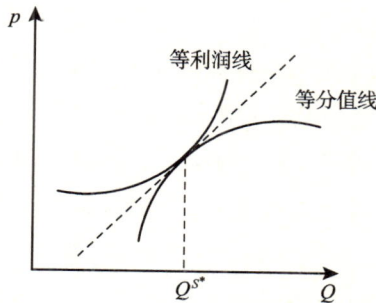

图 1　分值拍卖中的最优质量供给

命题 2：在评分规则 $\tilde{S} = V(Q) - p - \Delta(Q)$ 下，三阶段的第一分值拍卖和第二分值拍卖都可以实施命题 1 中的最优机制。

证明：见附录。

（三）分值拍卖中投标者的均衡策略

既然三阶段博弈的第一分值拍卖和第二分值拍卖都可以实施最优机制，那么在这两种分值拍卖中投标者的均衡策略是什么呢？这是我们接下来要关注的重要问题。由于均衡质量已经由引理 1 给出，问题的关键是要找到均衡的出标价格。

命题 3：（i）对称均衡时，第一分值拍卖中投标者的广义质量和价格的出标分别为：

$$Q^{S*} = \arg\max[V(Q) - \Delta(Q) - c(Q, \theta)]$$

$$p^{S*}(\theta) = c(Q^{S*}, \theta) - \frac{\int_{\underline{\theta}}^{\theta} c_{\theta}(Q^{S*}(t), t)[1 - F(t)]^{N-1} dt}{[1 - F(\theta)]^{N-1}}$$

（ii）对称均衡时，第二分值拍卖中投标者的广义质量和价格的出标分别为：

$$Q^{S*} = \arg\max[V(Q) - \Delta(Q) - c(Q, \theta)]$$

$$p^{S*}(\theta) = c(Q^{S*}, \theta)$$

证明：见附录。

从命题 3 可以得到以下几点启示：（1）在分值拍卖中，投标者对自己成本的合理估算至关重要，因为在两种分值拍卖中的均衡出价都直接与成本密切相关，而尤其在第二分值拍卖中，能否合理的估算自己的成本，直接决定了均衡出价。（2）在第一分值拍卖中，类型越高的投标者报价越高[①]，意味着投标者在价格维度上的竞争较为激烈；在第二分值拍卖中，类型越高的企业报价越低，意味着企业此时更注重提高自身出标时的质量水平，从而导致在质量维度上的竞争较为激烈。（3）在第一分值拍卖中如果我们将质量维度予以固定，此时均衡将等同于第一价格拍卖时的情形。Vickrey 拍卖的直觉也适用于第二分值拍卖：给定分值 $S_0(\theta)$，如果类型为 θ 的投标者使自己的出标高于此分值，一旦赢标他将会承担获得负利润的风险。如果使自己的出标低于此分值，那么有可能其他投标者以低于他本人愿意承担的分值而买走标的，这也不能增加自己的利润，因此使自己的出标如实地反映自己的真实类型就是一个占优策略。

[①]　这可以从以下的一阶导数直接得到：$\dfrac{\partial p^{S*}(\theta)}{\partial \theta} = -(N-1)(1 - F(\theta))^{-N} f(\theta) \int_{\underline{\theta}}^{\theta} c_{\theta}(Q^{S*}(t), t)[1 - F(t)]^{N-1} dt$，再根据对成本函数的假设 $c_{\theta} < 0$，从而有 $\dfrac{\partial p^{S*}(\theta)}{\partial \theta} > 0$。

四、存在腐败时的最优机制及其实施

（一）模型基本设定

假设采购机制是由风险中性的委托人设定并公布于众，委托人将采购拍卖的权利授予招标者，该招标者具有拍卖行业的专有知识，尤其是在鉴定投标者提供的质量水平上具有优势的信息地位。这就为腐败的发生提供了可能性，因为一旦某个投标者和招标者达成串谋，招标者向投标者索取一定的贿赂，来换取他虚报投标者提供的质量水平。这样一方面可以增大参与串谋的投标者赢得拍卖的机会，同时在赢得拍卖后只需要提供比不存在腐败情况下更低的质量水平。

现在考虑采购者和招标者之间的委托代理关系，招标者有参与腐败的动机。当招标者决定参与腐败时他需要投入一个沉没成本 β，当委托人宣布相应的拍卖规则之后，招标者将与某个中意的投标者进行匹配，而其他的投标者依然按照没有腐败时的情形进行出标。招标者可以获得该投标者的私有信息，并且与投标者串谋进行腐败，投标者向招标者支付一定的贿赂以保证他能够顺利赢标，而且能够提供一个外生给定的最低质量水平 Q_c，该质量水平低于他本可以提供的均衡质量水平。

由于我们考虑的是有限腐败而不是绝对腐败，也就是说招标者在操纵投标者的出标行为时并不是随心所欲的，而是要受到外部监督力量的一定的限制，因此我们需要对这种有限腐败行为进行准确的刻画。一种合理的假定就是招标者实际上可以操纵投标者的出标价格，同时允许赢标企业在事后能够提供较低的质量水平。假设某一真实类型为 θ_i 的投标者 i，与招标者串谋从事腐败行为，招标者可以对外宣布 i 的均衡出标是基于以下类型作出的：

$$\theta'_i = \max_{j \neq i}\theta_j + \phi(\max_{j \neq i}\theta_j) \tag{6}$$

且满足

$$\phi(\max_{j \neq i}\theta_j) \geq 0, \quad \forall \, \theta_i \in [\underline{\theta}, \, \bar{\theta}], \quad i, \, j = 1, \, 2, \, \cdots, \, N \tag{7}$$

$$\theta'_i = \max_{j \neq i}\theta_j + \phi(\max_{j \neq i}\theta_j) \in [\underline{\theta}, \, \bar{\theta}], \quad i, \, j = 1, \, 2, \, \cdots, \, N \tag{8}$$

$$\int_{\underline{\theta}}^{\bar{\theta}} p^*(\max_{j \neq i}\theta_j + \phi(\max_{j \neq i}\theta_j)) \, dF^{N-1}(\max_{j \neq i}\theta_j) = \int_{\underline{\theta}}^{\bar{\theta}} p^*(\theta_1) \, dF^N(\theta_1), \text{ 其中 } \theta_1 = \max_{i \in N}\theta_i \tag{9}$$

（7）式表明在所有的竞标完成之后，招标者能够获得所有投标者的出标信息，从而知道除了投标者 i 之外所有其他投标者中的最大类型 $\max_{j \neq i}\theta_j$，为了保证 i 能够赢标，他就可以将 i 的真实类型 θ_i 替换成一个比 $\max_{j \neq i}\theta_j$ 更高的类型。这样无论真实的 θ'_i 是否是最高的类型，通过（6）

式的转换，可以保证虚报的 θ'_i 是所有类型中最高的，从而确保参与腐败的投标者 i 能够顺利赢标①；（8）式是为了保证出标的一致性范围；（9）式表明，在存在委托代理问题而带来腐败时，均衡的期望转移支付价格与不存在腐败时的期望转移支付价格相等，这就减少了招标者因参与腐败而被侦测出来的风险。虽然期望转移支付价格是相等的，但是由于参与腐败的投标者可以提供低于不存在腐败时赢标企业所应该供给的质量水平，投标者依然有激励参与腐败。一旦招标者决定参与腐败，他愿意支付给参与腐败的投标者 i 一个与虚报类型 θ'_i 相对应的均衡转移支付价格 $p^*(\theta'_i) = p^*(\max_{j \neq i}\theta_j + \phi(\max_{j \neq i}\theta_j))$，同时要求 i 提供一个较低的质量水平 Q_c，且满足 $Q_c < Q^{C^*}(\theta'_i)$。

假设招标者参与腐败的概率为 γ，则委托人（采购方）的支付函数可以表示为：

$$(1 - \gamma)(V(Q) - p) + \gamma(V(Q_c) - p_c)$$

其中 Q_c 是在存在腐败时外生给定的赢标企业供给的质量水平，p_c 表示赢标企业从委托人那里获得的转移支付，由（9）式可知 $p_c = p^*(\theta'_i) = E_\theta\left(\sum_{i=1}^{N} p_i(\theta)\right)$。

博弈时序如下所示：

（1）自然：

（a）选择代表投标者 i 效率的参数 θ_i，θ_i 越大表示投标者 i 的效率越高。θ_i 在区间 $[\underline{\theta}, \overline{\theta}]$ 上是独立同分布的，分布函数为 F，对应的概率密度函数为 f，且满足风险率非减的性质，这对拍卖的所有参与者来说是共同知识。

（b）选择采购招标者参与腐败所需要支出的沉淀成本 $\beta \in [0, \overline{\beta}]$。②

（c）选择招标者和某个投标者实现纵向串谋共同参与腐败的概率 γ。

（2）每个投标者获得自身的私有信息 θ_i，采购招标者获得自身关于沉淀成本 β 的有关信息。

（3）招标者决定是否参与腐败。如果决定参与腐败，他需要支出 β 用于建立腐败交易网络。

（4）委托人在观察不到投标者的 θ_i 和招标者的 β 的情况下，公开宣布具体的采购机制。

（5）采购拍卖过程的具体执行：

H. 如果招标者决定不参与腐败，他将诚实地执行委托人所宣布的采购机制。投标者参与拍

---

① 可以看到当真实 θ_i 的是最高的类型时，i 将赢得拍卖，腐败的存在不影响拍卖效率的实现。而一旦 θ_i 不是最高的类型，虽然（1）式的转换能够确保 i 能赢标，但是此时腐败的存在将会导致拍卖的非效率，因为此时物品没有配置给最有效率的投标者。

② 这意味着招标者一旦决定参与腐败，由于沉没成本的存在其决策是不可逆转的。

卖，赢标企业供给均衡时的最优质量水平并获得一定的转移支付。招标者核实赢标企业所提供的质量水平。

C. 如果招标者决定参与腐败：

（a）他将会与某个受到偏好的投标者 i 进行匹配，获知该投标者的私有信息 θ_i，索取贿赂 $b(\theta_i)$①。以此作为交易招标者将保证 i 赢得拍卖并在事后可以提供一个较低的质量水平 Q_C。

（b）投标者 i 决定是接受还是拒绝招标者提出的腐败协议。

A. 如果投标者选择接受，他将赢得拍卖，且他的出标被招标者宣布为是根据委托人提出的机制下所能提供的最佳的质量和价格组合。i 获得一个转移支付，并且提供一个比所宣布的机制中最优质量要低的质量水平 Q_C，以及支付贿赂 $b(\theta_i)$ 给招标者。招标者核实赢标企业所提供的质量水平，并且宣布其就是给定的采购机制下的最优质量。腐败协议被侦测出来的概率为 μ。一旦被侦测出来招标者和投标者面临的惩罚分别为 B^A 和 B^F②。

R. 如果 i 拒绝招标者的腐败协议，招标者再也没有机会与其他的投标者达成任何腐败协议，此时他将诚实地执行由委托人所宣布的采购机制。

（二）存在腐败下的最优直接显示机制

下面的命题给出了当招标者参与腐败时的最优直接显示机制，是在考虑到招标者以一个给定的概率参与腐败情况下最优质量供给和转移支付价格的确定，是对前面命题 1 结论的一个推广和一般化。我们的结论依赖于一个设定的事实：在采购机制执行之前，串谋的投标者和招标者之间就达成了腐败协议，而没有参与腐败的其他所有的投标者依然按照没有腐败时的均衡策略进行出标。实际上从下面的命题 4 可以看出，当没有腐败发生也即当 $\gamma = 0$ 时，命题 1 与命题 4 是等价的。

命题 4：在考虑到招标方和某个投标方达成纵向串谋而导致的有限腐败时，在最优的直接显示机制中效率最高的投标者赢得标的，即赢标者 i 的类型满足 $\theta_i = \max_{j \in N} \theta_j$；最优机制中的最优合同 $(Q_i^{C*}(\theta), p_i^*(\theta))$ 由下式给出：

---

① 这是投标者要通过非正常手段获得优先竞标权，必须付出的经济成本，是为招标者设立的经济租金。

② 它们分别表示招标者和投标者在串谋被查处后可能因此受到经济处罚、解聘、信誉降低或追究刑事责任等所遭到的经济损失。

$$\begin{cases} Q_i^{C*}(\theta) = \arg\max\left[(1-\gamma)V(Q_i(\theta)) - c_i(Q_i(\theta),\ \theta_i) + \dfrac{1-F(\theta_i)}{f(\theta_i)}c_{\theta_i}(Q_i(\theta),\ \theta_i) \right] \\[3mm] p_i^*(\theta) = c_i(Q_i^{C*}(\theta),\ \theta_i) - \dfrac{1-F(\theta_i)}{f(\theta_i)}[c_{\theta_i}(Q_i^{C*},\ \theta_i)] \end{cases}$$

证明：见附录。

推论2：存在腐败时最优机制中的最优合同 $(Q_i^{C*}(\theta),\ p_i^*(\Im))$ 与不存在腐败时最优机制中的最优合同 $(Q_i^*(\theta),\ p_i^*(\theta))$ 相比较有：$Q_c \leqslant Q_i^{C*}(\theta) < Q_{\cdot}^*(\theta)$，$p_i^*(\theta) < p_i^*(\theta)$。

证明：见附录。

推论2表明一旦存在腐败，会导致最优机制中的最优质量供给和最优转移支付下降。参与腐败行为的投标者一旦赢标，可以在事后供给较低的质量水平或者以次充好。但是与此同时由于本文考虑的是有限腐败而不是绝对腐败，投标者和招标者之间的串谋会受到外部力量某种程度上的监督，这也就必然要求降低给腐败投标者的转移支付，从而降低自己的腐败行为被侦测出来的风险。供给较低的质量水平可以增加腐败投标者的收益，而获得较低的转移支付价格又会降低腐败投标者的收益，因此腐败投标者一旦决定参与腐败，其在事前就面临着在事后供给较低的质量水平和同时获得较低的转移支付价格之间的权衡取舍。显然只有当前者带来的收益增加效应大于后者所带来的收益减少效应时，选择参与腐败才是投标者的理智选择。接下来我们看在什么样的条件下投标者和招标者有激励去参与腐败，而要想具体分析参与腐败的决策，我们首先需要分析存在腐败时最优机制的实施问题。

（三）存在有限腐败时最优机制的实施

我们已经求解了存在腐败时的最优机制，接下来关注存在腐败时最优机制是如何实施的，以及与不存在腐败时最优机制的实施相比较，看看有什么样的不同。我们首先需要找到一种使得最优机制得以实施的评分函数。显然存在腐败下机制实施的评分函数和不存在腐败时机制实施的评分函数是不同的。这是因为从命题1和命题4可以看出，两种情况下最优机制的最优合同是不一样的，这就要求我们需要找到一种与不存在腐败情况下最优机制实施不一样的评分函数。实际上，我们可以通过命题1和命题4的比较中得到启发，两种情况下最优机制下的最优质量供给除了 $(1-\gamma)$ 的区别之外，其基本形式是完全一样的，而一旦最优质量得以确定，最有转多支付价格就可以确定了。因此我们实际上只需要在不存在腐败情况下的评分函数 $\tilde{S} = V(Q) - p - \Delta(Q)$ 上将其形式变为 $(1 - \gamma)V(Q) - p - \Delta(Q)$ 的形式就可以得到我们所需要的评分函数。

命题5： 考虑由委托代理问题带来的腐败，在评分规则 $\tilde{S}_C = (1 - \gamma)V(Q) - p - \Delta(Q)$ 下，三阶段的第一分值拍卖和第二分值拍卖都可以实施由命题4所给出的最优机制。

证明：与命题2的证明类似，故略去。

从命题5可以看到，只要腐败存在，即 $\gamma > 0$ 时，最优机制得以实施的评分规则就应该给予质量以较小的权重。而由于评分最高的投标者赢得拍卖，这样不论投标者是否参与腐败，其提供相对高质量的激励就不足，从而使得最优机制中所有投标者提供的质量水平都显不足，这就进一步印证了推论2的结论。另外可以看到，一旦腐败存在，参与腐败的投标者就会给不参与腐败的投标者带来负的外部性：因为机制的设计者一旦考虑到存在腐败的可能性将会针对所有的投标者使用评分规则 $\tilde{S}_c$ 而不是 $\tilde{S}$[①]，这样就使得没有参与腐败的投标者即使按照最优机制所要求的质量进行出标，最后获得的总评分也会下降为 $\gamma V(Q)$。

一旦我们找到使命题4给出的最优机制得以实施的评分函数 $\tilde{S}_C$，遵循与前面的命题3相同的思路，我们就可以求解出第一分值拍卖和第二分值拍卖中投标者的均衡策略。

命题6：（i）对称均衡时，第一分值拍卖中投标者的广义质量和价格的出标分别为：

$$Q_C^{S*} = \arg \max \left[(1 - \gamma)V(Q) - \Delta(Q) - c(Q, \theta) \right]$$

$$p_C^{S*}(\theta) = c(Q_C^{S*}, \theta) - \frac{\int_{\underline{\theta}}^{\theta} c_\theta(Q_C^{S*}(t), t)[1 - F(t)]^{N-1} dt}{[1 - F(\theta)]^{N-1}}$$

（ii）对称均衡时，第二分值拍卖中投标者的广义质量和价格的出标分别为：

$$Q_C^{S*} = \arg \max \left[(1 - \gamma)V(Q) - \Delta(Q) - c(Q, \theta) \right]$$

$$p_C^{S*}(\theta) = c(Q_C^{S*}, \theta)$$

证明：与命题3的证明类似，故略去。

---

① 这主要是由于信息不对称的存在：机制的设计者不知道到底哪个投标者参与了腐败，而且即使他知道腐败的存在，他也不知道没有参与腐败的投标者是否提供了他们在最优机制下本应该提供的最优质量。

五、均衡腐败分析

假设采购机制已经由委托人给定。如果招标者决定参与腐败，他需要投入一个沉没成本 $\beta \in [0, \bar{\beta}]$，从与他串谋的投标者那里获得一笔贿赂 $b(\theta_i)$，但是一旦其腐败被侦测出来也面临着被惩罚的风险；如果招标者是诚实的，即他不参与腐败，则他以概率 1 获得零支付。假设招标者与受到偏好的某个投标者进行匹配，双方串谋参与腐败，委托人知道与他进行串谋的投标者的类型 θ_i，从而也就知道了该投标者参与腐败的意愿。在所有的竞标都完成之后，招标者就知道了所有投标者关于广义质量和价格的出标，招标者可以将这些信息透露给参与串谋向他行贿的投标者，该投标者假装自己是效率最高的投标者，通过修改自己的原始出标并重新提交出标，新的出标在 $\tilde{S}_c$ 的评分规则下获得的总评分最高以保证赢得拍卖。当然腐败的投标者在事后不会按照他的新出标供给质量，而是在招标者的默许下提交较低的质量水平，其在事后获得的转移支付价格依然为委托人在考虑到可能存在腐败时所愿意提供的转移支付价格 $p_c^{S*}(\theta)$，该价格由命题 6 给出。为简单起见，我们同时假设腐败的投标者在事后将会提供的质量是外生给定的。

在事后也就是所有的竞标过程都结束之后，虽然在最优机制中投标者应该提供的最优质量水平为 $Q_c^{S*}(\theta)$。但是由于腐败的存在，参与腐败的投标者在事后会在招标者的默许下出现败德行为，即不会按照最优机制的要求提供最优的质量水平，而是为了谋取自己的私利，使得自己所提供的质量水平仅仅达到赢得拍卖并且使得自己的腐败行为被侦测出来的风险尽可能最小时所要求达到的最低的质量标准 Q_c，即事后的败德行为导致 $Q_c^{S*}(\theta) = Q_c$，而且这也得到招标者的默认和许可。假设自然状态所决定的有限腐败发生的概率为 γ，招标者和某个竞标者相匹配共同进行纵向串谋的概率为 $1/n$。他们之间的串谋被侦测出来并受到惩罚的概率为 μ，假设竞标方所受到的惩罚为 B^F，则此时他获得的收益为 $\pi_1 = p_c^{S*}(\theta) - c_i(Q_c \quad \theta_i) - b(\theta_i) - B^F$，如果串谋没有被侦测出来则他所获得的收益为 $\pi_2 = p_c^{S*}(\theta) - c_i(Q_c, \theta_i) - b(\theta_i)$；当不发生腐败时，此时招标者和竞标者都是诚实的，竞标者按照前面的命题 3 所给出的均衡出标策略进行出标，此时他赢标的概率为 $F^{N-1}(\theta_i)$，赢标后获得的收益为 $\pi_3 = p^{S*}(\theta) - c_i(Q^{S*}, \theta_i)$，如果没有赢标他获得的收益为 $\pi_4 = 0$。为了更直观地表示我们的分析过程，可以将竞标方的决策树表示如下：

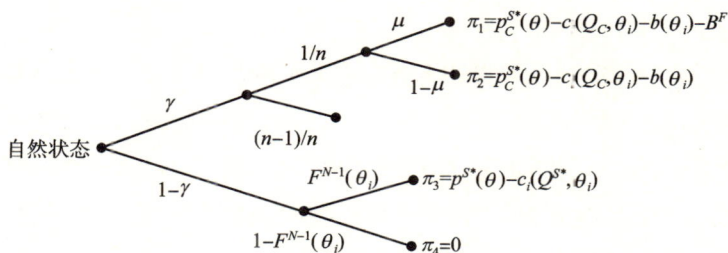

图2　投标者的决策树

$$\pi_1 = p_C^{S*}(\theta) - c(Q_C, \theta_i) - b(\theta_i) - B^F$$
$$\pi_2 = p_C^{S*}(\theta) - c(Q_C, \theta_i) - b(\theta_i)$$
$$\pi_3 = p^{S*}(\theta) - c_i(Q^{S*}, \theta_i)$$
$$\pi_4 = 0$$

最后我们还假设在腐败协议的谈判和协商中招标者具有强势地位，则招标者所要求的贿赂可以通过使投标者接受和拒绝招标者的出价获得的收益相等而得到。均衡贿赂水平之所以可以这样确定，我们也可以理解为在均衡腐败时，由于投标者不但是参与出标的竞争，而且也在是否能获得串谋进而参与腐败的机会上进行竞争，则在均衡时投标者参与腐败获得的期望收益应该等于他不参与腐败作为一个诚实的投标者参与竞标所获得的期望收益。

腐败发生时竞标方的期望收益为：

$$E\pi = \frac{1}{n}\gamma[\mu\pi_1 + (1-\mu)\pi_2] = \frac{1}{n}\gamma[p_C^{S*}(\theta) - c_i(Q_C, \theta_i) - b - \mu B^F]$$

腐败不发生时竞标方的期望收益为：

$$E\pi^C = (1-\gamma)F^{N-1}(\theta_i)[p^{S*}(\theta) - c_i(Q^{S*}, \theta_i)]$$

不失一般性，我们在这里只考虑第一分值拍卖，令 $E\pi = E\pi^C$，从而得到均衡腐败时的均衡贿赂为：

$$b^*(\theta_i) = c_i(Q_C^{S*}, \theta_i) - c_i(Q_C, \theta_i) - \frac{\int_{\underline{\theta}}^{\theta_i} c_{\theta_i}(Q_C^{S*}(t), t)[1 - F(t)]^{N-1}dt}{(1 - F(\theta_i))^{N-1}}$$

$$+ \frac{N(1-\gamma)}{\gamma}F^{N-1}(\theta_i)\left[\frac{\int_{\underline{\theta}}^{\theta_i} c_{\theta_i}(Q^{S*}(t), t)[1 - F(t)]^{N-1}dt}{(1 - F(\theta_i))^{N-1}}\right] - \mu B^F \quad (10)$$

命题7：（i）当腐败发生的概率满足 $\gamma \leqslant \dfrac{NF^{N-2}(\theta_i)}{1 + NF^{N-2}(\theta_i)}$ 时，类型越高的投标者愿意支付的贿赂越低。（ii）当腐败发生的概率满足 $\gamma \leqslant \dfrac{NF^{N-2}(\theta_i)}{1 + NF^{N-2}(\theta_i)}$，且 $F(\theta_i) \leqslant \dfrac{e^{-1/N}}{1 + e^{-1/N}}$ 时，随着投标者之间竞争程度的加强，参与腐败的投标者提供给招标者的贿赂会相应提高。

证明：见附录。

命题 7 之所以要对腐败发生的概率进行一定的限制，这一方面表明本文研究的是有限腐败问题，另一方面也表明了腐败的发生只有在一定的可控的有限范围内，竞标者和招标者虽然会考虑到外部监督力量的存在，他们依然会认为进行串谋在某种程度上是安全可靠的。如果腐败发生的概率足够大，他们的串谋被侦测出来并被查处的可能性将会很大，一旦查处将面临严厉的惩罚，此时的串谋将会面临较大的风险。

命题 7 的（i）也许意味着类型越低的投标者如果不参与腐败其赢标的概率比较小，但是考虑到存在与招标者进行串谋共同从事腐败的可能性，他更愿意通过参与串谋来确保自己的赢标机会，参与腐败的动机很强烈，从而愿意支付的贿赂金额相对要高；而类型较高的投标者由于其赢标的可能性相对要高，从而即使不向招标者行贿，赢得拍卖的机会也比较大，这样其参与腐败的动机就不是很强烈，从而愿意支付的贿赂金额就相对较小。如果我们作出这样的理解，那么实际上就意味着没有效率的投标者通过贿赂来赢得拍卖，这将会导致资源配置的扭曲，因为低效的竞标方与招标者之间的串谋将会使得本来可以赢标的高效率的投标者失去赢标的机会，这样一来，赢标的投标者之所以能赢标并不是因为他是高效的而是因为他支付的贿赂较高。其实在相关的一些文献中，有关腐败与资源配置效率的关系也并不是绝对的。Leff（1964）和 Huntington（1968）认为腐败有利于私人投资者避开政府蹩脚的政策和低效的管制，它是对政府失灵的理性反应，能够提高资源的配置效率。他们的这一思想可以被称之为"有效腐败论"，其在"排队模型"（Lui，1985）和"拍卖模型"（Beck and Maher，1986）中被进一步形式化了。Lui（1985）在"排队模型中"认为，时间的价值因不同的人具有不同的收入水平和机会成本，而在个体间存在差异，具有更高时间价值的个体将会通过向官员行贿的方式插队以最小化其时间成本，因此，腐败通过节约具有最高时间价值排队者的时间而提高了效率。Beck 和 Maher（1986）在"拍卖模型"中指出，最有效率的投标者能提供最高的贿赂金额，因而，腐败通过将工程拍卖给最有效率的公司提高了资源配置效率。与命题 5 的结论类似的是 Bardhan（1997）和 Tanzi（1998）作出的研究。他们认为，由于信息不对称，行贿者与受贿者双方可能难以在贿赂金额上达成一致，此时的博弈均衡也许是支付最高贿赂金额的并不必然是最有效率的公司或个人，而只是因为其最擅长于行贿。

命题 7 的（i）还表明相对低效的投标者一旦参与腐败会支付较高的贿赂，这样他在事前（也即招投标之前）投资用于降低成本提高效率的激励将会不足，这样贿赂就产生了挤出效应。这与 Murphy 等（1993）的观点如出一辙：行贿行为相比于生产性投资收益率的相对上升还将导致前者对后者的挤出效应。Lui 在后来的一篇文献中也指出，腐败只有在特定的环境下才能改善资源的配置效率，而在大多数情况下，腐败租金的存在将激励个人更多地脱离生产性活动而从事腐败活动从而抑制经济增长。Shleifer 和 Vishny 则在另一篇文献中详细地讨论了腐败导致高昂经济成本的两个主要原因：一是弱势的中央政府无力阻止其各类代理机构向私人部门索取"单独贿赂"（independent bribes），这将增加私人部门的行贿负担，降低私人部门的投资激励；二是腐败行为的保密需要将会扭曲一国的投资结构。

命题 7 的（ii）表明相对低效的投标者之间竞争程度的加强将会提高均衡腐败时的均衡贿赂水平。也就是说低效竞标方之间的竞争不利于遏制腐败的发生。招标者可以在投标者满足功能要求的前提下，适当提高一些指标，如业绩等，引入具有较强竞争力的其他供应商而排除一些低效的竞标方，从而保证竞争的有序和有效。Celentani 和 Ganuza（2002）声称腐败与竞争之间的关系是模棱两可的：更多的竞争可能导致更高或更低程度的腐败。潜在投标者之间竞争程度的加剧对于腐败的净效应是不确定的，而只有在特定的函数形式下才可能会增加腐败；当采购招标者之间的竞争加剧，而且这种加剧的竞争意味着采购招标者在核实所提交的质量水平时显得更加有效率时，在最优机制下增加腐败是有利可图的，此时竞争的加剧显然会导致腐败增加。但是过度的竞争也会造成社会资源的极大浪费，因为如果每个投标者都要支付投标费用，包括正常投标费用和隐性开支，然而中标的企业只有一家，一旦所有投标者的开支之和大于投资效益，则提高了社会总成本，造成社会资源的浪费。而且投标者越多，所提供的质量差异越大，评标工作负担也越重。

由于在本文的模型中我们假设招标者在串谋中具有强势地位，因此招标者一旦和某个竞标方进行串谋，腐败发生的概率实际上主要取决于招标者从自身利益出发是否愿意参与腐败。接下来通过考察招标者的期望收益，来分析腐败发生的概率及其影响因素。一旦腐败发生且如果腐败行为被侦测出来，招标者的收益为 $\pi_1^A = b^*(\theta_i) - \beta - B^A$，如果腐败行为没有被侦测出来时，招标者获得的收益为 $\pi_2^A = b^*(\theta_i) - \beta$；如果招标者是诚实的也就是说没有腐败行为的发生时，他所获得的收益为 $\pi_3^A = 0$。为了便于直观的分析，招标者的决策树由下面的图 3 来表示：

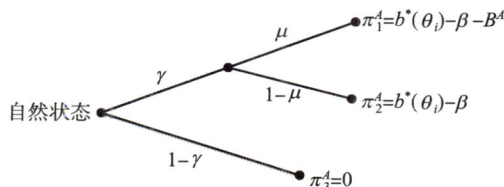

图 3 招标者的决策树

现在考虑招标者的期望收益：

$$E\pi^A = \gamma \left[\mu\pi_1^A + (1-\mu)\pi_2^A \right]$$

$$= \gamma \left[b^*(\theta_i) - \beta - \mu B^A \right]$$

从上式可以看出，招标者串谋参与腐败的诱因取决于其串谋不被发现的期望收益 $b^*(\theta)$ 和串谋被发现的期望成本 μB^A。在其他条件一定的情况下，其串谋的动机与查处后所面临的惩罚成反方向变动，如果招标者串谋被查处后的收益变化不大或者没有大的变化，即处罚力度不够，招标者串谋被查处的预期成本就很小，这将极大地刺激招标者进行串谋的要求。招标者参与串谋的机会成本与被查处的主观概率成正比。由于被查处的主观概率由客观概率决定，而招标串谋被查处的客观概率由招标监督的有效性来决定，监督机制越有效，客观概率越大，则招标者参与串谋的诱因就会越小。同时，投标者的贿赂对于招标者的串谋动机有很大的影响，很显然贿赂越大招标者串谋的动机就越大，且贿赂必须大于招标者串谋被发现时的期望收益损失[①]。

现在我们在上面这些分析的基础上，来进一步分析当评分规则为 $\tilde{S} = V(Q) - p - \Delta(Q)$ 时，招标者决定参与腐败的概率。要作到这一点，我们需要考虑招标者参与腐败需要支出的沉没成本 $\beta \in [0, \bar{\beta}]$，沉没成本只有在某一合理的范围内，招标者参与腐败才是有利可图的。最低程度的沉没成本应该满足这样的条件：招标者选择诚实和选择腐败是无差异的。考虑沉没成本的存在则招标者选择腐败的净收益为 $[b^*(\theta_i) - \beta - \mu B^A]$，由于招标者选择诚实的期望收益被标准化为零，则要使得招标者参与腐败且使得均衡贿赂 $b^*(\theta_i)$ 得以实现，一个必要条件就是招标者参与腐败的净收益要不小于不参与腐败时的净收益，即

$$b^*(\theta_i) - \beta - \mu B^A \geq 0$$

则招标者一旦决定参与腐败其所能承受的最大沉没成本应该满足 $\beta^* = b^*(\theta_i) - \mu B^A$，从而我们得到以下命题：

命题 8：促使招标者参与腐败的其所能承受的最大沉没成本为 $\beta^* = b^*(\theta_i) - \mu B^A$，招标者选择参与腐败的概率为 $\gamma = \begin{cases} \beta^*/\bar{\beta}, & \beta^* < \bar{\beta} \\ 1, & \beta^* \geq \bar{\beta} \end{cases}$。

① 这启示我们在实际的招投标过程中要想防止串谋的发生，必须使招标者和招标监督人在实际上和形式上都要保持独立，增加他们串谋的交易成本，使两者不能轻易就达成串谋的腐败协议共同侵蚀政府和纳税人的经济利益。

结合前面的命题 7 可知在一定条件下，类型越低的投标者愿意支付的贿赂越高，随着相对低效的投标者之间竞争程度的加强，参与腐败的投标者提供给招标者的贿赂也会相应提高。又由于 $\mathrm{d}\beta^*/\mathrm{d}\theta = E_\theta(\mathrm{d}\pi_A/\mathrm{d}\theta) = E_\theta(\partial b^*/\partial\theta)$，则可知：（1）类型越低的投标者愿意支付的贿赂越高，会导致招标者一旦和低效的投标者结成腐败同盟其获得的期望收益也就越大，从而其决定参与腐败的概率也就越大；（2）相对低效投标者之间竞争程度的加强，参与腐败的投标者提供给招标者的贿赂会相应提高，这会增加招标者和腐败投标者结成腐败同盟所带来的收益，从而也会提高招标者决定参与腐败的概率。这样我们就得到下面的推论：

推论 3：类型越低的投标者和招标者之间的串谋，会提高招标者参与腐败的概率；相对低效的投标者之间竞争程度的增强，也会提高招标者参与腐败的概率。

六、总结以及进一步研究展望

招标投标制度作为工程承包发包的主要形式在国际国内的工程项目建设中已广泛实施。我国从 20 世纪 80 年代初期开始实行工程建设招标制度，是建筑业管理体制和经营方式的一项重大改革，是运用市场竞争机制，树立公平、公开、公正的实施原则，由发包单位择优选定设计单位、施工单位、材料设备供应单位的工程发包方式。实践证明，招标投标制度是比较成熟而且科学合理的工程承包发包方式，也是保证建设工程质量标准，加快工程建设进度，取得理想经济效益的最佳办法。但是，由于建筑市场发育尚不规范，管理体制的束缚以及经验不足等原因，建筑工程招标投标在具体操作中还存在不少问题。本文主要分析工程招标投标中存在的不正当竞争行为之一，即招标者和投标者达成纵向串谋而导致的有限腐败问题。

为了进行比较静态分析，本文首先求解了在不存在腐败情况下的最优机制，并分析了该最优机制的实施。通过引入广义质量的生产函数，这样除了价格以外任意多维的关于质量的信息都可以转化为一个一维的综合性质量指标。这一假设是符合实际的，因为在实际的招投标或者政府采购中，招标者在招标公告中一般都要求潜在的投标者提交能证明其质量的各种信息，包括企业的财务状况、资质等级、以往业绩、质量管理体系等。这样在竞标之前，招标者就可以对潜在的投标者进行全面的资格审查，利用广义质量生产函数对这些关于质量的各种信息进行汇总并进行综合评价，可以得到每个潜在投标者的综合性质量指标。投标者所有关于质量的信息都可以在其对应的综合性质量指标中得到体现，这样就将多维的质量信息转化为一维，从而大大简化了对问题的分析。在实际操作过程中，广义质量的生产函数可以是对于各个质量分量的加权平均，或者是其他的评价函数形式，这取决于招标者的偏好。在基准模型所求解的最优机制中，虽然与现有文献结论类似，但其中的关键区别在于：基于本文模型的基本设定，在最优机制中赢标企业所提供的质量水平不仅与自身的私有信息有关，而且与所有其他投标者的私有信息有关；同时招标者向赢标企业支付的转移价格也与所有投标者的私有信息有关。这就隐含了一种腐败存在的可能性，即其中几个投标者联合起来，形成一个利益集团进行串谋，联合压低出标价格，从而获得腐败租金的可能性；还有可能是投标者和招标者（主持招标的企业）串谋，联合压榨委托人（采购方）利益。也就是说在多维信息招投标或采购拍卖中，存在腐败的可能性，这正是本文第四和第五部分所要研究的问题。本文研究的另外一个重要结论就是，只要买方遵循某一合适的评分规则，三阶段的第一分值和第二分值拍卖可以有效地实施最优机制。

接下来通过在基准模型中引入有限腐败问题，具体分析了存在腐败条件下最优机制及其实施，求解了均衡贿赂水平，并考察了投标者的类型对均衡贿赂的影响，投标者之间竞争程度的加强与腐败之间的关系，以及招标者在决定是否参与腐败时的影响因素。研究表明即使存在腐败，最优机制也是存在的，只是此时最优的质量和价格都比基准模型的最优机制下的均衡质量和价格要低。在对评分规则进行合适的变化之后，即最优机制得以实施的评分规则应该给予质量以较小的权重时，三阶段的第一分值拍卖和第二分值拍卖同样可以实施存在腐败情况下的最优机制；在满足一定的假设条件下，在腐败均衡时类型越低的投标者愿意支付的贿赂越高；随着相对低效投标者之间竞争程度的加强，参与腐败的投标者提供给招标者的贿赂会相应提高。这可能意味着在本文的模型假设下，有限腐败的存在在某种程度上会导致资源配置的扭曲，低效率的投标者更有激励参与腐败从而确保他能赢标。这样赢标者之所以能够赢标并不代表其本身就是高效的，而可能是因为他能够提供给招标者更高的贿赂；此外，相对低效投标者之间竞争程度的加强也会扩大招标者参与腐败的空间，这表明此时的竞争是无序且无效率的。

本文只考虑了招标者和投标者之间的纵向串谋而带来的有限腐败问题，进一步的研究可以考虑投标者之间的横向串谋对拍卖结果、竞标策略的影响。在招投标中无论是横向串谋还是纵向串谋，其本质都是以不正当手段排挤、限制竞争，危害其他经营者合法利益的不正当竞争行为，属于反垄断法上的限制竞争性行为。这种行为严重破坏了招投标领域的竞争秩序，损害了其他竞争者的利益，会导致资源配置的扭曲，因此从政府的角度如何进行合理有效的规制是一个十分重要的课题。由于串谋行为总是在非公开的情况下进行的，许多违法违规的步骤都是暗中操作的，只有参与串谋的当事人知情，行为的隐蔽性较强，这给规制带来了难度。可喜的是我们实际上可以沿用 Laffont 和 Tirole（1993）所开创的新规制经济学的基本思路，将激励问题引入到规制问题的分析中来，将规制问题当作一个最优机制设计问题。也就是说通过借助机制设计理论的研究成果，在充分考虑规制者和受规制者信息结构、约束条件和可行工具的前提下，设计出一种能有效防范招投标中串谋的可行机制，或者即使发生串谋也能够使得损失最小的机制，这也是本文进一步研究的方向之一。

附录

1. 命题 1 的证明：

招标者的期望收益为

$$
\begin{aligned}
ER &= \sum_{i=1}^{N} \int_{\underline{\theta}}^{\bar{\theta}} \left[V(Q_i(\theta)) - p_i(\theta_i) \right] \cdot \sigma_i(\theta_i) \cdot f(\theta_i) \mathrm{d}\theta_i \\
&= \sum_{i=1}^{N} \int_{\underline{\theta}}^{\bar{\theta}} \left[V(Q_i(\theta)) - c_i(Q_i(\theta), \theta_i) \right] \sigma_i(\theta_i) f(\theta_i) \mathrm{d}\theta_i - \sum_{i=1}^{N} \int_{\underline{\theta}}^{\bar{\theta}} \pi_i(\theta_i) f(\theta_i) \mathrm{d}\theta_i \\
&= \sum_{i=1}^{N} \int_{\underline{\theta}}^{\bar{\theta}} \left[V(Q_i(\theta)) - c_i(Q_i(\theta), \theta_i) \right] \sigma_i(\theta_i) f(\theta_i) \mathrm{d}\theta_i \\
&\quad + \left[\left. \sum_{i=1}^{N} \pi_i(\theta_i)(1 - F(\theta_i)) \right|_{\underline{\theta}}^{\bar{\theta}} - \sum_{i=1}^{N} \int_{\underline{\theta}}^{\bar{\theta}} (1 - F(\theta_i)) \frac{\mathrm{d}\pi_i}{\mathrm{d}\theta_i} \mathrm{d}\theta_i \right] \\
&= \sum_{i=1}^{N} \int_{\underline{\theta}}^{\bar{\theta}} \left[V(Q_i(\theta)) - c_i(Q_i(\theta), \theta_i) \right] \sigma_i(\theta_i) f(\theta_i) \mathrm{d}\theta_i \\
&\quad - \sum_{i=1}^{N} \pi_i(\underline{\theta}) + \sum_{i=1}^{N} \int_{\underline{\theta}}^{\bar{\theta}} (1 - F(\theta_i)) c_{\theta_i} \sigma_i(\theta_i) \mathrm{d}\theta_i \\
&= \sum_{i=1}^{N} \int_{\underline{\theta}}^{\bar{\theta}} \left[V(Q_i(\theta)) - c_i(Q_i(\theta), \theta_i) + \frac{1 - F(\theta_i)}{f(\theta_i)} c_{\theta_i}(Q_i(\theta), \theta_i) \right] \sigma_i(\theta_i) f(\theta_i) \mathrm{d}\theta_i - \sum_{i=1}^{N} \pi_i(\underline{\theta})
\end{aligned}
$$

根据假设 $c_{\theta_i} < 0$，由（3）可知在最优时 $\mathrm{d}\pi_i / \mathrm{d}\theta_i > 0$，为了满足个人理性原则必有 $\sum_{i=1}^{N} \pi_i(\underline{\theta}) = 0$，同时将（1）式代入上式可得到

$$
\begin{aligned}
ER &= \int_{\underline{\theta}}^{\bar{\theta}} \cdots \int_{\underline{\theta}}^{\bar{\theta}} \left\{ \sum_{i=1}^{N} \left[V(Q_i(\theta)) - c_i(Q_i(\theta), \theta_i) + \frac{1 - F(\theta_i)}{f(\theta_i)} c_{\theta_i}(Q_i(\theta), \theta_i) \right] \right\} \\
&\quad \sigma_i(\theta_{-i}, \theta_i) \prod_{i=1}^{N} f(\theta_i) \mathrm{d}\theta_1 \cdots \mathrm{d}\theta_N
\end{aligned}
\tag{A1}
$$

根据模型假设易知 $V(Q_i(\theta)) - c_i(Q_i(\theta), \theta_i)$ 为 θ_i 的增函数，同时有

$$
\mathrm{d}\left(\frac{1 - F(\theta_i)}{f(\theta_i)} c_{\theta_i}(Q_i(\theta), \theta_i) \right) \Big/ \mathrm{d}\theta_i = \frac{\partial \left(\frac{1 - F(\theta_i)}{f(\theta_i)} \right)}{\partial \theta_i} \cdot c_{\theta_i} + \frac{1 - F(\theta_i)}{f(\theta_i)} \cdot c_{\theta\theta_i} > 0
$$

因此 $[V(Q_i(\theta)) - c_i(Q_i(\theta), \theta_i) + \dfrac{1 - F(\theta_i)}{f(\theta_i)}c_{\theta_i}(Q_i(\theta), \theta_i)]$ 为 θ_i 的增函数，要使得

（A1）式最大，则 $\sigma_i(\theta_{-i}, \theta_i) = 1$ 当且仅当 $\theta_i = \max_{j \in N}\theta_j$，而且最优凸质量水平满足：

$$Q_i^*(\theta_i, \theta_{-i}) = \arg\max\left[V(Q_i(\theta)) - c_i(Q_i(\theta), \theta_i) + \frac{1 - F(\theta)}{f(\theta_i)}c_{\theta_i}(Q_i(\theta), \theta_i)\right]$$

现在来求解均衡时招标者向赢标企业的转移支付价格。对（3）式进行积分得到：

$$U_i(\theta_i) = U_i(\underline{\theta}) - \int_{\underline{\theta}}^{\theta_i} E_{\theta_{-i}}[\sigma_i(\tilde{\theta}_i, \theta_{-i})c_{\theta_i}(Q_i(\tilde{\theta}_i, \theta_{-i}), \tilde{\theta}_i)]\mathrm{d}\tilde{\theta}_i \tag{A2}$$

根据对成本函数的假设 $c_{\theta_i} < 0$，由（3）式可以看出 $\mathrm{d}U_i/\mathrm{d}\theta_i > 0$，即委托人的效用函数 $U_i(\cdot)$ 为递增的，则在最优时必有 $U_i(\underline{\theta}) = 0$。令 $\theta_i = \underline{\theta}$，代入（A2）式并两边取期望可得：

$$E_{\theta_i}[U_i(\theta_i)] = \int_{\underline{\theta}}^{\bar{\theta}}\left[-\int_{\underline{\theta}}^{\theta_i} E_{\theta_{-i}}[\sigma_i(\tilde{\theta}_i, \theta_{-i})c_{\theta_i}(Q_i(\tilde{\theta}_i, \theta_{-i}), \tilde{\theta}_i)]\mathrm{d}\tilde{\theta}_i\right]f(\theta_i)\mathrm{d}\theta_i$$

$$= \int_{\underline{\theta}}^{\bar{\theta}}\left[\int_{\underline{\theta}}^{\theta_i} E_{\theta_{-i}}[\sigma_i(\tilde{\theta}_i, \theta_{-i})c_{\theta_i}(Q_i(\tilde{\theta}_i, \theta_{-i}), \tilde{\theta}_i)]\mathrm{d}\tilde{\theta}_i\right]\mathrm{d}(1 - F(\theta_i))$$

对上式进行分部积分可得到：

$$E_{\theta_i}[U_i(\theta_i)] = \left[\int_{\underline{\theta}}^{\theta_i} E_{\theta_{-i}}[\sigma_i(\tilde{\theta}_i, \theta_{-i})c_{\theta_i}(Q_i(\tilde{\theta}_i, \theta_{-i}), \tilde{\theta}_i)]\mathrm{d}\tilde{\theta}_i\right](1 - F(\theta_i))\Big|_{\underline{\theta}}^{\bar{\theta}}$$

$$- \int_{\underline{\theta}}^{\bar{\theta}}(1 - F(\theta_i))E_{\theta_{-i}}[\sigma_i(\theta_i, \theta_{-i})c_{\theta_i}(Q_i(\theta_i, \theta_{-i}), \theta_i)]\mathrm{d}\theta_i$$

$$= -\int_{\underline{\theta}}^{\bar{\theta}}(1 - F(\theta_i))E_{\theta_{-i}}[\sigma_i(\theta_i, \theta_{-i})c_{\theta_i}(Q_i(\theta_i, \theta_{-i}), \theta_i)]\mathrm{d}\theta_i$$

$$= -\int_{\underline{\theta}}^{\bar{\theta}}\frac{(1 - F(\theta_i))}{f(\theta_i)}E_{\theta_{-i}}[\sigma_i(\theta_i, \theta_{-i})c_{\theta_i}(Q_i(\theta_i, \theta_{-i}), \theta_i)]f(\theta_i)\mathrm{d}\theta_i$$

$$= -E_\theta\left\{\frac{1 - F(\theta_i)}{f(\theta_i)}[\sigma_i(\theta_i, \theta_{-i})c_{\theta_i}(Q_i(\theta_i, \theta_{-i}), \theta_i)]\right\} \tag{A3}$$

对（2）式两边同时取关于 θ_i 的期望得到：

$$E_{\theta_i}[U_i(\theta_i)] = E_\theta[p_i(\theta_i, \theta_{-i}) - \sigma_i(\theta_i, \theta_{-i})c_i(Q_i(\theta_i, \theta_{-i}), \theta_i)]$$

两边加总求和得到：

$$\sum_{i=1}^{N} E_{\theta_i}[U_i(\theta_i)] = E_\theta\left[\sum_{i=1}^{N}p_i(\theta_i, \theta_{-i}) - \sum_{i=1}^{N}\sigma_i(\theta_i, \theta_{-i})c_i(Q_i(\theta_i, \theta_{-i}), \theta_i)\right]$$

$$E_\theta\left[\sum_{i=1}^{N}p_i(\theta_i, \theta_{-i})\right] = E_\theta\left[\sum_{i=1}^{N}\sigma_i(\theta_i, \theta_{-i})c_i(Q_i(\theta_i, \theta_{-i}), \theta_i)\right] + \sum_{i=1}^{N}E_{\theta_i}[U_i(\theta_i)]$$

再由（A3）式可知：

$$E_\theta \left(\sum_{i=1}^{N} p_i(\theta) \right) = E_\theta \left(\sum_{i=1}^{N} \sigma_i(\theta) c_i(Q_i(\theta), \theta_i) \right) - \sum_{i=1}^{N} E_\theta \left\{ \frac{1-F(\theta_i)}{f(\theta_i)} [\sigma_i(\theta) c_{\theta_i}(Q_i(\theta), \theta_i)] \right\}$$

$$= E_\theta \left(\sum_{i=1}^{N} \sigma_i(\theta) c_i(Q_i(\theta), \theta_i) \right) - E_\theta \sum_{i=1}^{N} \left\{ \frac{1-F(\theta_i)}{f(\theta_i)} [\sigma_i(\theta) c_{\theta_i}(Q_i(\theta), \theta_i)] \right\}$$

由于在均衡时 $Q_i(\theta) = Q_i^*(\theta)$，$\theta_i = \max_{j \in N} \theta_j$，$\sigma_i(\theta) = 1$，则由上式可知均衡转移支付为：

$$p_i^*(\theta) = c_i(Q^*(\theta), \theta_i) - \frac{1-F(\theta_i)}{f(\theta_i)} [c_{\theta_i}(Q_i^*(\theta), \theta_i)]$$

证毕

2. 推论 1 证明：

在完全信息条件下，从社会最尤的角度来看，有效率的最优（the first best）质量水平 $Q_i^e(\theta)$ 应该满足 $\partial W^P / \partial Q_i^e = 0$，即

$$V_{Q_i}(Q_i^e(\theta), \theta_i) - c_{Q_i}(Q_i^e(\theta), \theta_i) = 0 \tag{A4}$$

而在不完全信息下，从社会蓣优的角度来看，由命题 1 可知最优机制下次优的质量水平 $Q_i^*(\theta)$ 应该满足 $\partial W^I / \partial Q_i^* = 0$，即

$$V_{Q_i}(Q_i^*(\theta), \theta_i) - c_{Q_i}(Q_i^*(\theta), \theta_i) + \frac{1-F(\theta_i)}{f(\theta_i)} c_{\theta_i Q_i}(Q_i^*(\theta), \theta_i) = 0 \tag{A5}$$

根据对成本函数的假设 $c_{\theta_i Q_i} < 0$，比较（A4）式和（A5）式得到

$$V_{Q_i}(Q_i^*(\theta), \theta_i) - c_{Q_i}(Q_i^*(\theta), \theta_i) = -\frac{1-F(\theta_i)}{f(\theta_i)} c_{\theta_i Q_i}(Q_i^*(\theta), \theta_i) > 0$$

$$= V_{Q_i}(Q_i^e(\theta), \theta_i) - c_{Q_i}(Q_i^e(\theta), \theta_i) \tag{A6}$$

根据前面的假设 $V_{QQ} < 0$ 和 $c_{Q^2} > 0$，可知 $(V_Q - c_Q)$ 是 Q 的减函数，再由（A6）式可知 $Q_i^*(\theta) < Q_i^e(\theta)$。

3. 命题 2 证明：

要想证明第一分值拍卖和第二分值拍卖都可以实施最优机制，实际上我们只需要证明在给定的评分规则下，第一分值拍卖和第二分值拍卖都可以获得命题 1 中得到的均衡结果即可。从引理 1 得到对于最优质量的一阶条件：

$$V'(Q) - c_Q(Q, \varepsilon) + \frac{1-F(Q^{*-1}(Q))}{f(Q^{*-1}(Q))} c_{\theta Q}(Q, Q^{*-1}(Q)) = 0 \tag{A7}$$

由命题 1 可知要使（A7）式成立，当且仅当 $Q = Q^*$，因此一阶条件得到满足。现在来验证二阶条件是否成立。设 $t(\theta) = -\frac{1-F(Q^{*-1}(Q))}{f(Q^{*-1}(Q))} c_{\theta Q}(Q, Q^{*-1}(Q))$，则由（A7）式可得：

$$t(\theta) = V'(Q) - c_Q(Q, \theta)$$

$$\mathrm{d}t/\mathrm{d}\theta = V''(Q) \cdot Q^{*\prime} - c_{QQ}(Q, \theta) \cdot Q^{*\prime} - c_{\theta Q}(Q, \theta) \tag{A8}$$

二阶条件为：

$$\frac{\partial^2}{\partial Q^2}[V(Q) - \Delta(Q) - c(Q, \theta)] = V''(Q) - c_{QQ}(Q, \theta) + \frac{1-F}{f}c_{\theta QQ} - \frac{\mathrm{d}t/\mathrm{d}\theta}{Q^{*\prime}} \tag{A9}$$

将（A8）式代入（A9）式中，得到

$$\frac{\partial^2}{\partial Q^2}[V(Q) - \Delta(Q) - c(Q, \theta)] = \frac{1-F}{f}c_{\theta QQ} + \frac{c_{\theta Q}}{Q^{*\prime}} \tag{A10}$$

在最优时给定成本，类型越高则投标者愿意供给的质量水平越高，即 $Q^{*\prime} > 0$。再由前面对成本函数的假设 $c_{\theta QQ} < 0$ 和 $c_{\theta Q} < 0$ 可知，（A10）式为负，从而最优质量的二阶条件得到满足。一旦最优质量 Q^* 满足最优机制的要求，再根据命题1可知，此时所得到的最优转移支付价格 p^* 也必定满足最优机制的要求。

4. 命题3证明：

设 $S_0(\theta) = \max[V(Q) - \Delta(Q) - c(Q, \theta)]$，运用包络定理可知 $S_0(\cdot)$ 为严格增函数，从而其反函数存在。借用 Che 的分析思路，考虑如下的变量替换：

$$v \equiv S_0(\theta) = V(Q^{S*}) - \Delta(Q^{S*}) - c(Q^{S*}, \theta)$$

$$H(v) \equiv 1 - F(S_0^{-1}(v))$$

$$b(v) \equiv S(Q^{S*}, p) = V(Q^{S*}) - p - \Delta(Q^{S*})$$

其中 $b(\cdot)$ 为对称的均衡报价策略，且为递增函数。很容易看出

$$p^{S*}(\theta) = v - b + c(Q^{S*}, \theta) \tag{A11}$$

这样问题就可以转化为标准拍卖中的问题进行求解：每个投标者对于标的物真实的最大估价为 v，v 为私有信息，但 v 的分布函数是共同知识；每个投标者提交广义质量价格的组合，以使得自己的综合评分与赢得拍卖所要求的综合评分相匹配。这样在第一分值拍卖中每个投标者的目标函数可以表示为：

$$E\pi = [p - c(Q^{S*}, \theta)] \cdot \mathrm{Prob}\{\mathrm{win}|S(Q^{S*}, p)\}$$

$$= (v - b)[H(b^{-1}(b))]^{N-1}$$

很容易求得均衡的报价为 $b(v) = v - \dfrac{\int_0^v H^{N-1}(x)\,\mathrm{d}x}{H^{N-1}(v)}$，代入（A11）式可以得到

$$p^{S*}(\theta) = c(Q^{S*}, \theta) + \frac{\int_0^v H^{N-1}(x)\,\mathrm{d}x}{H^{N-1}(v)} \tag{A12}$$

现在再将（A12）式中的相关变量再替换回去问题即可得到求解，具体而言需要进行以下三点变换：

（1）$H(v) = 1 - F(S_0^{-1}(v)) = 1 - F(\theta)$；设 $S_0^{-1}(x) = t$，则 $x = S_0(t)$，从而

$$H(x) = 1 - F(S_0^{-1}(x)) = 1 - F(t)。$$

（2）运用包络定理可得 $\mathrm{d}x = \mathrm{d}(S_0(t)) = \dfrac{-\partial c(Q^{s^*}, t)}{\partial t}\mathrm{d}t。$

（3）进行积分域的变换：$x = S_0(t) = 0 \Rightarrow t = \underline{\theta}$，$x = S_0(t) = v \Rightarrow t = S_0^{-1}(v) = \theta。$

将这些变换都代入到（A11）式中，可以得到对称均衡时，在第一分值拍卖中，投标者的均衡出标价格为：$p^{s^*}(\theta) = c(Q^{s^*}, \theta) - \dfrac{\int_{\underline{\theta}}^{\theta} c_\theta(Q^{s^*}(t), t)[1 - F(t)]^{N-1}\mathrm{d}t}{[1 - F(\theta)]^{N-1}}$。根据标准的拍卖理论，在第二价格拍卖中，真实地报告自己的估值是占优策略，从而有 $b(v) = v$，代入式（A12）中，可以得到对称均衡时，第二分值拍卖中，投标者的均衡出标价格为 $p^{s^*}(\theta) = c(Q^{s^*}, \theta)$。

同时，由于两种拍卖中的最优质量都由引理1给出，从而命题得证。

5. 命题4证明：

根据显示原理，不失一般性，我们实际上只需要关注直接显示机制。设 $Q(\theta)$，$p(\theta)$，$\sigma(\theta)$ 分别表示质量水平、转移支付价格和赢标概率。设真实类型为 θ_i 的投标者参与腐败后

$$\vartheta_i(\theta'_i; \theta_i) = E_{\theta_{-i}}[p_i(\theta'_i, \theta_{-i}) - \sigma_i(\theta'_i, \theta_{-i})c(Q_i(\theta'_i, \theta_{-i}), \theta_i)]$$

$$U_i(\theta_i) = \vartheta_i(\theta_i; \theta_i) = E_{\vartheta_{-i}}[p_i(\theta_i, \theta_{-i}) - \sigma_i(\theta_i, \theta_{-i})c(Q_i(\theta_i, \theta_{-i}), \theta_i)] \tag{A13}$$

则在有限腐败下的最优机制需要解决以下满足个人理性、激励相容约束和概率条件下的最优化问题：

$$\max_{Q(\theta), p(\theta), \sigma(\theta)} (1-\gamma)E_\theta\left[\sum_{i=1}^{N} \sigma_i(\theta)V(Q_i(\theta)) - \sum_{i=1}^{N} p_i(\theta)\right] + \gamma(V(Q_C) - p_C)$$

$s.t.$ $\qquad \vartheta_i(\theta_i; \theta_i) \geqslant 0, \quad \forall \theta_i \in [\underline{\theta}, \bar{\theta}], \quad \forall i \in N$

$\qquad \vartheta_i(\theta_i; \theta_i) \geqslant \vartheta_i(\theta'_i; \theta_i), \quad \forall \theta_i, \theta'_i \in [\underline{\theta}, \bar{\theta}], \quad \forall i \in N$

$\qquad \sigma_i(\theta) \geqslant 0 \text{ 且 } \sum_{i=1}^{N} \sigma_i(\theta) \leqslant 1, \quad \forall \theta \in [\underline{\theta}, \bar{\theta}], \quad \forall i \in N$

对（A13）式使用包络定理得到：

$$\frac{\mathrm{d}U_i}{\mathrm{d}\theta_i} = -E_{\theta_{-}}[\sigma_i(\theta_i, \theta_{-i})c_\theta(Q_i(\theta_i, \theta_{-i}), \theta_i)] \tag{A14}$$

对上式进行积分得到：

$$U_i(\theta_i) = U_i(\underline{\theta}) - \int_{\underline{\theta}}^{\theta_i} E_{\theta_{-i}}[\sigma_i(\tilde{\theta}_i, \theta_{-i})c_{\theta_i}(Q_i(\tilde{\theta}_i, \theta_{-i}), \tilde{\theta}_i)]d\tilde{\theta}_i \tag{A15}$$

根据对成本函数的假设 $c_{\theta_i}<0$，由（A13）式可以看出 $dU_i/d\theta_i>0$，即委托人的效用函数 $U_i(\cdot)$ 为递增的，则在最优时必有 $U_i(\underline{\theta})=0$。令 $\theta_i=\underline{\theta}$，代入（A15）式并两边取期望可得：

$$E_{\theta_i}[U_i(\theta_i)] = \int_{\underline{\theta}}^{\bar{\theta}}\left[-\int_{\underline{\theta}}^{\theta_i}E_{\theta_{-i}}[\sigma_i(\tilde{\theta}_i, \theta_{-i})c_{\theta_i}(Q_i(\tilde{\theta}_i, \theta_{-i}), \tilde{\theta}_i)]d\tilde{\theta}_i\right]f(\theta_i)d\theta_i$$

$$= \int_{\underline{\theta}}^{\bar{\theta}}\left[\int_{\underline{\theta}}^{\theta_i}E_{\theta_{-i}}[\sigma_i(\tilde{\theta}_i, \theta_{-i})c_{\theta_i}(Q_i(\tilde{\theta}_i, \theta_{-i}), \tilde{\theta}_i)]d\tilde{\theta}_i\right]d(1-F(\theta_i)) \tag{A16}$$

对上式进行分部积分可得到：

$$E_{\theta_i}[U_i(\theta_i)] = \left[\int_{\underline{\theta}}^{\theta_i}E_{\theta_{-i}}[\sigma_i(\tilde{\theta}_i, \theta_{-i})c_{\theta_i}(Q_i(\tilde{\theta}_i, \theta_{-i}), \tilde{\theta}_i)]d\tilde{\theta}_i\right](1-F(\theta_i))\bigg|_{\underline{\theta}}^{\bar{\theta}}$$

$$\quad - \int_{\underline{\theta}}^{\bar{\theta}}(1-F(\theta_i))E_{\theta_{-i}}[\sigma_i(\theta_i, \theta_{-i})c_{\theta_i}(Q_i(\theta_i, \theta_{-i}), \theta_i)]d\theta_i \tag{A17}$$

$$= -\int_{\underline{\theta}}^{\bar{\theta}}(1-F(\theta_i))E_{\theta_{-i}}[\sigma_i(\theta_i, \theta_{-i})c_{\theta_i}(Q_i(\theta_i, \theta_{-i}), \theta_i)]d\theta_i$$

$$= -\int_{\underline{\theta}}^{\bar{\theta}}\frac{(1-F(\theta_i))}{f(\theta_i)}E_{\theta_{-i}}[\sigma_i(\theta_i, \theta_{-i})c_{\theta_i}(Q_i(\theta_i, \theta_{-i}), \theta_i)]f(\theta_i)d\theta_i$$

$$= -E_{\theta}\left\{\frac{1-F(\theta_i)}{f(\theta_i)}[\sigma_i(\theta_i, \theta_{-i})c_{\theta_i}(Q_i(\theta_i, \theta_{-i}), \theta_i)]\right\} \tag{A18}$$

对（A13）式两边同时取关于 θ_i 的期望得到：

$$E_{\theta_i}[U_i(\theta_i)] = E_{\theta}[p_i(\theta_i, \theta_{-i}) - \sigma_i(\theta_i, \theta_{-i})c_i(Q_i(\theta_i, \theta_{-i}), \theta_i)] \tag{A19}$$

两边加总求和得到：

$$\sum_{i=1}^{N}E_{\theta_i}[U_i(\theta_i)] = E_{\theta}\left[\sum_{i=1}^{N}p_i(\theta_i, \theta_{-i}) - \sum_{i=1}^{N}\sigma_i(\theta_i, \theta_{-i})c_i(Q_i(\theta_i, \theta_{-i}), \theta_i)\right]$$

$$E_{\theta}\left[\sum_{i=1}^{N}p_i(\theta_i, \theta_{-i})\right] = E_{\theta}\left[\sum_{i=1}^{N}\sigma_i(\theta_i, \theta_{-i})c_i(Q_i(\theta_i, \theta_{-i}), \theta_i)\right] + \sum_{i=1}^{N}E_{\theta_i}[U_i(\theta_i)]$$

$$\tag{A20}$$

我们可以重新将委托人的目标函数表达为：

$$R = (1-\gamma)E_{\theta}\left(\sum_{i=1}^{N}\sigma_i(\theta)V(Q_i(\theta))\right) - (1-\gamma)E_{\theta}\left(\sum_{i=1}^{N}p_i(\theta)\right) + \gamma(V(Q_c)-p_c)$$

$$= E_{\theta}\left((1-\gamma)\sum_{i=1}^{N}\sigma_i(\theta)V(Q_i(\theta))\right) - E_{\theta}\left(\sum_{i=1}^{N}p_i(\theta)\right) + \gamma\left[E_{\theta}\left(\sum_{i=1}^{N}p_i(\theta)\right) - p_c\right] + \gamma V(Q_c)$$

$$= E_{\theta}\left((1-\gamma)\sum_{i=1}^{N}\sigma_i(\theta)V(Q_i(\theta)) - \sum_{i=1}^{N}p_i(\theta)\right) + \gamma V(Q_c)$$

$$= E_{\theta}\Big((1-\gamma)\sum_{i=1}^{N}\sigma_i(\theta)V(Q_i(\theta)) - \sum_{i=1}^{N}\sigma_i(\theta)c_i(Q_i(\theta_i,\ \theta_{-i}),\ \theta_i)) - \sum_{i=1}^{N}E_{\theta_i}[U_i(\theta_i)] + \gamma V(Q_C)^{\textcircled{1}}$$

$$= E_{\theta}\left\{ \begin{array}{l} (1-\gamma)\sum_{i=1}^{N}\sigma_i(\theta)V(Q_i(\theta)) - \sum_{i=1}^{N}\sigma_i(\theta)c_i(Q_i(\theta_i,\ \theta_{-i}),\ \theta_i) \\ + \sum_{i=1}^{N}\left[\dfrac{1-F(\theta_i)}{f(\theta_i)}\sigma_i(\theta)c_{\theta_i}(Q_i(\theta_i,\ \theta_{-i}),\ \theta_i)\right] \end{array} \right\} + \gamma V(Q_C)^{\textcircled{2}}$$

$$= E_{\theta}\left\{ \sum_{i=1}^{N}\left[(1-\gamma)V(Q_i(\theta)) - c_i(Q(\theta_i,\ \theta_{-i}),\ \theta_i) + \dfrac{1-F(\theta_i)}{f(\theta_i)}c_{\theta_i}(Q_i(\theta_i,\ \theta_{-i}),\ \theta_i)\right]\sigma_i(\theta)\right\} + \gamma V(Q_C)$$

激励相容约束得以满足的必要条件是（A15）式成立，个人理性得以满足要求 $U_i(\cdot)$ 为非减函数，这可以由（A14）式得到保证。因此上述最优化问题实际上可以简化为以下最优化问题：

$$\max_{Q(\theta),\ \sigma(\theta)} E_{\theta}\left\{ \sum_{i=1}^{N}\left[(1-\gamma)V(Q_i(\theta)) - c_i(Q_i(\theta_i,\ \theta_{-i}),\ \theta_i) + \dfrac{1-F(\theta_i)}{f(\theta_i)}c_{\theta_i}(Q_i(\theta_i,\ \theta_{-i}),\ \theta_i)\right]\sigma_i(\theta)\right\}$$

$$s.\,t. \qquad \sigma_i(\theta)\geqslant 0,\ \sum_{i=1}^{N}\sigma_i(\theta)\leqslant 1,\ \forall\,\theta\in[\underline{\theta},\ \bar{\theta}]$$

要使得上式取最大值，则 $\sigma_i(\theta)=1$ 当且仅当 $\theta_i=\max_{j\in N}\theta_j$，且均衡质量供给为

$$Q_i^{C*} = \arg\max\left[(1-\gamma)V(Q_i(\theta)) - c_i(Q_i(\theta),\ \theta_i) + \dfrac{1-F(\theta_i)}{f(\theta_i)}c_{\theta_i}(Q_i(\theta),\ \theta_i)\right] \qquad (A21)$$

再由（A13）式可知：

$$E_{\theta}\left(\sum_{i=1}^{N}p_i(\theta)\right) = E_{\theta}\left(\sum_{i=1}^{N}\sigma_i(\theta)c_i(Q_i(\theta),\ \theta_i)\right) + \sum_{i=1}^{N}E_{\theta_i}[U_i(\theta_i)]$$

$$= E_{\theta}\left(\sum_{i=1}^{N}\sigma_i(\theta)c_i(Q_i(\theta),\ \theta_i)\right) - \sum_{i=1}^{N}E_{\theta}\left\{\dfrac{1-F(\theta_i)}{f(\theta_i)}[\sigma_i(\theta)c_{\theta_i}(Q_i(\theta),\ \theta_i)]\right\}$$

$$= E_{\theta}\left(\sum_{i=1}^{N}\sigma_i(\theta)c_i(Q_i(\theta),\ \theta_i)\right) - E_{\theta}\sum_{i=1}^{N}\left\{\dfrac{1-F(\theta_i)}{f(\theta_i)}[\sigma_i(\theta)c_{\theta_i}(Q_i(\theta),\ \theta_i)]\right\}$$

由于在均衡时 $\theta_i=\max_{j\in N}\theta_j$，$\sigma_i(\theta)=1$，则由上式可知

$$p_i(\theta) = c_i(Q_i(\theta),\ \theta_i) - \dfrac{1-F(\theta_i)}{f(\theta_i)}[\sigma_i(\theta)c_{\theta_i}(Q_i(\theta),\ \theta_i)]$$

均衡质量供给由（A21）式给出，则由上式可以得到均衡价格为：

$$p_i^*(\theta) = c_i(Q_i^{C*}(\theta),\ \theta_i) - \dfrac{1-F(\theta_i)}{f(\theta_i)}[c_{\theta_i}(Q_i^{C*},\ \theta_i)] \qquad (A22)$$

证毕

---

① 将（A19）式代入可得。
② 将（A18）式代入可得。

6. 推论 2 证明:

由 (A21) 式可得到最大值的一阶条件为

$$(1-\gamma)V_{Q_i}(Q_i^{C*}(\theta)) - c_{Q_i}(Q_i^{C*}(\theta),\ \theta_i) + \frac{1-F(\theta_i)}{f(\theta_i)}c_{\theta_i Q_i}(Q_i^{C*}(\theta)\quad \theta_i) = 0$$

$$V_{Q_i}(Q_i^{C*}(\theta)) - c_{Q_i}(Q_i^{C*}(\theta),\ \theta_i) + \frac{1-F(\theta_i)}{f(\theta_i)}c_{\theta_i Q_i}(Q_i^{C*}(\theta),\ \theta_i) = \gamma V_{Q_i}(Q_i^{C*}(\theta)) > 0 \qquad (A23)$$

由前面的推论 1 证明中的 (A5) 式,在不存在腐败时最优机制中的最优质量 $Q_i^*(\theta)$ 满足:

$$V_{Q_i}(Q_i^*(\theta),\ \theta_i) - c_{Q_i}(Q_i^*(\theta),\ \theta_i) + \frac{1-F(\theta_i)}{f(\theta_i)}c_{\theta_i Q_i}(Q_i^*(\theta),\ \theta_i) = 0 \qquad (A5)$$

综合 (A23) 和 (A5) 得到:

$$V_{Q_i}(Q_i^{C*}(\theta)) - c_{Q_i}(Q_i^{C*}(\theta),\ \theta_i) + \frac{1-F(\theta_i)}{f(\theta_i)}c_{\theta_i Q_i}(Q_i^{C*}(\theta),\ \theta_i) >$$

$$V_{Q_i}(Q_i^*(\theta),\ \theta_i) - c_{Q_i}(Q_i^*(\theta),\ \theta_i) + \frac{1-F(\theta_i)}{f(\theta_i)}c_{\theta_i Q_i}(Q_i^*(\theta),\ \theta_i) \qquad (A24)$$

根据对模型的基本设定 $V_{QQ} < 0$, $c_{QQ} > 0$, $c_{\theta QQ} < 0$ 可知,$\left[V_{Q_i} - c_{Q_i} + \left(\frac{1-F}{f}\right)c_{\theta Q_i}\right]$ 为 Q 的减函数,从而由 (A24) 式得到:$Q_i^{C*}(\theta) < Q_i^*(\theta)$。又由于 Q_C 是在有限腐败中参与串谋的投标者必须通过的最低质量标准,因此有 $Q_i^{C*}(\theta) \geqslant Q_C$,从而有 $Q_C \leqslant Q_i^{C*}(\theta) < Q_i^*(\theta)$。

由 $c_Q > 0$ 和 $c_{\theta Q_i} < 0$ 可知 $\left[c_i - \left(\frac{1-F}{f}\right)c_{\theta_i}\right]$ 为 Q 的增函数,再根据上面的证明 $Q_i^{C*}(\theta) < Q_i^*(\theta)$,则显然有

$$p_i^*(\theta) = c_i(Q_i^{C*}(\theta),\ \theta_i) - \frac{1-F(\theta_i)}{f(\theta_i)}[c_{\theta_i}(Q_i^{C*},\ \theta_i)] < p_i^*(\theta) = c_i(Q_i^*(\theta),\ \theta_i)$$

$$- \frac{1-F(\theta_i)}{f(\theta_i)}[c_{\theta_i}(Q_i^*(\theta),\ \theta_i)]$$

证毕

7. 命题 7 证明:

(i) 前面的 (10) 式对类型的一阶倒数为:

$$\frac{\partial b^*(\theta_i)}{\partial \theta_i} = (N-1)(1-F(\theta_i))^{-N}f(\theta_i)\left[\begin{array}{l} \dfrac{N(1-\gamma)}{\gamma}F^{N-2}(\theta_i)\displaystyle\int_{\underline{\theta}}^{\theta_i}c_{\theta_i}(Q^{S*}(t),\ t)[1-F(t)]^{N-1}\mathrm{d}t \\[2ex] -\displaystyle\int_{\underline{\theta}}^{\theta_i}c_{\theta_i}(Q_C^{S*}(t),\ t)[1-F(t)]^{N-1}\mathrm{d}t \end{array}\right]$$

$$+ \frac{N(1-\gamma)}{\gamma} F^{N-1}(\theta_i) c_{\theta_i}(Q^{S*}, \theta_i) - c_{\theta_i}(Q_C, \theta_i)$$

$$= (N-1)(1-F(\theta_i))^{-N} f(\theta) \left\{ \begin{array}{l} \left[\dfrac{N(1-\gamma)}{\gamma} F^{N-2}(\theta_i) - 1 \right] \displaystyle\int_{\underline{\theta}}^{\theta_i} \underbrace{c_{\theta_i}(Q^{S*}(t), t)}_{(1)} [1-F(t)]^{N-1} \mathrm{d}t \\ + \displaystyle\int_{\underline{\theta}}^{\theta_i} \underbrace{[c_{\theta_i}(Q^{S*}(t), t) - c_{\theta_i}(Q_C^{S*}(t), t)]}_{(2)} [1-F(t)]^{N-1} \mathrm{d}t \end{array} \right\}$$

$$+ \left[\frac{N(1-\gamma)}{\gamma} F^{N-1}(\theta_i) - 1 \right] \underbrace{c_{\theta_i}(Q^{S*}, \theta_i)}_{(3)} + \underbrace{[c_{\theta_i}(Q^{S*}, \theta_i) - c_{\theta_i}(Q_C, \theta_i)]}_{(4)}$$

由于 $Q^{S*} > Q_C^{S*} > Q_C$，且成本函数满足 $c_{\theta_i} < 0$，$c_{\theta Q} < 0$，则上式右边的（1）项、（2）项、（3）项、（4）项都为负。很容易看出只要 $\dfrac{N(1-\gamma)}{\gamma} F^{N-2}(\theta_i) \geqslant 1$，即 $\gamma \leqslant \dfrac{NF^{N-2}(\theta_i)}{1+NF^{N-2}(\theta_i)}$，则 $\dfrac{N(1-\gamma)}{\gamma} F^{N-1}(\theta_i) \geqslant 1$，从而我们有 $\dfrac{\partial b^*(\theta_i)}{\partial \theta_i} < 0$。

（ii）对（10）式求 N 的一阶倒数并化简整理得到：

$$\frac{\partial b^*(\theta_i)}{\partial N} = \frac{1-\gamma}{\gamma} F^{N-1}(\theta_i) \left[1 + N \ln \frac{F(\theta_i)}{1-F(\theta_i)} \right] \cdot \left[\frac{\displaystyle\int_{\underline{\theta}}^{\theta_i} \underbrace{c_{\theta_i}(Q^{S*}(t), t)}_{(1)} [1-F(t)]^{N-1} \mathrm{d}t}{(1-F(\theta_i))^{N-1}} \right]$$

$$+ \underbrace{\ln (1-F(\theta_i))}_{(6)} \left[\frac{\displaystyle\int_{\underline{\theta}}^{\theta_i} \underbrace{c_{\theta_i}(Q_C^{S*}(t), t)}_{(5)} [1-F(t)]^{N-1} \mathrm{d}t}{(1-F(\theta_i))^{N-1}} \right]$$

$$+ \left[\frac{N(1-\gamma)}{\gamma} F^{N-1}(\theta_i) - 1 \right] \cdot \left[\frac{\displaystyle\int_{\underline{\theta}}^{\theta_i} \underbrace{c_{\theta_i}(Q^{S*}(t), t)}_{(1)} [1-F(t)]^{N-1} \underbrace{\ln(1-F(t))}_{(7)} \mathrm{d}t}{(1-F(\theta_i))^{N-1}} \right]$$

$$+ \left[\frac{\displaystyle\int_{\underline{\theta}}^{\theta_i} \underbrace{[c_{\theta_i}(Q^{S*}(t), t) - c_{\theta_i}(Q_C^{S*}(t), t)]}_{(2)} [1-F(t)]^{N-1} \underbrace{\ln(1-F(t))}_{(7)} \mathrm{d}t}{(1-F(\theta_i))^{N-1}} \right] \quad (A25)$$

由于 $c_{\theta_i} < 0$，$c_{\theta Q} < 0$，$F(\theta_i) \in [0, 1]$，$\ln(1-F(t)) < 0$，$\ln(1-F(\theta_i)) < 0$，且根据假设有 $\dfrac{N(1-\gamma)}{\gamma} F^{N-1}(\theta_i) \geqslant 1$，则上式右边的最后三项都为正。

当 $1 + N\ln \dfrac{F(\theta_i)}{1-F(\theta_i)} \leqslant 0 \Rightarrow F(\theta_i) \leqslant \dfrac{e^{-1/N}}{1+e^{-1/N}}$ 时，（A25）式右边的第一项也为正，从而有 $\dfrac{\partial b^*(\theta_i)}{\partial N} > 0$。

证毕

参考文献

［1］邓培林、张瑞明，2003，"招投标腐败行为博弈分析"，《西南交通大学学报》，第 6 期，第 691—694 页。

［2］李建章，2006，"密封拍卖与土木工程招投标中的均衡投标策略"，《重庆交通学院学报》，第 1 期，第 120—124 页。

［3］夏杰长、杨欣，2003，"政府竞争性招标采购中的寻租行为分析"，《财贸经济》，第 4 期，第 52—55 页。

［4］周蓉，2002，"政府采购招标与拍卖的博弈论模型研究"，《复旦学报》（社会科学版），第 2 期，第 92—95 页。

［5］Armstrong, M., 1996, "Multiproduct Nonlinear Pricing", *Econometrica*, 64（1）：51–75.

［6］Arozamena, L. and F. Weinschelbaum, 2004, "The Effect of Corruption on Bidding Behavior in First-Price Auctions", Discussion paper, Universidad de San Andrés.

［7］Asher, J. and Cantillon E., 2008, "Properties of Scoring Auctions", *RAND Journal of Economics*, 39（1）：69–85.

［8］Baron, D. P. and Myerson, R. B., 1982, "Regulating a Monopolist with Unknown Costs", *Econometrica*, 50（4）：911–30.

［9］Bardhan, P., 1997, "Corruption and Development：A Review of Issues", *Journal of Economic Literature*, 35（3）：1320–46.

［10］Beck, P. J., and Maher, M. W., 1986, "A Comparison of Bribery and Bidding in Thin Markets", *Economic Letters*, 20（1）：1–5.

［11］Branco, F., 1996, "Multiple Unit Auctions of an Indivisible Good", *Economic Theory*, 8（1）：77–101.

［12］Branco, F., 1997, "The Design of Multidimensional Auctions", *RAND Journal of Economics*, 28（1）：63–81.

［13］Burguet, R. and Che, Y. K., 2004, "Competitive Procurement with Corruption", *RAND Journal of Economics*, 35（1）：50–68.

［14］Burguet, R. and Perry, M., 2007, "Bribery and Favoritism by Auctioneers in Sealed-bid Auctions", *The BE Journal of Theoretical Economics*, 7（1），Article 23.

［15］Bushnell, J. and Oren, S., 1994, "Bidder Cost Revelation in Electric Power Auctions",

Journal of Regulatory Economics, 6 (1): 5 – 26.

[16] Bushnell, J. and Oren. S. , 1995, "Internal Auctions for Efficient Sourcing of Intermediate Products", *Journal of Operations Management*, 12 (3): 311 – 20.

[17] Celantini, M. and Ganuza, J. J. , 2002, "Corruption and Competition in Procurement", *European Economic Review*, 46 (7): 1273 – 1303.

[18] Che, Y-K. , 1993, "Design Competition through Multi-dimensional Auctions", *RAND Journal of Economics*, 24 (4): 663 – 80.

[19] Compte, O. , Lambert-Mogiliansky, A. and Verdier, T, 2005, "Corruption and Competition in Procurement", *RAND Journal of Economics*, 36 (1): 1 – 15.

[20] Koc, S. and Neilson, W. , 2005, "Bribing the Auctioneer in First-Price Sealed-Bid Auctions", Discussion paper, Texas A&M University.

[21] Lengwiler, Y. and Wolfstetter, E. , 2006, "Corruption in Procurement Auctions", in N. Dimitri, G. Piga and G. Spagnolo (eds.), *Handbook of procurement*, pp. 412 – 29, Cambridge University Press.

[22] Laffont, J. J. and Tirole J. , 1987, "Auctioning Incentive Contracts", *Journal of Political Economy*, 95 (5): 921 – 37.

[23] Laffont, J. J. and Tirole J. , 1991, "Auction Design and Favoritism", *International Journal of Industrial Organization*, 9 (1): 9 – 42.

[24] Laffont, J. J. and Tirole J. , 1993, *A Theory of Incentives in Procurement and Regulation*, The MIT Press.

[25] Laffont, J. J. , Maskin, E. and Rochet, J. C. , 1987, "Information, Incentives, and Economic Mechanisms", in Groves et al. (eds.), *Optimal Nonlinear Pricing with Two-dimensional Characteristics*, 256 – 66, University of Minnesota Press.

[26] Leff, N. , 1964, "Economic Development through Bureaucratic Corruption", *American Behavioral Scientist*, 8 (3): 8 – 14.

[27] Lui, F. T. , 1985, "An Equilibrium Queuing Model of Bribery", *Journal of Political Economy*, 93 (4): 760 – 81.

[28] Lui, F. T. , 1986, "A Dynamic Model of Corruption Deterrence", *Journal of Public Economics*, 31 (2): 215 – 36.

[29] Maskin, E. and Riley, J. G. , 1989, "Optimal Multi-Unit Auctions", in Frank Hahn

(ed.), *The Economics of Missing Markets, Information, and Games*, 312 – 35, Oxford University Press, Clarendon Press.

[30] McAfee, R. P. and McMillan J. , 1987, "Competition for Agency Contracts", *RAND Journal of Economics*, 18 (2): 296 – 307.

[31] McAfee, R. P. and McMillan J. , 1988, "Multidimensional Incentive Compatibility and Mechanism Design", *Journal of Economic Theory*, 46 (2): 335 – 54.

[32] McAfee, R. P. and McMillan, J. , 1989, "Government Procurement and International Trade", *Journal of International Economics*, 26 (3 – 4): 291 – 308.

[33] McAfee, R. P. , McMillan, J. and Whinson, M. D. , 1989, "Multiproduct Monopoly, Commodity Bundling and Correlation of Values", *Quarterly Journal of Economics*, 104 (2): 371 – 83.

[34] Menezes, F. M. and Monteiro, P. K. , 2000, "Auctions with Endogenous Participation", *Review of Economic Design*, 5 (1): 71 – 89.

[35] Menezes, F. M. and Monteiro, P. K. , 2006, "Corruption and Auctions", *Journal of Mathematical Economics*, 42 (1): 97 – 108.

[36] Murphy, K. M. , Shleifer, A. and Vishny, R. W. , 1993, "Why Is Rent-Seeking So Costly to Growth?" *American Economic Review*, 83 (2): 409 – 14.

[37] Myerson, R. B. , 1979, "Incentive Compatibility and the Bargaining Problem", *Econometrica*, 47 (1): 61 – 73.

[38] Myerson, R. B. , 1981, "Optimal Auction Design", *Mathematics of Operations Research*, 6 (1): 58 – 73.

[39] Riley, J. G. and Samuelson, W. , 1981, "Optimal Auctions", *American Economic Review*, 71 (3): 381 – 92.

[40] Riordan, M. H. and Sappington, D. M. , 1987, "Awarding Monopoly Franchises", *American Economic Review*, 77 (3): 375 – 87.

[41] Shleifer, A. and Vishny, R. W. , 1993, "Corruption", *The Quarterly Journal of Economics*, 108 (3): 599 – 617.

[42] Tanzi, V. , 1998, "Corruption around the World, Causes, Consequences, Scope, and Cures", *IMF Staff Papers*, 45 (4): 559 – 94.

[43] Wilson, R. , 1993, *Nonlinear Pricing*, Oxford University Press.

Vertical Collusion and Limited Corruption
in Multi-dimensional Auctions or Procurement Auctions
Wang Hong Chen Hongmin

(ShangHai Jiaotong University)

Abstract: This paper introduces bidders' information with regard to quality into a comprehensive quality index by the production function. For the benchmark model without considering the problem of vertical collusion, we solve the optimal mechanism for multi-dimensional auctions or procurement auctions. Moreover, we prove that three-stage first-score and second-score auction both can implement optimal mechanism efficiently Subsequently, by introducing limited corruption at vertical collusion between the tender agent and a certain bidder, we also solve optimal mechanism with corruption and analyze the implementation of optimal mechanism. Based on this, we concentrate on the analysis of equilibrium corruption and draw three conclusions: (1) In equilibrium corruption, less efficient bidders have more incentive to participate in collusion and are willing to pay higher bribe under some certain conditions. (2) Intensified competition between relatively less efficient bidders can increase equilibrium bribe in equilibrium corruption. (3) To the bidders who participate in the collusion, the probability that the agent gets corrupted is negative correlated with bidder's type, and is positive correlated with the degree of competition between bidders.

Keywords: Multi-dimensional Auctions; Vertical Collusion; Scoring Auction

JEL Classification: D44, C72, D73

地方政府竞争与中国经济增长之"谜"——一个文献述评

◎ 唐志军　王玉霞*

摘　要：在现有的解释中国经济增长之"谜"的理论中，地方政府竞争理论是一种具有较强解释力和较大理论价值的理论。本文从（1）财政分权、地方政府竞争与中国经济增长，（2）地方政府间的制度竞争与经济增长，（3）地方官员激励、地方政府竞争与中国经济增长，（4）地方政府竞争的其他形式对中国经济增长的影响，（5）地方政府竞争对中国经济增长的负面效应等方面综述了现有文献。本文评论了现有文献，认为现有研究还存在一些缺失，如：缺乏逻辑一致的整体框架，对我国的党政关系和非正式制度在激励和约束地方政府官员行为中的作用、对地方政府竞争中的知识的来源和知识的作用等方面的研究还基本处于空白。

关键词：地方政府竞争；经济增长；中国之"谜"

一、中国经济增长之"谜"

从1978年到2008年，中国的GDP总量从3645亿元增长到307670亿元，年均增长率为9.78%。同时，中国的其他各个方面都取得了举世瞩目的巨大成就。中国的经济成就被世人誉为"增长奇迹"。

中国经济增长奇迹来自于三个方面：（1）中国的GDP增长速度高、持续时间长。从增长速度来讲，自现代以来，目前还没有任何一个大国能在30年间保持每年将近10%的增长速度，日本的高速经济增长也只持续了20年。按照中国经济目前的发展趋势，许多学者估计，中国的高速增长很可能不止30年，有可能长达40年。这不能不是一个"奇迹"。（2）从经济理论的角度看，这个奇迹的神秘之处在于其"非常规"的性质：经济增长理论所强调的若干增长条件，如自然资源禀赋、物质和人力资本积累以及技术创新能力，中国与其他国家相比并无独特之处，

---

* 唐志军，湖南省怀化学院；通信地址：湖南省怀化市怀化学院经济系　418000；E-mail：tanghan12345@yahoo.com.cn。王玉霞，东北财经大学；通信地址：东北财经大学富虹经济学院，116023；E-mail：wangyx1001@126.com。

甚至处于低水平阶段，如人均资源禀赋、技术创新水平。也就是说，按照这些理论的预言，中国不应该有经济奇迹发生。（3）中国的经济增长是在制度不完善的转型过程中取得的。由于诺斯的开创性贡献（North and Thomas，1973；North，1981），近年来经济学家开始关注制度尤其是经济和政治制度对经济增长的重要作用。物质和人力资本的增长以及技术进步被认为只是增长的结果，而不是增长的内在源泉，更深层次的决定因素是一国的制度安排。最近有大量的研究表明，一国的司法制度对金融市场和经济的发展有着巨大影响，而政府的结构以及受到的权力约束也同样影响经济增长（Shleifer and Vishny，1993；Delong and Shleifer，1993；La Porta 等，1998）。Acemoglu 等人最近一系列的开创性工作再次提醒人们产权保护制度对于长期经济增长的关键性意义。然而，这些重要文献的大量问世愈加彰显出中国的经济增长作为一种奇迹的意义。正像 Allen 等（2005）所指出的那样，按照西方主流文献所列出的评判标准，比如 La Porta 等（1998）和 Levine（2002），中国目前的司法和其他制度，如投资者保护、公司治理、会计标准和政府质量均位于世界大多数国家的后面。

这就是说，中国改革没有按照西方主流经济学的理论逻辑展开，没有按照"华盛顿共识"所描绘的蓝图进行，而是在产权不完全清晰、价格不完全自由、公民不完全民主、社会不完全平等、对外不完全开放、政治改革滞后等一系列不太理想甚至扭曲的制度条件下，取得了比按照西方主流经济学逻辑和"华盛顿共识"要求进行的苏联东欧改革更大的成就。因而，自1990年代后期以来，国际上许多经济学家和研究中国问题的学者都把中国的非凡经济表现视为一个谜（张维迎，1998），剑桥大学的彼得·诺兰称之为"中国之谜"，而布坎南（J. Buchanan）对中国学者说，"中国是个谜。看上去不合理，可是却管用"（汪丁丁，1998）。经济学上的"中国之谜"已经费了许多经济学家的脑筋。有人说，谁能够破解这个谜，谁就将获得诺贝尔经济学奖（林毅夫，1999）。

对于中国之"谜"，目前最有影响力的解释有三种。一种认为中国根本不是一个"谜"，中国的增长完全可以用新古典理论来解释，这种增长来自于中国的高储蓄、高投资，而全要素生产率的增长却很少（Krugman，1997；帕金斯，2005）。另一种是比较优势理论，林毅夫认为中国的高速持续增长来自于从缺乏比较优势的重工业优先发展战略转型到以比较优势和资源禀赋为基础的战略上来，而比较优势和技术进步，导致中国的后发优势得以发挥，从而改善了资源配置效率，提高了企业的自身能力，促进了中国高速持续增长的"奇迹"（林毅夫，1994，1999，2004）。还有一种则是地方政府竞争理论。

关于地方政府竞争在缔造中国经济增长之"谜"中的作用，张军（2007）认为，"我能够让自己信服的解释只有一个：对于中国经济的发展，没有任何力量有竞争产生的能量这么强大；

没有任何竞争有地方'为增长而竞争'对理解中国的经济增长那么重要"。"中国经验的确是非常宝贵的。尤其是，这样一个转型创新值得我们在理论上备加注意和认真对待：向地方政府的经济分权并从体制上维持一个集中的政治威权，把巨大的经济体分解为众多独立决策的小型的地方经济，创造出了地方为经济增长而激烈竞争的'控制权市场'，从根本上替代了'后华盛顿共识'所要求的前提条件。没有彻底的私人产权制度和完善的金融，但却有了地方之间为增长而展开的充分的竞争。地方政府之间的竞争导致地方对基础设施的投资和有利于投资增长的政策环境的改善，加快了金融深化的进程和融资市场化的步伐。尽管地方为增长而展开的竞争可能导致过度投资，但是地方间的竞争却从根本上减少了集中决策的失误，牵制了违背相对优势的'航母'型的工业化战略的实施；同样，地方为增长而展开的竞争让中国经济在制造业和贸易战略上迅速迎合和融入了国际分工的链条与一体化的进程。外商直接投资的增长和中国经济的深度开放是地方为增长而竞争的结果。"

而张五常（2008）也认为地方政府竞争是破解中国之"谜"的关键所在，他写道，"地区之间的激烈竞争是我前所未见的。2000 年通缩终结，地区竞争的惊人活力使我震撼，但我要到 2004 年年底才能解通这制度运作的密码……中国的情况，是在同层的地区互相竞争，而因为县的经济权力最大，这层的竞争最激烈。以我之见，多加了一层竞争是回答我说的'中国问题'的重要新意。""我是 1997 年才惊觉中国经济制度的重点是地区之间的激烈竞争，史无先例。当然，地区竞争某程度世界各地都有，但中国的是一种特别的生意竞争，外地没有出现过……我要到 2003 年才肯定县是地区竞争的主角，这种竞争是公司与公司之间的竞争，为何如此不容易解释。"

从张军和张五常的论断中，我们可以看出地方政府竞争在促进中国经济持续高速、发展中所起的重要作用。事实上，目前已有大量的文献研究了中国地方政府竞争的形成、地方政府竞争的形式、其在缔造中国经济增长之"谜"中的作用以及地方政府竞争所带来的负效应。因而，本文的第二部分是对这些文献的一个综述，第三部分是对现有研究的缺失所作的一个简单评论。

二、有关地方政府竞争与中国经济增长的文献综述

（一）财政分权

一种关于地方政府竞争的研究是与财政分权相联系的。Tiebout（1956）发表了其经典论文

"地方支出的一个纯理论"之后，分权的重要性开始受到经济学家的注意。随后，Stigler、Musgrave 和 Oates 等人进一步围绕向地方分权的思想，形成了早期财政联邦主义的文献。此后，在 20 世纪 90 年代，许成钢、钱颖一、Gerard Roland 和 Barry Weigast 等人开始把财政分权的思想和地方政府的激励、经济转型和增长联系起来，形成了第二代财政联邦制文献。

钱颖一和许成钢在 1993 年发表的一篇文章中认为，中国的层级制是一种以区域"块块"原则为基础的多层次、多地区的 M 型组织结构，而东欧和前苏联是一种以职能和专业化"条条"原则为基础的单一的 U 型组织结构。在 M 型组织下，地方政府有很大的自主权，得以在国有部门以外建立市场取向的企业来促进本地的经济发展；而且，地区之间的竞争也迫使地方政府容忍甚至鼓励私有企业的发展。于是，在 M 型组织下，这是一个"趋好的竞争"（race to the top），即地区竞争促成了中国的经济增长。

在 Yingyi Qian 和 Wingast（1997）的另一篇文献中，他们将企业理论和对政府的考察联系在一起，试图从企业理论的发展中寻求借鉴。企业理论表明，作为经济人的经理并不总和股东的利益一致，经营权和所有权分离的现代公司行为目标与利润最大化假定已不完全契合。类似地，具有自身利益的官员也很难总是为全体人民利益着想。公司治理机制有助于避免经理行为偏离利润最大化的目标，政府管理体制的安排也有助于遏制官员的自利行为。虽然地方政府不可能像企业一样在市场上破产，但可流动资源将增加地方政府经济行为所面临的机会成本。这种类比使得他们认为地方政府竞争显然会像企业之间的竞争一样导致有效率结果的出现。此外，他们还进一步考虑了信息和权力在政府体制内的划分及这一体系的稳定性。

Wingast 等（1995）认为维护市场的联邦主义需要满足如下条件：地方政府对于经济有实现管制的权利，地区间不存在贸易壁垒，地方政府缺乏创造货币或者取得无限信用的能力，也就是地方政府必须面对硬的财政预算约束。他认为英国和美国都属于这种形式的联邦主义，这种联邦主义促进了英国和美国产生了一个繁荣的市场体系。McKinnon（1997）进一步考虑了地方政府财政预算硬约束的问题。他认为只要地方政府不具有发行货币的权利，而且中央政府不对陷入财政困境的地方政府进行挽救，则发行债券并不会导致地方政府预算的软化。因为在这种情况下，地方政府必须像一个私人借款者一样受到资本市场的检验，并被迫像企业一样负责任地运用这些资金。

由于更强调地方政府竞争对市场维护的重要性，这些理论对转型经济的分析更具有启示意义。Yingyi Qian 和 Roland（1996）利用这种方式分析了国有企业软预算约束问题，他们构建了企业、地方政府和中央政府共同参与的三阶段博弈模型，通过不挽救陷入困境的国有企业来说明国有企业预算约束的硬化。他们的研究表明，地方政府对外来投资的竞争及对民营经济发展的关注增加了地方政府挽救失败国有企业的机会成本，从而使得地方政府不进行挽救国有企业的承诺变得可信。而货币主权的集中使得地方政府面临更加硬化的财政预算约束，这进一步加强了地方政府挽救国有企业的成本，这些都使得国有企业面临一个更加硬化的预算环境。在另一篇文献中，Yingyi Qian、Roland 和 Chenggang Xu（1999）进一步从组织理论的角度分析了中国和东欧经济转型的差异。他们认为东欧各国的经济结构具有更高的内部分工结构，经济活动是按照职能部门条形组织起来的，每一部分都影响着整体经济的运行。而在中国，经济是按照行政区域形成的块状形式组织起来的，每一部分都可以相对独立地运行，也可以说前者更接近U 型组织而后者更接近 M 型组织。当需要进行改革时，前者需要各组成部分更密切地配合，也必须整体地推进，因为任何一部分的"功能不良"都可能导致整个体系的崩溃。而后者则可以进行地方试验和逐步推进，因为任何一部分的改善或恶化都很难动摇整体的格局。这种对比意味着政府内部的分工和组织对于经济改革的路径选择是极其重要的。

Zhuravskaya（2000）的论文借鉴上述理论，从财政激励的角度分析了俄罗斯转型中的经济增长问题。她认为，俄罗斯的地方政府缺乏培育税基的动力，而这是因为地方政府在财政上过度依赖上级政府，地方政府从税基培育中获得的收益都被财政收入分享体制内的变化抵消掉了，这使得地方政府既没有动力采取有效的干预也没有动力改善公共品的供应。需要指出的是，她的论文虽然说明了中央和地方的收入分享体制安排能够显著影响地方政府"税基培育"的努力，从而分权的方式是重要的；但她没有说明，即便地方政府具有积极干预的动力，什么样的机制才能保证地方政府的"税基培育"干预努力不偏离效率的方向。Alexeev 和 Kurlyandskaya（2003）的论文再一次考虑了上述问题，并基本支持 Zhuravskaya 的观点，但补充认为上述分享体制的形成在于地方政府的短视及缺乏有效的承诺机制。Desai Feinkman 和 Itezhak Goldberg（2003）则发现地方政府实际上采取了许多措施来阻碍市场取向的改革。他们的数据分析也支持区域缺乏财政激励并因此导致了区域经济发展停滞的观点，过分依赖自然资源开采业和转移支付使得这些区域变成了食利者，为了保有这些利益地方政府采取多种干预手段隔离市场力量对这些自然资源开采企业所产生的威胁。分析显示了地方政府税收保有率增加对产出恢复具有正向作用，但这种正向作用随地方政府可得租金的增加而变小。

张涛和邹恒甫（1998）使用 1978—1992 年的省级数据检验了中国的财政分权与经济增长的关系，发现财政分权有利于经济增长的理论没有得到中国经验的证实。林毅夫和刘志强（2000）使用 1970—1993 年 28 个省市的面板数据却证实了财政分权改善了经济绩效，促进了经济增长。张晏和龚六堂（2005）改进了对分权的度量方法，利用 1986—2002 年 28 个省市的数据重新对中国的财政分权和经济增长的关系进行了检验，结果表明，中国的财政分权与经济增长存在明显的跨时差异，在1994—2002年间显著为正，而1986—1993年则为负。因此，他们认为分税制改善了财政分权对经济增长的影响。傅勇（2007）在其博士论文中也作了一个这样的财政激励的检验，他把数据扩展到了1970—2004年，而且考虑了转移支付和分税制。他使用了Zhuravskaya的研究方法，但与俄罗斯的情况正好相反，他的估计结果显示，在1994年的分税制以后，中国地方政府面临的财政激励大大增强了。傅勇在其博士论文中还考察了1994年分税制之后地方财政支出结构的变化。他使用了1994—2004年中国29个省市的面板数据，估计发现，在1994—2004年，财政分权对东部和西部的基本建设支出比重的影响显著为正，而对科教文卫支出的比重的影响显著为负，对中部的影响不显著。而把数据推广到1986—2004年再作回归，发现在1994年分税制之前，财政分权对基本建设支出比重的影响不显著，而对科教文卫支出的比重的影响仍然显著为负。这个发现帮助说明，1994年实行分税制之后，地方政府的预算约束硬化了，经济增长的激励改善了。这是俄罗斯没有发生的现象。

王永钦、张晏、章元、陆铭和陈钊（2007）则论述了中国分权式改革的成本和收益。在文中，他们从分权式改革的视角提供了一个自洽的逻辑框架，全面地分析了中国的发展道路。文章认为这个逻辑框架不仅能够分析中国前期改革的成功，也能够解释目前浮现的诸多社会经济问题。而且，他们认为，政治集权下的经济分权给地方政府提供了发展经济的动力，尤其是完成了地方层面的市场化和竞争性领域的民营化。但是，内生于这种激励结构的相对绩效评估又造成了城乡和地区间收入差距的持续扩大、地区之间的市场分割和公共事业的公平缺失等问题。

（二）地方政府间的制度竞争

与财政分权下政府税收竞争的新古典分析范式不同，这一理论把政府间的制度竞争作为主要的分析对象，强调制度的动态演化机制。这一政府竞争范式是由德国维腾大学教授何梦笔（Herrmann-Pillath）创立的。这一理论分析范式包括纵向和横向的竞争。这意味着任何一个政府机构都与上级机构在资源和控制权的分配上处于互相竞争的状况，同时，这个政府机构又与类似机构在横向的层面上展开竞争。他认为，以往的经济理论在分析中国和俄罗斯这样的大国的经济转轨时，一个重要缺陷就是忽略了国家和空间这两个重要的维度，因而理论缺乏解释力。何梦笔正是在把国家和空间这两个维度引入到对经济转轨的分析之中，从而建立起大国体制转型的分析范式。

柯武刚和史漫飞（Kasper and Streit，2000）则从国与国之间以及一国内部各政区之间两个层次来分析制度竞争的。他们探讨了制度竞争过程中政治过程与经济过程的互动关系。他们强调了开放对于制度竞争和制度变迁的重要作用，因为开放一方面增加了制度创新的知识，另一方面也强化了退出机制。他们认为，制度竞争会经由经济过程对政治过程产生影响。在经济过程中这样的"退出"会向政治过程中的那些人发去信号。在政治过程中，政治主体虽然可以是熊彼特意义上的公共"企业家"，或者说是"政治企业家"（Apolte，1999）。但是，这些政治企业家不会像经济过程中那些企业家那样对变化作出快速反应，因为他们解读那样的信号的能力有限。而有组织的利益集团和全体选民，总的来讲也不可能认识到变革的必要性，必须借助于一个有足够规模的集团才能使他们的投票有影响。因此，开放和制度创新在很大程度上要依赖于政府和公众认识到"退出"信号的重要性。制度竞争具有在动员经济上、制度上和政治上的创造性的重要作用。在他们看来，规范辖区间政府的竞争要遵循一定的原则，其中主要有国内贸易和要素的流动原产地原则、职能下属化原则和竞争性联邦制。他们尤其强调了自由宪章应作为制度演化的框架。

何梦笔（1999）、冯兴元（2002）等应用政府间竞争理论分析了中国地方政府竞争与公共产品融资问题。他们认为中国地方政府竞争具有如下的制度与环境特点：（1）中国地方政府竞争是在一个单一制的主权国家框架内推行分权的结果。（2）处于政治经济体制改革进程中的地方政府竞争表现出许多非制度化的过渡性特征。（3）谋取中央政府提供的优惠政策和特殊待遇成为地方政府竞争的重要内容。（4）中国的地方政府没有决定财政制度的立法权限，而且在正式的财政制度之外存在大量非正式的财政关系。（5）要素，尤其是人力资本的流动还受到比较明显的限制。中国地方政府竞争既有积极作用也有消极作用。地方政府竞争的积极作用主要表现在地方政府竞争推动了经济体制变革，促进了对外开放，改善了基础设施等。其消极作用则表现为地方保护主义、重复建设、过度竞争的压力、招商引资等领域的无序、恶性竞争等。该报告还提出了规范政府间竞争的对策措施。冯兴元（2002）与何梦笔一样，强调政府间竞争主要是制度竞争。改革开放以来我国政府间制度竞争主要有两种形式，其一是税收竞争和补贴竞争，其二是规制竞争，同时受开放度、侵权程度、市场化程度、独立财力的大小、区位条件等因素的不同，各地区政府间制度竞争的强度是不一样的。

杨瑞龙（1998，2000）注意到地方政府在中国制度演进中的积极作用，他深入地探讨了中国政府在制度变迁中的作用，并研究了地方政府制度创新进入权的竞争。他认为中国的制度变迁是从供给主导型变迁向中间扩散型的制度变迁再向需求诱致型制度变迁的递进历程。而在中间扩散型的制度变迁阶段中地方政府担当了制度变迁第一行动集团的角色，这是解开诺斯悖论的重要基础。他考察了在放权让利的大背景下，当自上而下的改革面临障碍时，可分享剩余索取权和拥有资源配置权的地方政府在一定阶段扮演制度变迁"第一行动集团"，对于推进我国市场化改革所起的特殊作用，并试图得出以下的理论推断，即：一个中央集权型计划经济的国家有可能成功地向市场经济体制渐进过渡的现实路径是，改革之初的供给主导型制度变迁方式逐步向中间扩散型制度变迁方式转变，并随着排他性产权的逐步确立，最终过渡到与市场经济内在要求相一致的需求诱致型制度变迁方式，从而完成体制模式的转变。在中央政府主导的非平衡改革战略下的潜在制度收益引起了地方政府对制度创新进入权的竞争（杨瑞龙、杨其静，2000）。

周业安、冯兴元和赵坚毅（2002）认为在地方政府竞争中，政府总体上推行六类政策，包括区位政策、核心能力促进政策、传播政策、产品政策、销售配送政策和价格政策。每项政策均配有若干政策工具。周业安（2003）分析了地方政府竞争与区域经济增长的关系，他按地方政府在竞争中运用的策略和手段的不同把地方政府分为进取型、保护型和掠夺型三种类型。周业安（2003）认为，地方政府间的竞争关系可能带来多重后果。如果地方政府通过制度创新和技术创新来吸引更多的资源流入，就有利于当地的经济增长；但在资源总量有限的情况下，会导致其他地区的资源流出，落后地区在与发达地区的资源争夺中处于劣势，因而就会采取保护主义的政策，来维护当地的经济利益。这样导致地区间的交易成本增大，不利于经济发展。谢晓波（2004）也持此观点。

（三）地方官员激励

一些经济学家指出，财政上的分权需要与官员治理的中国模式相结合才能更好地解释地区竞争和中国的经济业绩。如 Blanchard 和 Shleifer（2000）认为，中国执政党拥有绝对的权威并继续任命地方的官员，因而有能力奖励和惩罚地方官员的行为；而俄罗斯功能紊乱的民主体制不仅无法使中央政府有力贯彻其目标，也没有能力来影响地方政府的所作所为。因而，中国和俄罗斯对地方官员的权威和任免能力的不同导致了两国不同的经济绩效。William Easterly（2005）指出，增长需要提供"合适的激励"才会发生，因为人们确实对激励作出反应。而影响这一激励的任何因素都会最终影响经济增长。同时，他尖锐地指出，在影响经济增长的各种因素中，"头号杀手"便是政府，政府的腐败、无能和低效对经济增长产生了致命性的危害。顺着这一逻辑，他反思了半个世纪以来的发展中国家的经济增长过程，认为强调"把价格搞对"只是其中的一个方面，关键是"把激励搞对"，即如何赋予广大的参与人合适的激励，而其中政府的激励尤其重要。

近年来经济学家开始越来越关注中国政府官员的个体激励，从地方官员的晋升激励角度研究中国内部治理的特征（Blanchard and Shleifer, 2001；Maskin, Qian and Xu, 2000；Whiting, 2001；Bo, 2002；Zhou, 2002；Li and Zhou, 2005）。这种观点认为，虽然财税激励无疑构成地方政府行为的一个重要动力，但作为处于行政金字塔之中的政府官员，除了关心地方的财政收入外，自然也关心其在"官场"升迁的机遇，而这种激励在现实中可能是更为重要的。

周黎安（2004，2007，2008）认为中国政府治理的一个重要特点就是将地方官员的晋升与地方经济发展联系起来，让地方官员为了政治晋升而在经济上相互竞争，形成了政治锦标赛模式。Li 和 Zhou（2005）、周黎安（2005）等运用中国改革以来的省级水平的数据系统地验证了地方官员晋升与地方经济绩效的显著关联，为地方官员晋升激励的存在提供了重要的经验证据。他们发现，省级官员的升迁概率与省区 GDP 的增长率呈显著的正相关关系，而且，中央在考核地方官员的绩效时理性地运用相对绩效评估的方法来减少绩效考核的误差，增加其可能的激励效果。周黎安（2004）从晋升激励的角度探讨了处于政治晋升博弈之中的中国地方官员的"非合作"倾向，以此解释中国跨区域经济互动上所表现出的地方保护主义和重复建设问题。

陆铭和陈钊等（2007）则研究了相对绩效评估下的负面效应，认为这样的激励机制会造成"破罐子破摔"：因为赢家是有限的，当只有一两个省市是超级明星，其政府官员可以得到提拔时，其他省市的官员作的再好也上不去，那他们就会"破罐子破摔"。因而，越是落后地区，官员的腐败可能越严重。

周黎安（2007，2008）从中国地方官员激励和治理的角度对中国特有的政府激励模式——政治锦标赛的系统特征及其影响进行了研究。他认为，政治锦标赛作为中国治理政府官员的激励模式，它是中国经济奇迹的重要根源；但由于政治锦标赛自身存在的一些缺陷，尤其是其激励官员的目标与政府职能的合理设计之间存在严重冲突，它又是当前经济面临的许多重大问题的重要根源。

徐现祥等（2007）和张军、高远（2007）均发现中国省级官员的交流对地区经济增长有正面的影响。傅勇、张晏（2007）发现，财政分权和政府官员的晋升激励导致政府的公共支出结构偏向于经济建设而非公共服务和人力资本投资。

（四）地方政府竞争的其他形式

张军、高远、傅勇和张弘（2007）研究了我国的基础设施建设问题，他们发现，在控制了经济发展水平、金融深化改革以及其他因素之后，地方政府之间在"招商引资"上的标尺竞争和政府治理的转型是解释中国基础设施投资决定的重要因素。这意味着分权、Tiebout 竞争、向发展式政府的转型对改进政府基础设施的投资激励是至关重要的。

张维迎和栗树和（1998）通过霍特林式的地方竞争模型来解释国有企业民营化的转变历程，他认为地方分权的政策导致了地区间的竞争，每个地区为了在市场竞争中保持生存所需要的最小市场份额就必须不断降低成本。为了激励经理降低成本，地方政府必须让渡全部或部分股份，其结果导致了国有企业向民营化的转移，产品市场竞争越激烈民营化的进程也就越快。但如果中央政府直接控制国有企业，仅给地方政府一个税后分享额，或者在地方政府能够实现"串谋"的情况下，则民营化就不能发生，这表明地方政府间接介入产品竞争的程度将成为影响民营化的重要因素。这一分析与王红领、李稻葵、雷鼎鸣（2001）的结果一致，他们的实证经验表明，政府放弃国有企业产权的原因主要来自政府越来越难以摆脱国有企业亏损所带来的财政压力，但政府对失业及国有企业控制权收益的担心也使得政府更加谨慎地看待民营化的过程。这潜在地表明，面对更大的财政压力的地方政府可能比中央政府更积极地采取各种形态的民营化。

此外，一些学者还从对 FDI 的争夺（庞明礼，2007），对要素流动的限制或吸引（Breton，1998；Young，2000；刘培林，2005；陆铭和陈钊，2007，2008）等方面探讨了地方竞争的形式对我国经济增长的影响。

（五）负面效应

Young（2000）则认为，1978—1997 年的中国经济改革，只不过是将一个中央集权的经济转化为多个地方政府统治的经济，由于地方政府会对边际利润高的产业施加行政与经济上的保护措施，这会导致各地区产业趋同，生产能力过剩，比较优势丧失，从而产生新的扭曲。

平新乔等（2006）认为，地方政府对本地经济的保护主要是通过两个渠道实施的：一是在产权上通过国有资本对经济实行控制，二是在市场机制上限制自由进入与退出。不过，两者中前者似乎更为根本。Huizhong Zhou（2001）分析中国烟草业发展后认为，当烟草业的竞争趋于激烈时，地方政府会通过财政补贴和设置市场壁垒的方式为本地烟草业的发展提供保护，从而获取财政收入的最大化。同时，也有学者认为分权带来的地方政府竞争促进了中国的市场整合。

B. Naughton（1999）运用一系列的数据研究发现中国省际贸易额的增长速度远远高于 GDP 和出口的增长速度，认为在过去 20 年的经济改革过程中，中国经济总的来说是在走向市场一体化，地方财政分权以及由此带来的地区之间的竞争是有利于统一市场的形成的。陆铭和陈钊（2005，2007）发现了同样的结果。

张晏（2005）通过构造一个包含初始禀赋（如公共基础设施、劳动力技术水平、环境）差异的 FDI 竞争模型，引入 GDP 和税收收入加权的政府目标函数，分析了两个不同的地方（国家）对 FDI 的竞争及其效率含义，并通过福利分析讨论中央政府可能的干预措施。她认为，由于基础设施的影响要素优越的地区有更大的竞争力，它在地方政府之间对 FDI 的竞争中仍然处于优势地位；但 Nash 竞争将损害它的利益，地方政府之间的减免税竞争导致囚徒困境（第 130 页）。钟笑寒（2005）通过一个简单的模型对由于地方分权导致的地区竞争和地方保护主义的经济后果加以分析发现，地区竞争和地方保护主义的经济效率很大程度上取决于生产技术是规模报酬递增的还是递减的。在规模报酬递减的技术下，地区竞争一般会带来社会福利的提高；而在规模报酬递增的技术下，地区竞争更有可能降低社会福利。而地方保护主义会削弱甚至逆转地区竞争相对于国家垄断的效率优势。

张可云（2002）认为地方政府不同的异常行为之间是互相关联的，基本线索可以表现为盲目引进或产业选择趋同导致的重复建设。这种重复建设首先导致对原材料的争夺，然后进一步体现为相同主导产品之间的激烈竞争而互相封锁市场，在这种市场封锁不能遏制来自其他区域的竞争时，则被迫采用价格大战的方式来解决。地方政府竞争体现为一种地区利益导致的囚徒困境，在这种竞争中没有人能够从中获利。区域间冲突的根源在于区域利益和整体利益之间的矛盾，而要避免这种区域间过度竞争的关键是实现区域经济的合作和协调，而这种协调将由政府主导的协调向企业之间的协调转移。

银温泉和才婉茹（2001）认为，以财政大包干和事实上的地方所有制为特征的行政性分权是地方市场分割的深层根源，而传统的工业布局、地方官员的考核方式等现实因素也强化了地方市场分割的程度。要解决市场分割需要完善我国的分税制改革和实现政企分开，同时也需要转换政府职能和加快相关的法律建设。在另外一项专门的课题研究中，陈东琪（2003）对我国汽车、电力、医药等不同行业存在的市场分割作出了更深入的分析。王小龙和李斌（2002）在分工的框架下重新考虑了这一问题，认为落后地区的地方政府可以通过市场分割获得贸易条件的改善，这构成了地方保护在中国持续存在的根本原因。陆铭、陈钊、严冀（2003）也持有类似的观点，他们的分析表明在企业生产活动存在学习作用的情况下，市场分割甚至可以帮助落后地区实现对发达地区的赶超，这更加激化了保护现象的存在。周黎安（2004）则强调了官员政治晋升激励在地方保护和重复建设中的重要性。

三、现有文献的缺失

从已有的研究中，我们可以看出，这些研究对深入理解我国改革开放以来的经济增长具有重要的理论价值，提供了一个具有较大解释力的理论视角。然而，这些研究还存在一些缺失：

（一）缺乏一个逻辑一致的整体研究框架

现有的关于地方政府竞争与中国经济增长之"谜"的研究文献还未能提出一个逻辑一致的整体研究框架，通过这个框架能清楚地构建出地方政府竞争和经济增长之间的关系，以及地区竞争所带来的诸多现象。因此，为深刻理解地方政府竞争对中国经济增长的决定性影响，我们有必要提出一个逻辑一致的整体研究框架。在这个框架里，我们将能分析我国的政治、社会和经济约束以及这些约束对增长共识、财政分权、混合型政府治理组织、政治集权和对地方政府官员的激励机制的影响，从而寻找导致我国地区竞争的内在因素；同时，我们也能理解地区竞争将通过影响投资环境、腐败程度、基础设施建设、产业选择、地方保护和市场分割程度、重复建设、制度创新等机制而影响我国的经济增长、就业和收入分配。

（二）不够深入研究的方面

我国目前的党政关系、条块结合以块为主的混合型地区组织结构①、非正式制度（如传统文化、关系等潜规则）的特征，它们对地方官员的激励与约束作用以及这些因素对地区竞争及经济增长的影响的研究还基本处于空白。对上述这些方面的研究将有助于我们深化理解我国地方政府竞争制度的形成、其作用的机制和机理。

（三）关于对外开放的研究不够，也未能重视知识的作用

现有的文献只重视了对外开放所带来的资金流入，以及地方政府为了促进本地经济增长而展开的对 FDI 的竞争。然而，在我们看来，我国的地方政府竞争和对外开放有着深刻的联系，对外开放和地方政府竞争之间是一个相互影响的过程。一方面对外开放促进了我国地方政府竞争的形成和发展，另一方面地方政府竞争也促使了我国对外开放程度的不断提高。这种相互影

---

① 首先，中国的改革历程并不是一味的分权化，而是在分权的同时对许多领域进行了集权。如：1994年进行的分税制改革，就使中央加强了预算内财政收入的集权（陈抗、Arye L. Hillman 和顾清扬，2002）；1997年的银行业改革，银行实行大区制，使银行系统从地方政府的控制中脱离出来；此后，中央也加强了工商、土地管理的中央集权。其次，中央通过央企的垄断性经营也加强了对地方政府的制约，如在通信领域，通过中移动、联通、电信等央企可以制约地方在相关领域的投资。再次，中国的许多部委拥有着巨大的投资审批权和决策权，如发改委掌握着对地方许多重大投资的审批权和核准权，地方进行铁路建设的决策受到铁道部的掣肘，公路建设则受交通部的制约，开发区的设立则要接受来自国土部的审核和监督等等。这些都造成了中国的混合型地区结构，而不是钱颖一和许成纲所说的简单的 M 型结构。

响和相互作用贯彻于我国的整个改革开放的历程中，是生成中国经济增长之"谜"的重要推动力。对外开放不仅带来了资金，同时也在另外两个方面起到重要作用：（1）为我们带来了知识，其中最重要的知识是大规模工业生产的管理与技术知识，和大范围市场交换的契约知识（朱锡庆，2008）。（2）为我国的产品提供了广阔的市场。我国的要素禀赋结构所决定的比较优势是劳动力密集型产业的发展；然而，由于国内的个人收入水平低下，我国的市场本身吸纳所生产的劳动力密集型产品的能力有限，从而只能销往国外。国外市场对于国内产出的吸收又为我们打破了市场约束。因而，对外开放使得十三亿人与其他生产要素得以相结合，让十三亿人都有活干，同时又为其生产的产品找到了销路（谢作诗，2009）。

知识作为一种重要的生产要素，在经济增长中起着至关重要的作用，是经济增长的源泉之一。知识在转型期的中国起了什么作用？它是怎么嵌入中国的地方政府竞争和经济增长中的呢？中国地方政府为增长而展开的竞争中所需要的知识来源又是什么？对于这些问题，现有文献还不能给予较有说服力的结论，甚至可以说还几乎未涉及。

（四）对产业选择、劳动力就业等的影响的研究还较少；市场分割、地方保护对收入分配差距之间的影响的研究也处于缺失状态

在地方政府竞争下，地方政府官员为追求本地 GDP 和税收最大化，在产业选择上将选择资本密集型、技术密集型的产业和规模大的企业，而忽视劳动密集型产业的发展。因为，资本和技术密集型产业和规模大的企业，可以更快地促进当地的 GDP 和税收增长，这样将可能会导致一种"无就业的增长"，并且导致工人工资性收入在总收入中比重的不断降低和资本性收入比重的不断提高。或者，为保护本地企业，地方政府会采取地方保护主义和市场分割行为，从而阻碍产品和要素的自由流动。资本密集型产业的畸形发展、劳动力密集型产业发展的滞后，地方保护和市场分割等行为又会影响收入分配，导致收入分配差距的进一步拉大。而现有文献对这些方面的研究还处于缺失状态。

（五）地方政府竞争对腐败的影响也未能引起足够重视

地方政府竞争对腐败的影响是双重的。一方面，由于财政分权和行政性分权，地方政府获得了发展地方经济的很大自主权和自由裁量权，并且掌握了巨大的经济和政治资源；而且，地方政府官员也拥有了任命下一级官员的权力。这些因素都给某些地方政府官员进行腐败提供了方便和机会，使其腐败的收益和可能性大大增加（尤其是在我国目前缺乏有效监督地方政府官员的机制下）。但另一方面，地方政府竞争又为抑制地方官员腐败提供了可能性。因为，如果

一个地方的地方官员太腐败，那么这个信号会反映到市场中，导致该地在进行"招商引资"和人才引进等方面处于劣势，从而会抑制该地的经济增长，并进而导致该地官员在晋升锦标赛中落败。然而，现有文献多从市场化改革、行政垄断等方面对我国的腐败问题进行研究，还很少从地方政府竞争的角度展开。

总之，地方政府竞争为理解中国之"谜"提供了一个具有丰富内涵和深刻理论价值的研究视角，顺着这个视角并对现有研究的缺失展开深入研究，我们将可能找到解开中国之"谜"的一把金钥匙。

参考文献

［1］德怀特·帕金斯，2005，"从历史和国际的视角看中国的经济增长"，《经济学（季刊）》，第 4 卷 4 期。

［2］冯兴元，2001，"中国辖区政府间竞争理论分析框架"，http：//www. unirule. org. cn/Academia/neibu01—fengxingyuan. html。

［3］傅勇，2007，"中国式分权、地方财政模式与公共物品供给：理论与实证研究"，复旦大学中国经济研究中心，博士论文。

［4］傅勇、张晏，2006，"中国式分权与财政支出结构偏向：为增长而竞争的代价"，复旦大学中国经济研究中心，打印稿。

［5］何梦笔，2001，"政府竞争：大国体制转型理论的分析框架"，http：//www. unirule. org. cn/Academia/neibu01—hemengbi. html。

［6］柯武刚、史漫飞，2000，《制度经济学（社会秩序与公共政策）》，韩朝华译，商务印书馆。

［7］林毅夫，1999，"中国经济增长还有多大潜力？"，《中外管理导报》，第 3 期。

［8］林毅夫、刘志强，2000，"中国的财政分权与经济增长"，《北京大学学报（哲学社会科学版）》，第 4 期，第 5—17 页。

［9］平新乔、白洁，2006，"中国财政分权和地方公共物品的供给"，《财贸经济》，第 2 期，第 49—55 页。

［10］汪丁丁，1998，《回家的路：经济学家的思想轨迹》，中国社会科学出版社。

［11］王红领、李稻葵、雷鼎鸣，2001，"政府为什么会放弃国有企业的产权"，《经济研究》，第 8 期，第 61—71 页。

［12］王小龙，2002，"经济发展、地区分工与地方贸易保护"，《经济学（季刊）》，第

2 期。

[13] 王永钦、张晏、章元、陈钊、陆铭，2007，"中国的大国发展道路：论分权式改革的得失"，《经济研究》，第 1 期，第 4—16 页。

[14] ——，2006，《中国的大国发展道路——来自经济学的声音》，上海人民出版社。

[15] 谢晓波，2004，"地方政府竞争与区域经济协调发展的博弈分析"，《社会科学战线》，第 4 期。

[16] 谢作诗，2009，"过去 30 年持续高速增长的一个简单解释'，http：//blog. sina. com. cn/s/blog_4cb56c160100brty. html。

[17] 徐现祥、李郇、王美今，2007，"区域一体化、经济增长与政治晋升"，《经济学（季刊）》，第 1 期，第 1075—1096 页。

[18] 严冀、陆铭、陈钊，2003，"分权与区域经济发展：面向一个最优分权程度的理论"，《世界经济文汇》，第 3 期。

[19] 杨瑞龙，1998，"我国制度变迁方式转换的三阶段论——兼论地方政府的制度创新行为"，《经济研究》，第 1 期，第 5—14 页。

[20] 银温泉、才婉茹，2001，"我国地方市场分割的成因和治理"，《经济研究》，第 6 期，第 3—12 页。

[21] 张可云，2001，《区域大战与区域经济关系》，民主与建设出版社。

[22] 张军，2005，"为增长而竞争：中国之谜的一个解读"，《东岳论丛》，第 4 期，第 15—19 页。

[23] 张军、高远、傅勇、张弘，2007，"中国为什么拥有了良好的基础设施"，《经济研究》，第 3 期，第 4—19 页。

[24] 张维迎、栗树和，1998，"地区间竞争与中国国有企业的民营化"，《经济研究》，第 12 期，第 13—22 页。

[25] 张五常，2008，"中国的经济制度"，http：//zhangwuchang. blog. sohu. com/90938773. html。

[26] ——，2008，"学术生涯的终结"，http：//zhangwuchang. blog. sohu. com/100656918. html。

[27] 张晏、夏纪军，2005，"税收竞争理论评介——兼对我国地方政府减免税竞争行为的分析"，《经济学动态》，第 2 期，第 12—19 页。

[28] 张晏、龚六堂，2005，"分税制改革、财政分权与中国经济增长"，《经济学（季

刊)》，第 5 期，第 75—108 页。

[29] 钟笑寒，2005，"地区竞争与地方保护主义的产业组织经济学"，《中国工业经济》，第 7 期，第 50—56 页。

[30] 周黎安，2008，《转型中的地方政府官员激励与治理》，上海人民出版社。

[31] 周黎安，2004，"晋升博弈中政府官员的激励与合作——兼论我国地方保护主义和重复建设问题长期存在的原因"，《经济研究》，第 6 期，第 33—40 页。

[32] 周黎安，2007，"中国地方官员的晋升锦标赛模式研究"，《经济研究》，第 7 期，第 36—50 页。

[33] 周业安，2003，"地方政府竞争与经济增长"，《中国人民大学学报》，第 1 期，第 97—103 页。

[34] 朱锡庆，2008，"中国经济发展的知识来源"，《北京大学学报（哲学社会科学版)》，第 6 期。

[35] Alexeev, V. and Kurlyandskaya G. , 2003, "Fiscal Federalism and Incentives in a Russian Region", *Journal of Comparative Economics*, 31 (1): 20 –33.

[36] Allen, Frank, Jun Qian and Meijun Qian, 2005, "Law, Finance, and Economic Growth in China", *Journal of Financial Economy*, 77: 57 –116.

[37] Blanchard, O. and A. Shleifer, 2001, "Federalism With and Without Political Centralization: China vs. Russia in Transitional Economics: How Much Progress ?", *IMF Staff Papers* 48: 171 –79.

[38] Delong, J. and Shleifer A. , 1993, "Princes and Merchants: City Growth Before the Industrial Revolution", *Journal of Law and Economics*, 36: 671 –702

[39] Easterly, William, 2005, *The Elusive Quest for Growth: Economists' Adventures and Misadventures in the Tropics*, The MIT Press.

[40] Krugman, 1997, "What ever happened to the Asian miracle?", *Fortune*, August 18, p. 12.

[41] La Porta, R. , Lopez-de-Silanes, F. , Shleifer Anderi and Robert Vishny, 1998, "Law and Finance", *Journal of Political Economy*, 106: 1113 –55.

[42] Levine, R. , 2002, "Bank-Based or Market-Based Financial Systems: Which is Better?", *Journal of Financial Economy*, 11: 1 –30.

[43] Cai, Hongbin and Li-An Zhou, 2005, "Political Turnover and Economic Performance: The Incentive Role of Personel Control in China", *Journal of Public Economics*, 89: 1743 –62.

[44] Maskin, E., Qian Yingyi and Xu Chenggang, 2000, "Incentives, Information, and Organizational Form", *Review of Economic Studies*, 67: 359 – 78.

[45] Mckinnon, R., 1997, "Market-Preserving Fiscal Federalism in the American Monetary Union", in Mairo, B. and T. Ter-Minassian (eds.), *Macroeconomic Dimensions of Public Finance*, Routledge.

[46] Naughton, B., 1999, "How Much Can Regional Integration Do to Unify China's Markets?", Paper for conference on policy reform in China.

[47] North, Douglass C. and Robert Paul Thomas, 1973, *The Rise of the Western World: A New Economic History*, Cambridge University Press.

[48] North, Douglass C., 1981, *Structure and Change in Economic History*, Norton Co.

[49] Qian, Y. and G. Roland, 1996, "The Soft Budget Constrain in China", *Japan and the World Economy*, 8: 217 – 23.

[50] Qian, Yingyi and Chenggang Xu, 1993, "Why China's Economic Reforms Differ: the M-Form Hierarchy and Entry/Expansion of the Non-State Sector", *Economics of Transition*, 1: 135 – 70.

[51] Qian, Y. and B. Weingast, 1997, "Federalism as a Commitment to Preserving Market Incentives", *Journal of Economic Perspectives*, 11: 83 – 92.

[52] Qian, Y., G. Roland, and Xu Chenggang, 1999, "Why is China Different from Eastern Europe? Perspectives from Organization Theory", *European Economic Review*, 43: 4 – 6.

[53] Qian, Y. and G. Roland, 1998, "Federalism and the Soft Budget Constrain", *American Economic Review*, 88: 1143 – 62.

[54] Raj, M. Desai, Lev M. Freinkman and Itzhak Goldberg, 2003, "Fiscal Federalism and Regional Growth: Evidence from the Russian Federation in the 1990s," *Policy Research Working Paper Series* 3138, The World Bank.

[55] Shleifer, Anderi and Robert Vishny, 1993, "Corruption", *Quarterly Journal of Economics*, 108: 599 – 618.

[56] Tiebout, C., 1956, "A Pure Theory of Local Expenditures", *The Journal of Political Economy*, 64 (5): 416 – 26.

[57] Weigast, Barry R., 1995, "The Economic Role of Political Institution: Market-preserving Federalism and Economic Growth Growth," *Jouranl of Law, Economics, and Organization*, 11:

1 –31.

[58] Young, A. , 2000, "The Razor's Edge: Distributions and Incremental Reform in the People's Republic China", *Quarterly Journal of Economics*, 115: 1091 –36.

[59] Zhang, T. and H. Zou, 1998, "Fiscal Decentralization, Public Spending, and Economic Growth in China", *Journal of Public Economics*, 67: 221 –40.

[60] Zhuravskaya, E. V. , 2000, "Incentives to Provide Local Public Goods: Fiscal Federalism, Russian Style", *Journal of Public Economics*, 76: 337 –68.

The Local Government Competition and China's Economic Growth "Puzzle": A Literature Review

Tang Zhijun

（Economics Department, Huaihua college）

Wang Yuxia

（Fuhong economics School, Dongbei University of Finance and Economics）

Abstract: This article overviews the existing literature in areas from below: (1) fiscal decentralization, local governments competition and China's economic growth, (2) the system competition between local governments and economic growth, (3) the incentives of local officials, the competition of local government and China's economic growth, (4) the impact of other form of local competition to China's economic growth, (5) the negative effects of local competition to China's economic growth. We point out some shortcomings in the existing research. Therefore, we need to study the related issues further.

Keywords: local government competition; economic growth; China's "Puzzle"

政党组织与战后美国大选周期

◎ 许志成[*]

摘　要: 美国的政党政治和选举制度是其政局长期稳定的重要因素。战后的美国大选呈现出明显的周期性,两党都很难连续执政超过八年。本文试图在两党制环境下,从组织的角度利用一个基于声誉模型的分析解释该现象,并考察政治资本积累、政客能力以及媒体等外部机制对于选举结果的影响。本文认为,政党的组织和内部利益协调能力对于大选的结果有明显的影响,尤其在两党参选人实力比较接近的情况下更为显著。本文的方法和结论不但有助于理解美国政党政治和选举周期,适当扩展和调整也可以对理解西方各国政党政治和选举有所助益。

关键词: 选举;政党;执政周期

一、引　言

美国的政党政治对于美国的政治、经济、社会和文化等各个方面都起着至关重要的作用,尤其选举制、联邦制、总统制、权力分立、司法独立与监督制衡等重要的政治制度。而且,"美国宪法和政党制,是美国政局长期稳定的重要因素"(黄绍湘,1989,第163页)。因此,对于美国政党政治进行一番细致透彻的研究是理解美国政治的前提。再加上选举是民主政治的核心,所以对美国选举和政党政治的关系的研究也会对我国建设社会主义民主起到借鉴的作用。

但是目前国内对于美国的政党政治研究非常薄弱,对于美国大选尤是如此。张立平博士于2002年出版的专著《美国政党与选举政治》是国内研究当代美国政党政治的第一部学术专著,比较全面地展现了美国的政党和选举政治。黄绍湘(1987)、陈其(2007)介绍了美国政党制度发展的历程。姜琳(2004)介绍了近年来美国两党的角色的演化。高新军(2005)把美国的政党制度和选举联系起来研究,解析了美国的政党的组织、竞争等方面对社会关系的

* 许志成,深圳大学中国经济特区研究中心及深圳大学经济学院,通信地址:深圳市南海大道2336号深圳大学中国经济特区研究中心1720室。电子邮件:zhicheng. xu@ live. cn。致谢:作者感谢匿名审稿人提出的修改建议。当然,文责自负。

影响。① 但是不得不说的是，这些专著和论文没有摆脱国内研究西方当代政治的一直以来的弊端，就是描述远远多过解释，它们主要关注的是两党的历史沿革、意识形态以及大选的程序等问题，也没有建立起一套理论体系或模型方法去更深层次地分析和解释美国的政党政治和选举中的一些问题。而本文的目的是尝试通过建立经济学模型深入分析美国大选和政党政治的一些现象和问题。

美国战后的大选中值得关注的一个明显规律就是政党执政轮替基本上是以 8 年为一个周期。其间只有两次例外，一次是民主党的卡特总统因为党内矛盾、经济危机以及最具直接打击性的伊朗人质危机而未能连任，另一次是执政 8 年的共和党的里根总统在卸任之后留下的巨大声望使得共和党候选人老布什成功继任，但是 4 年之后的经济危机和党内矛盾又把他拖了下来。为什么会存在这样的执政周期，以及为什么有时候会出现例外成为本文研究的重点。② 为此，本文从政党组织和声誉的角度建立了一个经济学模型，分析了美国大选周期和美国政党政治之间的关系，并考察政治资本积累、政客能力以及媒体等外部机制对于选举结果的影响。模型对于理解美国大选的周期以及政党组织对于大选结果的影响都有一定的意义。

本文的分析涉及的经济学和政治学的概念和分析方法有必要通过文献综述加以界定和澄清。很多经济学家和政治学家从不同角度分析了美国大选和政党政治的若干方面，以下就其中对于本文产生重要影响的部分文献进行回顾。

首先是政党的存在的意义。著名政治学家萨缪尔·亨廷顿认为，政党是政客与人民之间的中介，保证代议政治的成功运作，维护了社会稳定和民主政治，"一个没有政党的国家也就没有产生持久变革和化解变革所带来的冲击的制度化手段，其在推选政治、经济、社会现代化方面的能力也就受到极大的限制"（亨廷顿，1989，第 372 页）。而从经济学的观点来看，政党对于民主政治的意义在于专业的政客可以更好地为选民提供公共信息，因为选民本身因为专业技能或者是搭便车问题而不可能充分地得到对他们有益的公共信息。③ 此外，政党是政客的平台。

---

① 较早时候的一些文献也关注了这些问题，参见张定河（1996）、樊体宁（1991）、师枫燕（1990）、吕其昌（1997）以及刘杰（1996）等。但是遗憾的是，这些文献同样在解释力和体系性上存在问题。

② Alesina et al.（1989）关注了这一问题，他们强调的是宏观经济状态与国会选举和总统大选之间的周期联系，本文的出发点则是基于组织的角度的。

③ 但是选举并不一定保证民主和公共政策的有效性，正如政治学家们一直强调的那样，政客和普通公民一样不是圣人，如果没有监督制衡是不可能总是作出对人民有利的事情的。Fudenberg and Tirole（1995），Laffont and Tirole（1988），Schnitzer（1992），Von Thadden（1995）从不同的角度论证，当组织中的领导有被替代的可能时，有很高的激励去实施一些短视的政策争取连任。Laffont（1999，2000）将传统宪政思想提炼为精致的数学模型，他把政客和公民的关系理解为委托代理关系，他们彼此的不对称信息问题使得政治问题转化为一个机制设计的问题，即什么样的机制设计可以最有效率地监督政客尽可能地为人民服务。

相比于一个独立的政客，选民更相信一个政党，因为政党处于集体声誉的考虑本身会对内部的政客进行监督，节约了选民的监督成本。这是企业和组织理论的观点。

就美国政党来说，张立平（2002）将其功能归纳为五个方面：（1）招募候选人；（2）为候选人提供经费；（3）连接候选人与选民的桥梁；（4）帮助候选人建立选民联盟；（5）组建政府。不过本文之中直接涉及的只有第一和第五方面。正如 Aldrich（1993，1995）强调，政党的基本功能之一是组织党内初选，提名大选总统候选人，其他的意义都是次要的。

熊彼特强调了一个观点：竞争是民主的本质。在美国，大选的激烈程度不亚于任何体育比赛，即使是党内初选也充满激烈的竞争，最近的 2008 年民主党党内初选就是一例。但是需要注意的是，经济学家早已不再迷信市场竞争总是带来效率，政治竞争也是如此。在没有充分有效的外在机制例如媒体和专家评论的情况下，政客的能力及其在选举中提出的那些政策和口号的有效性等都很难得到验证，这时政客往往会更多地关注于一些其他的能够为选战提供更为直接的帮助的策略，例如对对手进行恶意的人身攻击或是煽动民意。① 但是本文不打算过多讨论外在机制的作用，而是仅仅将其视为外生变量。

Tirole（1996）发展了一个动态的集体声誉模型，也分析了个人间和集体间的竞争与声誉问题。此后 Caillaud 和 Tirole（2002）在此基础上研究了政党组织与选举结果的关系，这是把党内初选和最终的大选结合起来研究选举的第一篇文献，而且他们的论文的研究对象不局限于美国大选。他们的论文强调了政党协调政客的作用，解释了政党组织对于参选政客的调节作用有利于政党赢得选举，并分析了不同的政党组织结构对于选举和公共政策效率的结果的影响。本文也是沿着这一思路进行分析的，同样强调了党内协调和初选对于选举结果的重要性。② 所不同的是，他们的分析重点是从组织的角度理解政客的能力，因而模型中政客的能力是内生的，而本文的重点则在于在一定的能力下组织协调能力对于选举结果和选举周期的影响，因而在本文的模型中政客的能力是外生的。

就美国特殊的政党政治来说，张立平（2002）总结了美国的政党政治的四个基本特点：（1）稳定的两党制；（2）无明显阶级区别；（3）无党员基础；（4）无党中央机构领导。这四

---

① Maskin and Tirole（2004）以及 Smart and Sturn（2003）表明，政客常常要通过怂恿迷惑选民错误地相信自己的政策是有效的，借以提高自己当选的可能性。一些文献分析了外在机制的作用。Grossman and Helpman（1999）分析了院外游说对于政策的影响；Friedman（1997）分析了专家对于政治辩论的影响；Dewatripont and Tirole（1999）研究了政治辩论的成本与收益；Li and Suen（2004）进一步发展了专家模型；Prendergast（2007）分析了政客的政治策略的影响。一些文献关注了大选中媒体的问题（Patterson，1980；Ethridge，2002）

② Aldrich（1995，pp. 22－24）就将 1912 年共和党的败选和 1980 年民主党的败选归结为党内的巨大分歧。可见党内的组织和协调对于选举结果具有至关重要的影响。

点决定了本文模型的适用性。本文模型采用的执政党——在野党两党竞争分析模式是符合美国两党制的现实的。本文模型虽然设置了意识形态的变量，但是并没有过度强调意识形态对于选举结果的影响，这也符合美国的现实。[①] 而第三和第四点决定了本文的模型中政党的内部协调控制能力是有限的，党内竞争和党际竞争同样是非常激烈的。

Stigler（1973）是最早研究美国大选的经济学家，他从经济环境和选举结果的关系的角度出发研究了选举问题。Fair（1978，1982，1987，1990，1996）的一系列计量经济学模型给出了预测美国大选结果的方法。执政党的表现包括经济增长率、通货膨胀率等数据直接影响选举的结果。但是他的方法是纯粹的计量模型，并且假定选民的视角完全是回溯性的，忽略了选举中政党和政客的策略和政党内部的组织和竞争关系对于选举结果的影响。本文将其部分研究结论吸收进来，其中最为重要的一点就是一般而言，执政党在选举中有一定的优势。这一点反映在本文模型的假设中，即一般来说执政党的政治资本随执政时间增长而递增，这对于理解美国大选周期有非常重要的意义。

本文以下的部分结构安排如下：第二节给出模型的设定；第三节通过研究政治资本积累、政党组织协调和执政周期之间的关系，并得到若干结论；第四节通过分析二战以后的历届大选理解和验证本文的结论；最后一节总结全文的结论。

二、模　　型

和 Caillaud 与 Tirole（2002）一样，本文模型从在野党的视角出发研究选举。为简单起见，假定在野党仅有两个政客具有参选的能力与意愿，他们之中将会有一个通过党内初选而获得总统参选人提名并在大选中与执政党的候选人一决高下。

政策计划：两个在野党的政客在初选时需要同时提出一个政策计划或者说是未来执政纲领。假定在可选的政策集合中，仅有一个是高质量的，而同时有无数个低质量的。[②]

---

① 虽然两党在有些问题上例如堕胎、同性恋等仍然存在意识形态的巨大分歧，但是意识形态在美国的选举中不像欧洲政党选举中那么重要，两党为了争取中间选民也尽可能减少意识形态极端化，这也正是两党之外采取极端化意识形态的小党无法赢得选举的原因之一。

② 这样作部分是为了数学模型处理上的方便，重要的思想是保证好和不的相对性，例如一个提高课税水平的政策可能是最有效且公平的，但是也有可能导致社会财富的净损失和公平的破坏，这里定义效率和公平的考量最佳的政策为高质量的，而其他的都是低质量的。

政客：政客的能力体现在以多大的概率提出或发现高质量的政策计划。政客的能力在彼此之间是已知的，但是并不为选民所知。选民仅仅知道一个政客的能力是 $x \in (0, 1)$，另一个是 $y \in (0, 1)$，其中 $x > y$。

政客的目标是通过大选获得权力。总统的权力是可分的，例如他可以通过任命政府官员来转移自己的权力。因此政客可以通过承诺获选后的权力转移来获得选前其他政客的支持。假定获选的总统得到的权力可以量化为 B，而他可以分配给其他政客的权力为 λ。显然 λ 的取值存在上确界 $\bar{\lambda}$，因为在总统制下没有人的权力可以大过总统。此外还要注意的原因是党内的协调能力也决定了 λ 的上限，党内组织的协调能力越强 λ 的上限也就自然越高。

外部机制：在政客提出了政策计划之后，选民以概率 α 得到可靠的公共信号，明确知道政客提出的政策计划的质量，相反地，以概率 $1 - \alpha$ 得不到可靠的公共信号，只好随意地投票。这里的公共信号可以解释为学者、媒体等社会力量提供的政策评估。美国大选之前的多场电视辩论既是候选人提出自己的施政纲领的平台，同时大量的公共媒体和知识分子等也会针对这些施政纲领进行评价。当然，这些外部机制不可能是完美的，而且不同立场的媒体和知识分子也存在矛盾冲突，因此不能过度指望公共信号。于是假定 $x > \alpha > y$，即高能力的政客比外部信号效率高，而低能力的政客效率低于外部信号。

选民：选民通过对政客能力的后验概率选择投票给谁。这里还潜在地假定了选民的意识形态偏好在选举中的作用十分有限，他们更关心政策的实际效果。

大选：假定在野党赢得大选的概率为：

$$P(\beta) = -a + b\beta \tag{1}$$

其中 $a < 0$ 代表执政党的政治资本，执政党的政治资本越大，在野党获胜的概率就越小，反之亦反是。在这里，政治资本类似于人力资本，是一种获得经济或政治利益的能力；但特别的是，政治资本本身即是一种政治权力，政客们通过各种投资积累这种资本，从而获得安排市场资源、政治制度的权力，并由此获得利益。具体来说，政治资本包括经济政策、军事、外交等方面的决策权。[①] 执政党的政治资本主要来自于两个方面：一方面，一般执政党比在野党掌握

---

① 有关文献在分析政治资本对于经济和社会发展的后果时，会根据具体情况以不同的工具变量来代表政治资本，例如党员身份（Li et al, 2007）、军事权力（Raymo and Xie, 2000）等。

更多的权力，例如更容易控制舆论和司法，因此执政利于政治资本的积累，这一点体现在 Fair（1978，1982，1987，1990，1996）的一系列文献之中；另一方面，政治资本也来自于执政党在执政期间的经济、政治绩效，好的经济和政治绩效在选民中积累了更高的威望，因而拥有更高的政治资本。

β 是选民对于在野党政客的能力后验性判断，也就是说，选民通过政客的参选策略、外部机制的作用等因素对在野党政客提出高质量政策的概率进行了修正。因此，在野党在大选中获胜的概率既取决于自身的政治形象，也取决于对手的政治形象。

$b \in (0,1)$ 在 Caillaud 和 Tirole（2002）中解释为意识形态的作用，这里我们不打算讨论意识形态，b 仅仅起到保证（1）有意义的作用。也就是说，不论一个政党怎样操控政治，其政治资本积累都既不可能大到肯定会赢得选举（像独裁的政党那样），也不可能低到肯定会在大选中落败。

三、政治资本积累与选举结果

首先考虑两个在野党的政客的能力分别为 x 与 y。两个政客都积极参选，各自提出一个政策计划。[①]

高能力的政客的期望收益 R_H 为：

$$R_H = xB\left\{y\left[\alpha\frac{P(1)}{2} + (1-\alpha)\frac{P_A}{2}\right] + (1-y)\left[\alpha P(1) + (1-\alpha)\frac{P_D}{2}\right]\right\}$$
$$+ (1-x)B\left\{y(1-\alpha)\frac{P_D}{2} + (1-y)\left[\alpha\frac{P(0)}{2} + (1-\alpha)\frac{P_D}{2}\right]\right\}$$

$$(2)$$

低能力的政客的期望收益 R_L 为：

$$R_L = yB\left\{x\left[\alpha\frac{P(1)}{2} + (1-\alpha)\frac{P_A}{2}\right] + (1-x)\left[\alpha P(1) + (1-\alpha)\frac{P_D}{2}\right]\right\}$$
$$+ (1-y)B\left\{x(1-\alpha)\frac{P_D}{2} + (1-x)\left[\alpha\frac{P(0)}{2} + (1-\alpha)\frac{P_D}{2}\right]\right\}$$

$$(3)$$

以上两个式子中，当两个政客都提出了高质量的政策计划的时候，如果存在外部信号，双方机会均等，都有 $P(1)/2$ 的获选概率，而即使不存在外部信号，选民一样知道他们的政策计

---

① 注意下面的推理都依赖于双方同时提出政策计划的假设。对于双方不同时提出政策计划时，则要考虑到模仿问题，参考 Glazer（2007）。

划会是高质量的，因为除非两个人都发现了高质量的政策计划，否则不可能碰巧两个人提出相同的政策计划。[①] 于是

$$P(1) = P_A(A = \text{agree}) \tag{4}$$

当两个政客中的一个提出了高质量的政策计划，而另一个提出了低质量的政策计划时，如果存在外部信号，则提出高质量的政策计划的政客以 $P(1)$ 的概率赢得大选，而提出低质量的政策计划的政客不能赢得党内初选；如果不存在外部信号，两个人都有 $P_D/2$ 获得党内提名并赢得大选，其中

$$P_D = P\left[\frac{1}{4}\left[\frac{x(1-x)}{1-x^2} + \frac{y(1-y)}{1-y^2} + 2\frac{x(1-y)+y(1-x)}{1-xy}\right]\right] (D = \text{disagree}) \tag{5}$$

全党获得大选胜利的概率 p 为：

$$p = P\left[\alpha(1-(1-x)(1-y)) + (1-\alpha)\frac{x+y}{2}\right] \tag{6}$$

政党具有组织协调能力，两个政客可以私下默契，高能力的政客可以承诺获选总统后会将部分权力分配给低能力的政客，或者是两人公开成为竞选搭档，从而低能力的政客放弃竞选的努力并在本党获胜时可以得到权力 λ。

引理1：选择退出竞争的政客只可能是低能力的，而不可能是高能力的。

证明见附录。

当低能力的政客退选时，全党获得大选的概率 p_o 为：

$$p_o = P(x) \tag{7}$$

于是进一步得到：

命题2：存在 α^*，使得当 $\alpha < \alpha^*$，低能力的政客配合这个高能力的政客更有利于在野党赢得大选。

证明见附录。

下面针对 a 与 λ 的关系进行讨论。低能力政客的参与约束应该满足

[①] 容易理解，现实中两个政客提出的政策计划是一样的时候就强化了这个政策的正确的可能性，即使好的政策计划不止一个也是这样的。

$$\lambda P(x) = R_L \tag{8}$$

由（8）得到

$$\frac{\lambda(-a+bx)}{B} = xy\frac{-a+b}{2} + \alpha y(1-x)(-a+b) + (1-\alpha)(-xy+1\cdot\frac{P_D}{2} - \alpha(1-x)(1-y)\frac{a}{2})$$

仅仅考虑 a 与 λ 之间的关系，视其他参数为常数，上式两边取微分，得到：

$$(-a+bx)\frac{d\lambda}{da} - \lambda = B\left[\frac{-xy}{2} - \alpha y(1-x) - \frac{1-\alpha}{2}(1-xy) - \frac{\alpha}{2}(1-x)(1-y)\right] < 0 \tag{9}$$

由于 $-a+bx \in (0,1)$ 若 a 增大，λ 也增大，即 $d\lambda/da > 0$ 对所有 λ 成立，$(-a+bx)$ 更小，不可能保证（9）继续成立，故而不可能有 $d\lambda/da > 0$ 对所有 λ 成立。类似可证不可能有 $d\lambda/da \leqslant 0$ 对所有 λ 成立。

取 $\lambda^* = \frac{B}{2}(1-\alpha x + \alpha y)$ 使得 $d\lambda^*/da = 0$，则当 $\lambda > \lambda^*$ 时，$d\lambda/da > 0$，$\lambda < \lambda^*$ 时，$d\lambda/da < 0$。

很难证明 λ 和 λ^* 之间的大小关系，但是通过赋值的方法还是可以在大多数时候得到结论，$d\lambda/da < 0$，而且所赋的值比较一般性。例如，赋值 $x = 0.8$，$y = 0.2$，$\alpha = 0.5$，$a = -0.1$，$b = 0.8$。这意味着高能力的政客大多数时间里是对的，而低能力的则大多数时候都是错的，相比之下外部机制的有效性介乎两者之间，意识形态在选举中的重要性相对较低。因此，这个赋值也比较一般，符合通常的设想。这时将数值代入很容易得到 $\lambda < \lambda^*$，且 $d\lambda/da < 0$。而且可以验证，这里的 α 与命题 2 也不矛盾。

如前所述，由于政党内协调能力的有限性以及政府权力分配的限制等因素，λ 存在一个上限 $\bar{\lambda} \leqslant \lambda^*$。这时 $d\lambda/d\alpha < 0$。因此，执政党的政治资本积累在不断上升时，λ 都是不断下降的。而执政党的政治资本相对较低的时候，λ 可能已经突破上限，这时由于在野党的政客不可能达成一致的权力转移，因此在野党的获选概率不再是（7）式描述的，而是（6）式给出的。因此需要根据 α 的数量来重新确定不同情况下在野党获选的概率。

命题 3：执政党执政期间的政治资本积累在一定区间内会降低其连任的概率。

证明见附录。

从执政党的角度来说，如果在执政期间政治资本的积累并没有很大提升的话，这种积累不但不会使得自身的连任概率增加，反而会减少。同时，这里还涵盖了一个重要信息，那就是政党协调能力也很重要。这可以总结为：

推论 4：政党内部的利益协调能力对于该党赢得大选的概率有积极影响。

尽管我们的论证采用的是执政党—在野党分析模式，但是两党实际互为镜面影像，所以政党内部利益协调能力在大选中的重要性对于两党都是非常重要的。

但是同时也应该看到，在执政党执政期间，如果执政党的政治资本积累非常高或是非常低那就使得（A3）不再成立，足够高的政治资本可以使得执政党的政治资本积累发挥积极作用，提高连任概率；反之，过低的政治资本积累也会使得在野党更为轻松地赢得大选。

除去特别的情况（经济危机、政府信任危机等），一般来说，随着执政党的执政时间的延长政治资本也随之上升。也就是说，通常执政党在执政 4 年之后大选时的政治资本低于执政 8 年后的政治资本（如果成功连任的话）。而相应地，在野党在执政党执政 4 年后的大选中面对政治资本并不大的执政党，由于 λ 超过了阈值反而获胜概率低于执政党执政 8 年后的大选中的获胜概率。因此，我们看到在战后的美国选举史上政党执政的周期大都是 8 年。其间也有 2 次例外，即 1980 年民主党总统 Jimmy Carter 执政一届之后败给共和党的候选人 Ronald Reagan，以及 Ronald Reagan 在执政 8 年后共和党再度赢得大选，延长了 4 年的执政时间。下节的讨论说明这两届例外都和政治资本积累过高或过低有关。本文将在下节详尽讨论美国战后大选的有关经验事实对于本文结论的佐证。

四、战后的美国大选

本节根据二战后至今美国历届大选的经验事实对上一节得到的结论进行验证，从中理解美国大选周期以及政党组织协调能力对于大选结果和周期的意义。我们要验证的事实主要是二战后美国大选的确存在周期性并且这种周期性及大选结果和政党内部的利益协调有关。

首先我们把 20 世纪后半叶美国历届大选的结果，包括两党的候选人①及其所得选民票和选举人票②列入表 1。

---

① 我们没有统计第三党的总统候选人的信息。尽管个别参选人对大选结果产生了一定的影响，但是这种作用并不显著。大多数情况下第三党总统候选人一张选举人票都得不到。70—80 年代的 George Wallace 是美国历史上最有影响力的第三党总统候选人，但他最多也只是在 1968 年大选拿下了 5 个州的 46 张选举人票，而获选总统则至少需要 270 张选举人票，而且 George Wallace 虽然以独立党人身份参选，其实他也是民主党人。

② 美国大选获胜一方是选举人票最多的一方。选举人票的优势和选民票的优势未必一致，例如 2000 年的大选。关于美国大选的"选举人团制"请参考张立平（2002）。

从表 1 不难发现 1952 年至今美国一共进行了 15 届大选，其中民主党 7 届获胜，共和党 8 届获胜，两党旗鼓相当。两党的轮替周期一般是 8 年，其间仅 2 次例外。Aldrich（1995）认为，1980 年的大选中，民主党候选人卡特总统未能成功连任的主要原因在于，经济危机和伊朗人质事件①导致的信任危机使得其政治资本急剧下滑，同时其在党内初选中的艰难获胜也反映了当时民主党的组织协调能力出现了问题。这一点是和本文的分析一致的。而在 1988 年的大选中，共和党候选人老布什能够在共和党执政 8 年之后再度赢得选战，则主要归功于前任的里根总统留下的丰厚的政治资本，不过令他遗憾的是 4 年之后的大选他遭遇几乎和卡特总统一样的难题而在选战中铩羽而归。

表 1　20 世纪后半叶的美国大选结果

年份	共和党方面的情况				民主党方面的情况			
	竞选人	竞选搭档	选举人票	选民票（%）	竞选人	竞选搭档	选举人票	选民票（%）
1952	Dwight Eisenhower	Richard Nixon	442	55.2	Adlai Stevenson	John Sparkman	89	44.3
1956	Dwight Eisenhower	Richard Nixon	457	57.4	Adlai Stevenson	Estes Kefauver	73	42.0
1960	Richard Nixon	Henry Cabot Lodge, Jr.	219	49.6	John F. Kennedy	Lyndon B. Johnson	303	49.7
1964	Barry Goldwater	William E. Miller	52	38.5	Lyndon Johnson	Hubert Humphrey	486	61.1
1968	Richard Nixon	Spiro Agnew	301	43.4	Hubert Humphrey	Edmund Muskie	191	42.7
1972	Richard Nixon	Spiro Agnew	520	60.7	George McGovern	Sargent Shriver	17	37.5
1976	Gerald Ford	Bob Dole	240	48.0	Jimmy Carter	Walter Mondale	297	50.1
1980	Ronald Reagan	George H. W. Bush	489	50.7	Jimmy Carter	Walter Mondale	49	41.0
1984	Ronald Reagan	George H. W. Bush	525	58.8	Walter Mondale	Geraldine Ferraro	13	40.6
1988	George H. W. Bush	Dan Quayle	426	53.4	Michael Dukakis	Lloyd Bentsen	111	45.6
1992	George H. W. Bush	Dan Quayle	168	37.4	Bill Clinton	Al Gore	370	43.0
1996	Bob Dole	Jack Kemp	159	40.7	Bill Clinton	Al Gore	379	49.2
2000	George W. Bush	Dick Cheney	271	47.9	Al Gore	Joe Lieberman	266	48.4
2004	George W. Bush	Dick Cheney	286	50.7	John Kerry	John Edwards	251	48.3
2008	John McCain	Sarah Palin	173	45.7	Barack Obama	Joe Biden	365	52.9

注：该表格根据维基百科 United States general elections 词条有关数据整理，详见 http://en.wikipedia.org/wiki/Category：United_States_general_elections。

---

① 这次事件详见 Engelmayer（1981）。

本文的重要结论之一是形成大选轮替周期的原因在于政党内部存在利益协调的问题。因此，尽管一般来说执政党的政治资本会随着执政时间的延长而不断积累，但是在执政党政治资本较低的时候在野党的政客们会更为觊觎白宫的权力，这时在野党比较难以协调内部利益冲突。而相比之下，在任总统往往比较容易协调党内利益冲突，比较容易获得初选提名，往往更容易在大选中获胜。一旦执政党掌握白宫 8 年之后，这时大选就会向着有利于在野党的方向发展。这时由于在任总统没有资格继续参选，执政党内部的政客们常常为了权力而难以协调彼此利益，这影响了大选的结果。所以根据我们的模型，从执政党的角度来说，他们在第一次以执政党参加大选时比在野党更容易协调党内利益并赢得大选，而第二次以执政党参加大选时没有在野党那么容易协调党内利益，往往在大选中落败。那么我们下面就根据 1952—2008 年这 15 届总统大选的情况，来检验政党内部利益冲突问题是否导致周期性轮替以及这种轮替是否对政党在大选中的表现产生影响。

1952 年的大选，获胜的共和党候选人 Dwight Eisenhower 在党内初选时得票与之最为接近的对手是 Robert Taft。他在 Eisenhower 获选总统之后成为参议院多数派的领袖并大力支持 Eisenhower 的政策。连民主党的参议员、后来成为总统的 John Kennedy 都赞誉他是历史上最好的五个参议员之一（Patterson，1977，p. 617）。可见 Taft 在执政能力和领袖魅力上也许不如二战英雄 Eisenhower，但是也是一个非常有能力和有作为的政客。这说明此时共和党内部利益协调能力还是比较强的，Eisenhower 和 Taft 之间达成了默契。相比之下，民主党一方的内部协调则并不理想。原本在任总统 Harry Truman 是有资格参选的①，但是朝鲜战争的不利局面令他民调大跌，于是他放弃竞选转而支持 Adlai Stevenson。党内初选中 Estes Kevaufer 直到最后一轮才被 Adlai Stevenson 逆转获胜。两个人在党内初选中的争斗导致民主党后来在大选中选票大幅分流。

1956 年的大选时，Eisenhower 的民望很高，但是民主党并非没有机会，因为年迈的 Eisenhower 健康情况不佳。② 可是民主党内部却没有协调好内部的利益关系。于心不甘的 Kevaufer 在 1956 年大选中再度参选，但是始终未能获得包括前总统杜鲁门在内的超级党代表们的支持。尽管 Stevenson 在成功获得总统候选人资格之后选择了失意的 Kevaufer 作为竞选搭档，但是当年的民主党全国代表大会上 Stevenson 最大的对手并不是 Kevaufer，而是 Averell Harriman。Stevenson 在大选中再度败在在任总统 Eisenhower 手下，甚至比 1952 年输的更惨。

---

① 这时第 22 条宪法修正案还没通过，该修正案规定总统任期不得超过 2 届。

② 美国历史上只有两个总统就任时比 Eisenhower 的年纪大，分别是 1856 年当选的 James Buchanan 和 1980 年当选的 Ronald Reagan。

1960 年的大选，执政党共和党似乎拥有更多的政治资本，一度被外界看好，但是这未能给他们带来大选的胜利，最终民主党候选人 John Kennedy 以非常微弱的优势击败了共和党候选人 Richard Nixon。[①] 在民主党的党内初选中，Lyndon Johnson 以 409∶806 票的劣势败给了 Kennedy，但是这个强大的对手随即成为了 Kennedy 的竞选伙伴，从而帮助 Kennedy 扫清党内的障碍。由于联邦政府在 1951 年通过了第 22 号修正案，在任的总统 Eisenhower 不再有资格继续竞选总统。副总统 Nixon 在党内初选中击败了 Arizona 州参议员 Barry Goldwater，但是 Barry Goldwater 并没有转而成为 Nixon 的支持者。他始终没有放弃竞选总统的理想，并曾在 4 年之后的党内初选中击败了众多竞争对手获得党内提名。而主动退出选举的纽约州长 Nelson Rockefeller 并非毫无竞争力，他出身 Rockefeller 家族，多次参加大选，并曾在 1974—1977 年担任副总统。这个共和党内的异类一直给 Nixon 的竞选带来不少麻烦。[②]

1964 年的大选中，Lyndon Johnson 以巨大的优势击败 Barry Goldwater，为民主党赢得了延续执政的机会。民主党的获胜和 1963 年 11 月 22 日 Kennedy 总统在达拉斯被刺有莫大的关系，这为民主党赢得了很多的同情。不过从党内组织协调的角度依然可以找到不少原因。共和党方面 Barry Goldwater 与 Nelson Rockefeller 以及 William Scranton 经过激烈的角逐才分出高下，但是不轻言放弃的 Nelson Rockefeller 拒绝支持 Barry Goldwater，使后者在总统大选时只得挑选了毫无知名度的 William Miller。而民主党方面 Lyndon Johnson 首先作的就是和民权运动的领袖达成妥协。就美国总统大选来说，在特定的两党制环境下，不论是民权运动的领袖们还是第三党的政客们都不可能对大选结果产生决定性的影响，因此对于 Lyndon Johnson 来说想到妥协的办法不是难事。Lyndon Johnson 选择的竞选伙伴是 Hubert Humphrey，这位副总统 4 年之后在 Johnson 的支持下成为民主党的总统候选人，这可以理解为 Johnson 和 Humphrey 之间的利益协调，Johnson 这种成功的利益协调也被认为是他获选的重要原因之一。

1968 年的大选，Humphrey 尽管在总统 Johnson 的支持下成为了民主党的总统候选人，但是身体状况不佳的 Johnson 的支持也不足以使得 Humphrey 成功协调群龙无首的民主党内部的利益关系。参议员 McCarthy 以反战斗士的形象获得了学生和知识分子以及上流社会白人的支持，前总统 John Kennedy 的弟弟、与 Johnson 交恶的 Robert Kennedy 获得了少数族裔和反战团体的支持。同时独立候选人 George Wallace 也给 Humphrey 的竞选带来了很大危机。Humphrey 无力协

---

① 两个人的选民票只相差 0.1 个百分点，选举人票的差距相对明显一些，但是 Nixon 赢下了 27 个州的选举人票，高于 Kennedy 的 22 个。

② 最令人惊讶的是在 1976 年的大选中，时任副总统的他拒绝支持时任总统的 Gerald Ford，这在两党中都是非常罕见的。

调各方面的利益从而无法获得足够的支持，因而以较大的劣势败给 Nixon 也就不足为奇了。从共和党的方面来看，Nixon 的主要竞争对手有密歇根州长 George Romney、纽约州长 Nelson Rockefeller 和加州州长 Ronald Regan。Romney 在 Nixon 获选之后成为政府重要成员，担任住房与城市发展部长（Secretary of Housing and Urban Development），此后没有参与总统大选。Nelson Rockefeller 和 Regan 尽管一度给 Nixon 带来了很大压力，但是最终还是以较大的劣势落败。因此，Nixon 不像 Humphrey 那样需要更加在意如何协调党内利益以获取足够的支持。

1972 年大选中，在任总统 Nixon 在党内拥有无可挑战的政治资本，在党内初选中他几乎没有具有挑战力的对手，他获得 86.92% 的党内选票以绝对优势获得党内提名。但是他在越战政策上的决策饱受非议，民主党并非没有可能获胜。然而民主党方面 Hubert Humphrey、George McGovern、Edmund Muskie 和后来作为独立参选人的 George Wallace 在党内初选时旗鼓相当，各不相让。最后 George McGovern 只是以微弱优势险胜，其他几个民主党政客都对他缺乏支持，George Wallace 还在最后的大选中再次作为独立参选人。而且 Kennedy 家族也不支持 George McGovern 代表民主党参选。在这一届大选中，尽管 Nixon 的实力的确高于民主党方面，但是民主党的组织利益协调失败也部分地解释了他们的败选。

1976 年大选中党内利益协调再次扮演了重要角色。执政的共和党人总统 Gerald Ford 利用他的在位优势获得了党内初选的胜利，但是领先优势非常小。他的对手是屡败屡战的加州州长 Ronald Regan，两人在党内初选中分别得到党员 53.29% 和 45.88% 的选票，全国党代表大会中两个人也旗鼓相当。民主党的党内初选中，Jimmy Carter 获得近 4 成党员的支持，远高于第二名的 Jerry Brown（15.39%）和第三名的 George Wallace（12.29%），在全国党代表大会更是以 74.48% 的选票遥遥领先。尽管没有多少人会认为 Carter 的个人能力肯定比 Ford 强，也许更不如 Regan，但是民主党内的支持造就了 Jimmy Carter 的获选；相应地，Ford 的败选主要归咎于他不能成功使得 Regan 妥协，以及副总统 Rockefeller 对他竞选的反对。和大多数情况一样，在党内初选艰难取胜的总统候选人如果不能成功地把党内对手拉入自己的团队的话，他在面对实力接近的对手时几乎没有胜算。

1980 年的大选是战后比较特殊的一次，因为民主党在执政 4 年之后就惨败，和大多数情况下的执政周期并不吻合。但是 1980 年的大选和我们的模型也并不完全冲突。通常在任总统要想获得党内提名并非难事，相反在野党方面则往往争得不可开交；但是这次却恰恰相反，原因在于双方政治资本的异常表现导致两党内部利益协调困难程度的相对性异于平常。1979 年初美国遭遇通货膨胀和能源危机，而伊朗人质危机更是对 Jimmy Carter 的致命打击，这使得他在党内初选时就遭遇 Ted Kennedy 的有力挑战。失去了 Kennedy 家族支持的 Jimmy Carter 最终惨败。因此，Jimmy Carter

的败选主要归咎于他的政治资本在大选在即的情况下急剧下降，这导致他不再有充分的能力使他的竞争对手妥协。民主党内部有着无法协调的矛盾冲突，而共和党一边 Ronald Regan 最主要的竞争对手是 George H. W. Bush。大多数人认为 Bush 能力不及 Regar，他在党内初选中获得 23.81% 的党员支持，远远落后于 Regan 的 59.79%；随后他选择退出竞争，接受了 Regan 的邀请成为其竞选伙伴。8 年之后 Bush 也得到了 Regan 的回报，他在 Regan 的支持之下赢得大选。

1984 年的大选很难给我们的模型提供进一步的支持，因为 Ronald Regan 的获胜和两党的内部组织利益协调并没有什么关系，他的成绩几乎征服了所有美国人的心。他在 1984 年的获选是美国历史上最没有悬念的一届大选，他的对手 Walter Mondale 只赢得了可怜的 13 张选举人票。1988 的大选只是 1984 年大选的一个延续，尽管 Regan 不再有选举资格，但是 George H. W. Bush 在他的支持下轻松赢得大选。

1992 年的大选中，两党的实力相当。民主党方面 Al Gore 是比较有实力的，他曾经参加 1988 年的党内初选，但 Bill Clinton 成功地把他吸纳为自己阵营的成员。而另外两个党内对手 Jerry Brown 和 Paul Tsongas 则没有给 Bill Clinton 带来足够的威胁。相比之下，共和党方面 George H. W. Bush 尽管轻松击败了没有什么政治经验的 Pat Buchanan，但是他的命运和 Jimmy Carter 类似，他没有协调好共和党内部的利益，对于党内温和派的疏远和向右翼势力的示好减少了党内的支持。

1996 年的大选中 Bill Clinton 的政绩是他连任的资本，在民主党党内初选中他获得了 88.98% 的支持。共和党方面 Bob Dole 希望有机会打败年轻的 Bill Clinton，他在党内初选中打败了 Pat Buchanan 和 Steve Forbes。然而这两个对手一个是著名的记者，一个是出版人，都以批评对手闻名；两个人虽然不能获得足够选民的支持，但是他们给 Bob Dole 的竞选带来了很大的负面作用。

2000 年的大选结果双方差距是如此之小，Florida 州的选民中只要有 600 人把投给小 Bush 的票改投给 Gore，最终的当选总统就不是 Bush 而是 Gore 了。因此这一届大选结果单纯地从任何一个角度来解释都是不妥的，我们当然不能宣称本文的模型具有这样超凡的解释力。George W. Bush 之所以能够获得共和党的提名并不是因为他战胜了 John McCain（两人的党内初选成绩差距较大）；而是因为共和党内最有资历和能力的 Dick Cheney 对他的支持，这要归功于共和党的内部利益协调。[①] 2004 年的大选是 2000 年大选的一个延续，共和党方面 George W. Bush 在全

[①]　Cheney 是小布什的父亲老布什作总统时的政府重要成员，担任国防部长。2000 年大选他选择帮助小布什竞选，此后担任副总统 8 年。他的副总统经历极富争议，媒体和政界常批评他僭越权力，过多干预了总统的政策。

国党代表大会没有受到任何反对（仅一票弃权），这传达了强烈的信号——George W. Bush 将会赢得大选。

2008 年的大选是最近的一届。民主党的总统候选人 Barack Obama 之所以能够战胜共和党除了小布什在执政 8 年期间的经济和外交政策的一系列失误之外，也和他成功协调党内利益有关。党内初选时他的最主要竞争对手是纽约州参议员、前总统 Bill Clinton 的妻子 Hillary Clinton。Hillary Clinton 一直到了最后一刻才以微弱的劣势失败，但是 Obama 随后获得了她的强力支持。在 Obama 当选之后，Hillary Clinton 也接受了 Obama 的提名成为国务卿。①

从 1952—2008 年间 15 届美国大选的情况来看，大多数情况下美国大选的实际情况和模型所表达的是一致的。执政党一般来说都可以延续 8 年的执政周期，这和命题 3 一致。政治资本的积累与大选获胜概率不是单调递增的关系。从表 1 可以看出在大选中获胜的在野党所能够得到的选票一般比在大选中获胜的执政党所得到的选票要少，这反映了由执政地位带来的政治资本的相对地位对赢得大选有一定的帮助。但是在一定的范围内，这种积累使得执政党的内部利益协调更为困难，而在野党的内部利益协调则变得相对容易。从这 15 届大选来看，两党执政轮替和这种党内利益协调的难易程度的轮替是基本一致的。在大选中败选的一方往往是政党内部在初选时没有完成这种利益的协调，初选失利的政客没有在此后给予本党总统候选人以足够的支持。

五、结　　论

本文建立了一个分析政党组织的模型，从在野党的角度出发，解释了美国大选中的两党执政周期问题，得到了一些结论。

首先，本文的基本结论是：政党是一种组织，它也存在协调的问题；由于协调的问题，在执政党的政治资本积累不是特别大或者特别小的时候，在野党在大选中面对政治资本稍强的执政党时比面对政治资本稍弱的执政党时更容易获得大选胜利。这个命题解释了美国大选中的两党执政轮替周期。尽管往往执政党通过执政一般会积累更高的政治资本，第二次争取连任时的政治资本一般高于第一次；但是在野党往往在执政党第一次争取连任时无法击败执政党，反而在第二次挑战的时候更容易获得胜利。

---

① 国务卿是美国政府仅次于总统的权力人物，但是一般认为接受这个任命意味着放弃日后竞选总统的意愿。

其次，本文的模型与执政党的政治资本积累特别大或者特别小的情形也是兼容的。在这种情形下，组织协调带来的作用相对弱化，政治资本的积累起到更为关键的作用。

再次，本文强调了政党的内部组织和协调对于选举结果的重要性。这个结论和上一个结论都有助于我们理解 1980 年和 1988 年大选的特例。

当然，由于选举输赢是相对的，在野党和执政党是彼此的镜面影像。这些结论基本上也适用于执政党，他们的组织协调的重要性和选举周期与在野党并没有本质分别。

本文的研究可能从以下几个角度进行拓展。

第一，本文所研究的美国大选一如大多数学者所认同的，意识形态的影响十分有限。但是在分析他国大选时，这个假定并不合适。因此将意识形态内生化也是有意义的。

第二，本文所着重讨论的是政党的组织和选举周期的关系，但是每个国家的政党组织形式纷繁多样，因此模型需要进一步深入讨论这一问题。

第三，本文中政客的能力是外生的，内生化和动态化的讨论可能是有意义的。

第四，选举与外部机制如媒体、专家之间的关系已经受到了许多学者的重视，将它纳入本文的研究框架会进一步改善模型的解释能力。

第五，美国大选特殊的选举人团制和胜者通吃的规则的问题受到一些学者的关注（Trebbi et al，2008）。[①] 这可能进一步丰富本文的分析。

附录
1. 引理 1 的证明

证明：令高能力的政客退出的条件是：

$$\lambda_1 P(y) = R_H \tag{A1}$$

而令低能力政客退出的条件是是：

$$\lambda_2 P(x) = R_L \tag{A2}$$

易证，因为 $[R_H - R_L]/B = (x - y)\alpha P(1) > 0$。

进一步地，$\lambda_1 > \lambda_2$。

因此，无论 $\bar{\lambda}$ 多少，都不可能出现高能力政客退出，而只可能是低能力政客退出。得证。

2. 命题 2 的证明

证明：令 $M = \frac{1}{b}[p - p_o]$，得到

---

① 对于选举人团制的评价可以参见 Longley and Peirce（1996）。

$$M = \frac{x+y}{2}(1+\alpha) - x(\alpha y + 1)$$

$$\frac{\partial M}{\partial \alpha} = \frac{x+y}{2} - xy > \frac{x+y}{2} - \sqrt{xy} > 0$$

显然，当 $\alpha = 0$，$M < 0$；当 $\alpha = 1$，$M > 0$。

于是结论得证。

3. 命题 3 的证明

取 λ_1，λ_2，a_1，a_2，满足 $\lambda_1 > \bar{\lambda} > \lambda_2$，$a_1 < a_2$。也就是说在状态 1，执政党的政治资本相对较低，在状态 2 执政党的政治资本有了进一步积累，相对较高。相应地，在状态 1，由于 λ 超过限定的值，低能力政客不会退选，在野党的获胜概率下降为 p，而在状态 2，低能力政客退选，在野党获胜概率为 p_o，但是要注意的是，这两个状态下的 α 取值不同。考察下式

$$-a_1 + b[\alpha(x+y-xy) + (x+y)/2 - \alpha(x+y)/2] - (-a_2 + bx) < 0 \qquad (A3)$$

很明显，（A3）在 $a_1 - a_2$ 相对较小的时候是成立的。而这种情况会发生在 a_1 和 a_2 所决定的 λ_1 和 λ_2 比较接近的时候。得证。

参考文献

［1］陈其，2007，"美国政党制度的发展"，《历史学习》，第 4 期，第 4—6 页。

［2］樊体宁，1991，"论美国两党制"，《国际关系学院学报》，第 4 期，第 1—11 页。

［3］高新军，2005，"美国政党执政的特点和社会关系"，《马克思主义与现实》，第 1 期，第 39—43 页。

［4］黄绍湘，1987，《美国史纲》，重庆出版社。

［5］姜琳，2004，"目前美国政党执政的特点及影响"，《当代世界与社会主义》，第 5 期，第 54—56 页。

［6］刘杰，1996，"90 年代美国两党制的新取向"，《当代世界》，第 6 期，第 23—25 页。

［7］吕其昌，1997，"冷战后美国两党政治的一些显著变化"，《现代国际关系》，第 9 期，第 7—12 页。

［8］萨缪尔·亨廷顿，1989，《变化社会中的政治秩序》，三联书店。

［9］师枫燕，1990，"60 年代以来美国政党制度的连续性与变化"，《美国研究》，第 2 期。

［10］张立平，2002，《美国政党与选举政治》，中国社会科学出版社。

［11］张定河，1996，"也谈美国两党制形成的时间"，《史学月刊》，第 4 期，第 80—

84 页。

[12] Aldrich, John. H. , 1993, "Rational Choice and Turnout", *American Journal of Political Science*, 37 (1): 246 −78.

[13] ——, 1995, *Why Parties?* University of Chicago Press.

[14] Alesina, Alberto and Howard Rosenthal, 1989, "Partisan Cycles in Congressional Election and Macroeconomy", *American Political Science Review*, 83 (2): 373 −98.

[15] Caillaud, Bernard and Jean Tirole, 2002, "Parties as Political Intermediaries", *Quarterly Journal of Economics*, 117 (4): 1453 −89.

[16] Dewatripont, Mathias and Jean Tirole, 1999, "Advocates", *Journal of Political Economy*, 107 (1): 1 −39.

[17] Engelmayer, Sheldon D. , 1981, *Hostage: a Chronicle of the 444 Days in Iran*, Caroline House Publishing.

[18] Ethridge, Marcus, 2001, *The Political Research Experiences*, 3rd ed, M. E. Sharpe.

[19] Fair, Ray C. , 1978, "The Effect of Economic Events on Votes for President", *Review of Economics and Statistics*, 60 (2): 159 −73.

[20] ——, 1982, "The Effect of Economic Events on Votes for President: 1980 Results", *Review of Economics and Statistics*, 64 (2): 322 −25.

[21] ——, 1987, "The Effect of Economic Events on Votes for President: 1984 Update", NBER working paper No. 2222.

[22] ——, 1990, "The Effect of Economic Events on Votes for President: 1988 Update", mimeo, Yale University.

[23] ——, 1996, "The Effect of Economic Events on Votes for President: 1992 Update", *Political Behavior*, 18 (2): 119 −39.

[24] Friedman, E. , 1997, "Credibility and the Role of Informational Intermediaries", mimeo, MIT.

[25] Fudenberg, D. and J. Tirole, 1995, "A Theory of Income and Dividend Smoothing Based on Incumbency Rents", *Journal of Political Economy*, 103 (1): 75 −93.

[26] Glazer, Amihai, 2007, "The Strategies of Political Opposition", mimeo, University of California.

[27] Grossman, G. and E. Helpman, 1999, "Competing for Endorsements", *American Economic*

Review, 89 (3): 501 −24.

[28] Laffont, J. J. , 1999, "Political Economy, Information and Incentives", *European Economic Review*, 43 (4 −6): 649 −69.

[29] —— , 2000, *Incentives and Political Economy*, Oxford University Press.

[30] Laffont J-J. and J. Tirole, 1988, "Repeated Auctions of Incentive Contracts, Investment and Bidding Parity, with an Application to Takeovers", *Rand Journal of Economics*, 19 (4): 516 −37.

[31] Li, Hao and Wing Suen, 2004, "Delegating Decisions to Experts", *Journal of Political Economy*, 112 (1): 311 −35.

[32] Li, Hongbin, Pak Wai Liu, Junsen Zhang, and Ning Ma, "Economic Returns to Communist Party Membership: Evidence from Urban Chinese Twins", *Economic Journal*, 117: 1504 −20.

[33] Longley, L. D. and N. R. Peirce, 1996, *The Electoral College Primer*, New Haven: Yale University Press.

[34] Maskin, Eric and Jean Tirole, 2004, "The Politician and the Judge: Accountability in Government", *American Economic Review*, 94 (4): 1034 −54.

[35] Patterson, James T. , 1977, "Robert Alphonso Taft", *Dictionary of American Biography*, Supplement, 5: 1951 −55.

[36] Patterson, Thomas, 1980, *The Mass Media Election: How Americans Choose Their President*, Praeger Publishers.

[37] Prendergast, Canice, 2007, "The Motivation and Bias of Bureaucrats", *American Economic Review*, 97 (1): 180 −96.

[38] Raymo, James and Yu Xie, 2000, "Income of the Urban Elderly in Postreform China: Political Capital, Human Capital, and the State", *Social Science Research*, 29 (1): 1 −24.

[39] Schnitzer, M. , 1992, "Breach of Trust in Takeovers and the Optimal Corporate Charter," Chapter 4 of Ph. D dissertation, Bonn University.

[40] Smart, Michael and Daniel Sturm, 2003, "Term limits and political accountability", Presented at the Public Choice Society Meetings.

[41] Stigler, George J. , 1973, "General Economic Conditions and National Elections", *American Economic Review*, 63 (2): 160 −67.

[42] Tirole, Jean, 1996, "A Theory of Collective Reputations", *Review of Economic Studies*,

63 (1): 1 - 22.

[43] Trebbi, Francesco, Aghion, P. and Alesina, A., 2008, "Electoral Rules and Minority Representation in US Cities", mimeo, Harvard University.

[44] Von Thadden, E. L., 1995, "Long-term Contracts, Short-term Investment and Monitoring", *Review of Economic Studies*, 62 (4): 557 - 75.

Party Organization and General Election Cycle in Post-War United States
Xu Zhicheng

(CCSEZRSCE, Shenzhen University)

Abstract: Party politics and the electoral system contribute to the long-term stability a lot in the United States. General elections in post-war United States shows an obvious cycle that both of Democratic and Republican hardly hold the oval office more than eight years. In order to explain the phenomenon, this paper establishes an organization reputation model under a two-party system. Besides, it analyzes the role of political capital accumulation, the ability of politicians and the medias, and other external mechanism in general election. This paper argues that organization and internal compromising ability of the party matter in general election, especially under the case when the candidates' powers are close. The methods and conclusions of this paper not only contribute to the understanding of American political and electoral cycle, but also can be extended to understand the political parties and elections of other western countries after appropriate extension.

Keywords: election; party organization; election cycle

JEL Classification: D72, P16, P43

主流观念的发生机制与政策目标优先序确定

◎ 赵德余*

摘　要： 本文不仅从理论上梳理了政策目标的来源、特定群体的利益表达以及公共目标与特定目标的区别，区分了几种可能的目标优先序排列的形式，而且也揭示了各种因素影响政策目标优先序的内在机制。研究表明，作为政策目标优先序的主流观念的概念与方法既具有理论解释上的优点，也具有一定的可操作性。在这样一个分析中，内在价值观与外部压力因素同时得到了考察，并且被有机地联系起来了。政策目标优先序模型对各种解释变量的包容性在很大程度上增强了其理论解释力。相对于经典的政策过程理论而言，该模型克服了制度主义和利益集团寻租模型过于强调某一类变量的局限性，而是综合考虑了各种可能情形下内在价值变量与外在工具变量交互作用的多重均衡。

关键词： 主流观念；政策目标优先序；内在价值

　　意识形态及意识形态的变化在长期变迁中起着极为重要的作用，大多数长期变迁不能简单地根据"个人主义"的、理性的、有目的的活动这种严格属于新古典的约束来解释。（North，1981，p. 58）

一、引　言

　　思想观念对公共政策与制度的影响对于社会科学界而言似乎是显而易见的，但是，观念到底是如何塑造政策和制度的问题却出乎意料地为研究者们所忽视。尽管有经济学家注意到经济史变迁中的意识形态问题，但也只是以工具主义的方式将之视为节约交易费用的一种因素

　　* 赵德余，现任教于复旦大学社会发展与公共政策学院，副教授。通信地址：复旦大学邯郸路 220 号社会发展与公共政策学院，200433。Email：deyuzhao@163. com。本文在浙江大学第 2 届新政治经济学论坛上宣读过，感谢曹正汉教授等学者在会议上对本文提出的评论和建议。

（North，1981，p.58）。公共政策作为一种正式的外在制度安排，它的决策和制定过程与其决策层所持有的主流观念密切相关。主流观念对政策变迁与制度演化的影响在文献中已经得到了初步的考察（赵德余，2007）。然而，主流观念本身又是如何被决定的和如何变迁的呢？本文试图将主流观念内生化，以讨论影响和决定主流观念及其变化的因素与相关机制。

概而言之，政府主流观念的形成过程与政策的决策和制定过程是难以分离的。考虑到政策工具与方案的选择是政策目标优先序确定之后政策制定过程的一个自然的延伸，本文第二部分对主流观念及其政策目标的来源作进一步界定，以区分内在价值和工具价值两种可变性程度不同的形式。第三部分根据内在价值与工具价值的不同强度的组合划分出主流观念的不同形态。在此基础上，第四部分讨论影响政策目标优先序的几类主要因素。最后是简单的小结。

二、主流观念的进一步界定：可变与不可变的程度

（一）内核价值观与思想理论（意识形态）[①]

有关公共政策的争论很少引起作为其基础的价值观的争论，并不是由于这些价值观对公共政策的重要性不够，或无须争论；而是政治决策者常常在价值观上存在不同的观点，甚至在他们对价值观持有一致看法的地方，对其重要性的认识也可能不相同；正是这些价值观的差异渗透到了政策之中（Swift，2006，p.17）。更有甚者，政治行动者或政府领导决策层可能根据自己的价值观为政策外在地设定一个或多个目的或目标，这就把我们带入意识形态领域。

长期来看，一切的价值观念都是可以变化的。对主流观念而言，其不可变的含义是指在短期内核心或内在的价值观与思想理论的信仰倾向相对稳定或变化甚微。据此，为了区分主流观念中的可变与不可变的部分，我们特将价值观区分为内在价值观与外在价值观。其中，内在价值观是接近意识形态的概念，是对社会福利最大化、对社会弱势群体的强烈关注、对人的初始权力以及结果平等的认同等价值判断所持的一种立场或倾向性。有这种倾向的人会强烈地认同

---

① 从广义的角度来看，有关价值观的不同观点也是一种思想理论形态，主要属于伦理学或政治哲学领域。但是在本文的研究框架中，内核价值只是作为一种存在于社会或政治领导层成员脑海中的观念，并不是以系统的思想理论为特征的。而思想理论模式是需要严格限制的，这里仅仅指特定政策问题有关的经济理论或社会理论模型形成的思想逻辑模式。如就业理论、企业理论、价格理论以及转型经济理论、宏观需求理论等。虽然任何经济与社会理论本身也是内含有价值观或意识形态倾向的，但是价值观本身与经济思想理论对政策决策过程的影响并不完全是一回事。

某一价值取向。如社会福利或经济增长率（GDP）最大化、弱势集体的利益需要关注、个人权力平等等等，理所当然地需要得到优先考虑，是比其所对应的相反或冲突的价值观更优的价值观。当领导层成员在内在价值观取向上处于不一致或强烈冲突时，政策决策的政治过程常常会深受内部的政治斗争或权力平衡较量的影响而不稳定。一般而言，在一个强调一致性的国家尤其是社会主义国家里，中央决策层在内在价值观方面通常会保持相对较高的一致性，尤其是运动式的政治学习更强化了这样的一致性。

类似的分析也适合于对思想理论模式倾向的理解。通常，人们对思想理论的认同是依赖于其早期所受的教育状况，以及后期环境的变化和继续学习的程度。虽然一个人对思想理论的信仰是可以发生变化的，但这样的变化过程并不是轻易可以发生的。如在中国，从计划经济转向市场经济思想的变化就是十分艰难的选择过程。政策决策就是人们在思想理论模式中浓缩、沉淀下来的历史、传统、态度和信念构成的过程（Howlett 等，2003，p. 188）。这意味着决策者在整个政策决策过程中受到思维模式的影响通常是无意识的和持久的[①]。

事实上，相对于内核价值观与思想理论模式的稳定性而言，主流观念的可变部分主要是外在的或由工具价值观念决定和构成的。内在价值观与工具价值观的区别在于前者更多地内在于政策决策层的长久的信仰或理想之中，而后者则是为了响应外界的压力或解决迫切的现实问题。

工具价值观在本质上是一党制度与民主集中制下决策过程的模型化形式，是以"政策人"的一种"意识形态"对立宪民主下公共选择机制的现实上的以及理论上的模拟和替代。也就是说，在民主集中制下，各种利益集团的外在压力对政策过程的影响最终都转化为作为"政策人"的决策者的政策目标及其优先序的排列。而相反，在立宪民主或"三权分立"体系下，各利益集团对决策过程的影响则是通过直接的交易活动外在于政治市场过程，即所谓的集体选择或投票民主。这是一个相对"透明"的政治市场交易过程，而前者则是一个"政策黑箱"，不仅其过程在现实中一般缺乏足够的"透明度"，在理论上也常常缺乏一个有效的分析模型来加以理解。本文定义的工具价值观正是试图弥补这一理论上的缺陷，以解释民主集中制下的决策过程的本质特征。

---

① 但是，本章只关注内核价值与思想理论模式对政策目标的确立以及目标优先序结构形成的影响，而不涉及政策制定过程。因此，在这个意义上说，思想理论模式与内核价值在很大程度上具有一致性。但是两者的区别也是明显的，在分别讨论价值观与思想理论模式对政策变迁的影响时，容易发现两者的主要区别在于：价值观直接作用于或决定了政策目标的重要性，而思想理论模式虽然也对政策目标的重要性及其优先序产生影响，但更主要的是对政策工具的选择或政策制定过程发生直接的作用。

（二）外在（工具）价值观：政策目标集及其优先序

作为工具价值观的主流观念，其发生机制一般可以分为两个关键的阶段：一是政策目标集的确定阶段，二是不同政策目标优先序的确立阶段。政策目标的形成动因既可能是为了响应社会公众利益的需求，也可能是政府自身的核心价值发生转变的结果。确定政策目标事实上是一个把不同社会群体的需求转化为政策议程或项目，以争取或聚焦政府决策者注意力的过程。政策目标的确定只是政策过程前决策（pre-decisional）阶段，这一阶段在议程的形成方面发挥着至关重要的作用。但是，更为重要的阶段是不同政策目标优先序的排列，由于这将更加突出地影响到不同利益集团的经济后果状况，从而也决定政治领导层对政策工具如何取舍的态度。正如 Cobb 和 Elder 所指出的，不同政策目标的优先序的确立将导致政治决策层在关于政策工具选择的会议上争论不休。当然，争论意味着不同的决策者在不同政策工具及其经济后果等问题的认识或判断上存在分歧，不过，正是这样的分歧引起不断的辩论和协商，这有助于扩展决策者的视野，使得最为关键的问题得以凸显。因此，主流观念的本质就是关于决策者的目标集与目标优先序的确立及其得以实现的工具选择的一套价值判断或信念体系。据此，可以是受一定的意识形态引导，也可以是为了解决某一问题的目的而对政策目标的优先序进行排列。这样，以问题解决为目的而形成的价值观就可以定义为工具价值，而受某种意识形态引导的价值观则可称之为内在价值。

关于政策目标的来源问题，内在价值与外在价值的作用机制有时是难以清楚分离的。政策目标显然是解决现实中具体的政策问题或治理的一个方向性诉求。这种诉求的动力机制来源于所有政策问题相关方的主观反应，尤其是政府的决策层成员的价值判断。由此，可以认为，政府决策成员的价值观及其对具体问题性质的判断，以及对其他相关方利益诉求的认同程度是有机地联系在一起的。首先，内在价值观本身的确也是政策目标尤其是公共目标的一个基本来源，并且政府决策层成员所持的价值观一般是多元的，如安全、正义、自由、平等和福利（快乐）等，而这些多元价值观在本质上也是存在潜在冲突的。对价值多元主义者来说，"没有什么基本的价值是内在地比另外的价值更重要，更为权威和更有分量的，而且也没有一种价值包括或概括了所有其他的价值"。这意味着，它们也许是不相容的或相互排斥的，以至于一种价值的实现，要以牺牲和剥夺另一种价值为代价。例如：积极自由也许要以某种程度的消极自由（没有干涉）的牺牲才能得以实现。也正因为不同的价值之间存在着潜在冲突，基于不同价值基础而内在发生的政策目标诉求也常常会面临冲突。如柏林（1969，p. 168）强调的："我们在日常经验中，遭遇的是这样一个世界，我们在其中面临着同样终极而且要求同样绝对的目标之间的选择，其中有些目标的实现必定也不可避免地牺牲其他目标。"多元价值常常决定公共政策目标的形式，如效率目标、安全目标与平等目标等。当然，在各决策成员对不同价值的偏好序不一致时，最终得以体现的正式政策目标是政策决策层内部协商并以"求同存异"方式确立的。

其次，除了决策成员之外的其他相关特定利益群体或集团的利益诉求也是政策目标设置的直接动力因素。他们如何将其利益诉求转化为政府的政策目标，这在下文着重讨论。不过，可以肯定的是，不是所有的利益集团的目标诉求都可以转化为真正的政策目标。然而，保持对潜在相关利益集团的目标诉求与政策目标之间联系的关注仍然是十分重要的。当然，有时，改革目标的两个来源会发生"重合"现象，如政府决策层持有的一种价值取向恰好与某个特定利益集团的目标诉求十分一致，这样的政策目标设置便是相对容易形成的。即，其可以获得的政治支持会上升，虽然上升的强度还是显然依赖于该利益集团的势力及其利益诉求的强烈程度。如果政府决策者追求平等价值，就会对相关弱势群体的目标诉求给予显著的关注和倾斜。所以，利益集团的目标诉求是政策工具价值的体现①。

因此，公共政策的目标是在政治冲突中形成的，并处在不断的变化之中，而不是可以传递下去的一个东西（D. Stone，2006，p. 65）。政策目标的形成是由政策决策层对问题的性质及其问题的认识状况决定的，如对土地征用问题将涉及农民利益的保障（问题）目标，以及促进推进城市化进程对非农建设用地需求的满足，即土地资源的优化配置白效率目标等等。同样，地方政府还会以基础设施建设以及土地利用规划、占补平衡等种种理由而希望分享或获取一定的土地租金目标（如收取各种费用）。显然，不同的利益主体或政策相关方的目标是不一样的，而不同利益相关方在政策决策中的地位和影响是不同的，所以，最终的政策方案能否以及在多大程度上反映各个利益主体的利益诉求或目标是不确定的。只有那些具备足够影响力和相关环境条件下的利益主体，才能将其目标诉求施加到政府政策文本或方案之中，从而在此特定情形下该利益相关方或集团的目标诉求才会与政府政策的某个特定目标相一致或吻合。这意味着政

---

① 公共政策是有关目标选择以及在特定情景中实现它们的手段的一系列关联的决定（Jenkins，1978）。具有单一目标或目的性的政策是少见的，这一般被视为"政策细节"或具体的政策条款，或一项政策安排。这种单一目标导向或目的倾向性可以表示为一种原则，或体现为一种承诺，也可以是一种价值状况。如，在所有可能的供应商（求职者）中，公司要尽可能优先选择本地的供应商（従业人员）；诚实是最好的策略；不应使农民收入水平下降，或者不能使拆迁户的福利状况恶化。只是相对于多重目标而言，具有单一承诺或价值原则的政策问题要简单一些，只要愿意作出承诺的一方可以制定出政策并有能力去执行就可以。但是，问题的复杂性在于一旦政策开始决策，并（尤其）付诸于实施时，政策的相关利益方并不一定会与政策承诺及其方案保持一致性。即一般会因秩序的改变而出现利益受损者的情形，如果该利益受损者提出新的利益诉求，并且其力量或影响力足够大，就可能会产生新的政策议题与目标。

策带有的目标（结构）是政策自身的特性，不能与政策提倡者、采纳者和实施者（甚至其他一些利益相关者）的动机和目的混为一谈（M. Hill，2000，p. 13）。不过，政策的不同目标（结构）通常会发生冲突，这决定了政策问题的复杂性。况且，有的时候，政府行为的意图或政策目标并不总是容易察觉出来的，这是一个很棘手的问题①。

三、政策目标优先序的决定机制：工具性价值与内在价值的强度

（一）公共目标与特定目标

把政策目标区分为公共目标和特定目标可能是有益的。有关公共政策治理的集体事物或利益诉求既可能十分普遍地直接影响到社会中的每个人或利益集团，也有可能只是直接影响某种特定情形或条件下的部分特定个人或利益群体。当然，这样的影响可以是绝对的也可以是有条件的。如环境保护、医疗卫生、社会养老保障以及宏观经济调控等，会影响到每个人和利益集团的利益；而关于青少年就业问题、贫困人口医疗救助以及农村义务教育等政策问题则只与特定利益集团或群体直接相关联。不过这样的分类常常是不准确或有局限性的，如有些政策问题（农村义务教育，外来人口社会保障问题）看似只是与特定利益群体（如农民和外来人口）有关联，但事实上也是关于中央和地方公共财政资源在不同利益群体或集团之间的分配问题。如果将财政资源用于支持和承担农村义务教育经费和外来人口的社会保障资金支出的话，那么公共财政可以用于城镇义务教育和社会保障的资金支出势必会受到影响，从而影响城镇居民的利益；这是直接影响还是间接影响的效果呢？下这个判断有时是十分困难的。为此，我们不对公共政策是涉及所有人还是部分人进行分类，而是从公共政策治理所追求的政策目标动机是为了响应社会全部成员的利益诉求，还是为了响应特定利益集团和个体的利益诉求来对政策目标进行分类。

---

① 当然，问题和困难也是存在的。有些时候政策决策层可能无法明确识别和清晰界定政策目标集，更不用提目标优先序排列以及如何最优地实现政策目标了。如 20 世纪 50 年代的美国森林管理目标非常明确且可测，即有效的树木管理目标和防火控制目标。关于如何实现这些目标，在管理局内部、与重要的专业团体以及管理局不得不打交道的社区之间都存在着广泛的共识（Kaufman，1960）。但是，20 世纪 60 年代后期，环境问题上的政治实践对森林管理局的管理目标提出了挑战，同时还对诸如彻底砍伐一片森林、使用除草剂等许多传统作法提出了质疑。此外，20 世纪 60 年代末期和 70 年代初通过的大量法律条文，扩大了森林管理局的目标范围。目标的变换使其目标变得难以界定，并由此使森林管理局的成绩更难以判断。

公共目标涉及的利益诉求是社会公益，即具有公共品的特性。这种利益可以是社会任何一个人或利益群体都可以享受的；一部分社会团体或个人享受和利用这样的公共利益并不能排斥其他人和利益集团的享受与利用，并且也不会降低其他个人和社会团体对公共目标利益的利用和享受水平。而特定政策目标则只是涉及或响应特定群体或集团的利益诉求，即一部分社会团体或个人享受和利用这样的利益可能会排斥或降低其他群体对特定利益的利用和享受水平。

当然，公共目标与特定目标之间的关系既类似于公共利益与特定群体利益的对比，又不完全相同。首先，公共目标不一定完全是基于利益导向的，很有可能发端于意识形态。无论是内在价值观追求（如平等、自由、安全、效率等），还是对某种思想理论模式的信仰（如市场经济或计划经济目标），都有可能是政策决策和制定的目标。其次，公共目标也可以是以利益为导向的，但一定是社会整体性的利益或有助于所有群体和公众共赢的利益。如经济学常常强调的基本政策目标，包括效率、经济增长和反通货膨胀。在特定情形下，甚至政府的收入支出或财政预算状况也是具有公共特性的。又如政治学研究确立和保护公民的权利，使其能够得到并保有与其所应得努力相关的基本公共政策目标，包括个人自由、分配平等与社会秩序等（Clark，2001，p. 41）。此外，公共利益目标与特定政策目标既可能常常发生冲突，又有可能会出现一致的情形。Posner（1974）在研究经济与社会管制政策时指出，管制政策只能在两种情形中作出选择，即要么是为特定利益集团服务的，要么是为公共利益或目标服务的。但是本研究认为这一选择难题并不绝对。特殊群体的利益与公共利益也并不总是冲突的，虽然冲突的情形是十分常见的，但一致的情形也并非极少出现。当两者一致的时候，公共政策是可以同时对公共目标与特定群体目标和利益诉求给予响应的。如古典政治经济学所努力论证的"看不见的手"定理，即无数自利的个人行为可能使社会利益达到最大化。人们普遍期望从商业扩张中取得一种有益的共赢结果。其中，许多共赢的结果是政治方面的、社会方面的甚至是道德方面的，而非纯粹商业方面的结果（Hirschman，2003，pp. 46 - 47）。

（二）利益表达与特定政策目标

以上讨论了特定群体或组织的利益诉求与政策目标设置之间的潜在关系，但是，从利益诉求到政策目标的确定并不是一目了然或简单发生的。一方面，特定群体的利益是什么？利益诉求是如何界定或发现的？是由谁来表达以及如何表达的？另一方面，利益表达是否能够以及如何转化为政府的政策目标呢？这些问题的解决是政策目标优先序形成或确立的前提条件。

首先，利益是人类行为的支配性动机。在 Hirschman（2003）的经典性总结中，对自利的追求已经在对资本主义运作和成功的理解方面占有核心的地位。Hirschman 从经济思想史的角度考察了利益是如何被赋予了完全不同的、更为肯定的角色（如孟德斯鸠认为虽然欲望可能促使人们作坏人，但其利益却阻止人们这样作）。人类行为不可避免地受到利益引导的观点得到了广泛认可，其原因在于：一方面，受利益引导的行为具有可预见性和恒久性，即人的自利行为有助于减少或降低人类行为的不确定性或反复无常性；而另一方面，受利益导向的欲望或行为也是无害的、温和的。

其次，特定群体的利益是需要被发现、诉求或表达的。"利益"有主观和客观之分，其对相关特定群体和组织的含义也不同。根据巴尔布斯（1971）的区分，客观利益是那些实际上对人们造成了冲击的后果，无论人们对其是否知晓的利益；而主观利益是那些被人们认为会影响他们的东西。当某一特定群体或组织能够"正确地"认识到客观利益的存在，并将之转化为主观利益时，具有什么样的意义呢？这是一个社会活动，还是一个心理活动过程呢？当然，马克思主义者会认为这是一个意识形态的过程。这是否意味着若群体中个体或许多个体都意识到客观利益或主观利益的存在，这些人就会有机会以恰当的方式将之表达出来呢？事实上，群体或组织（或阶层、阶级或集团）的利益并不是一目了然就可以确定的，如果没有人清楚地给予阐述的话，或许就难以知道一个群体利益到底是什么。虽然这种所谓群体共同体利益或许的确是客观存在的。正如 Stone（2006，p. 213）所指出的，"要在分散的群体中找到共同的问题（利益）要比在其中找到共同的解决问题的方案远为容易得多。如美国黑人在结束种族隔离和种族歧视方面当然有着共同的利益。"可是，没有一个共同体或群体的"一般利益"可以在没有加以明确表达的情况下自己显示出来的。

再次，利益表达的方式是多样化的，如特定群体的代表者、政府机关与官员以及学者或研究机构等。在多元论看来，社会所有的现行合法群体都会在政策制定过程中的某一阶段获得话语权。当然，并不是每一个特定群体都可以在政策过程中享有同样程度或影响的话语权。正是这一点引起了 Olson（1965）对搭便车问题的关注。他的研究发现，"与许多分散的利益相比，少数人的特殊利益更倾向于被组织成群体利益"。这意味着不同的群体不仅利益表达的方式不一样，而且其影响力也相差甚远。一般而言，那些所谓利益集中的小集团或组织化高的特定利益群体表达其利益诉求的能力就会相对强一些（Stone，2006，p. 214）。

以中国的政策过程为例，在政策制定前，政府通常会就存在的问题或要出台政策的相关问题召开专题讨论会，所谓"摸情况、听意见"，并进行一些实地考察，尤其是对试点地区的考察和调研。其信息与咨询主要来自于三个方面：（1）地方政府，（2）人大代表和政协委员，（3）专业学术团体和专家咨询。在听取各方面意见后，政府就完成了对问题的诊断，并确立政策目标①（梁鸿等，2006）。在此过程中，各利益群体是如何进行利益表达的呢？如对于单一性质的卫生政策，即只涉及一个部门。利益相关者为政府部门（卫生部）、卫生服务的需求者（市民）和提供者。而对于复合型卫生政策，要涉及多个部门，根据所涉及的范围确定参与的政府部门。具体而言，特定群体或利益相关者表达其利益的主要途径有：（1）通过上访，民众直接向政府或有关部门信访办表达意见和要求；（2）通过居委会，向街道或镇政府反映情况，逐级向上反映；（3）领导下基层时听取群众意见；（4）通过政策制定过程中所采用的听证会形式参与；（5）人大代表的议案和政协委员的提案；（6）通过政策评估中，把群众的满意度来作为政策评判的标准。其中，利益表达的渠道越多或方式越是间接，如上述方式（1）和（2），其效果则越不明显。而这也正是绝大多数公众常常使用的利益表达方式。不过，对于诸如医疗卫生服务提供者的医院或医药厂商等组织化程度高的利益群体则可以通过其相关的行业协会（如中华医学会）直接介入政策过程，向政策决策层反映其利益诉求。当然，他们也可以采纳上述各种方式来强化其利益表达机制。

最后，关于政策目标优先序确立的争论。在政策过程中，某些政策目标是否比其他目标具有更高的优先性，这个问题并不等同于"某些特定群体的利益是否比其他群体的利益更重要"。政治科学对于后一问题的关注显然超出了对前一问题的探讨。事实上，某个社会群体的利益是否比其他群体的利益更重要不仅是一个难以判断的问题。而且，即使这样的判断成立，也并不能得出结论认定与该群体利益一致的政策目标诉求就会比其他目标具有优先性。这是两个不同层面的问题。当然，某些群体的利益诉求或表达比另一些群体的利益表达更加强有力，尤其是当一些群体更会运用政治策略使得自身的利益诉求表达成具有普遍性的公共利益诉求，这就更容易或有助于政策的决策层倾向于认定该群体的利益正当性。但是其利益诉求是否能够上升到政策议程成为特定政策目标以及是否具有优先性，还得取决于政治决策层的意识形态、政治权衡或判断。

（三）政策目标优先序的决定机制及其基本形态

政策目标组合的偏好序具有不稳定性，其目标偏好常常受诸多因素的影响，包括内在价值观、政府预算压力以及外在利益相关集团的影响力等。政策目标优先序是如何确定的？关键的

---

① 此外，中央政府一般会要求相关部门（单个部门或多个部门）负责文件起草。文件初稿形成后，还会进行专家咨询、征求地方政府建议和听取人大、政协意见，并不断修改直至草案完善，然后中央颁布下达，进行实施。

问题在于每个利益集团的政策目标诉求在何种情形下会引起政策决策层的高度重视，并被纳入政策目标优先序列或目标组合之中。当然，对某个利益集团而言，更突出的情形是，什么样的契机或形势会使得该集团的目标诉求不仅仅只是得以列入政策目标组合之中，而且还是显著地"排挤"公共目标和其他利益集团的特定目标，一举进入政策目标优先序的前列，成为政策决策层最优先或迫切需要达成和实现的目标。尽管对不同的政策目标进行优先序排列对于个体决策来说有时是非常困难的，但民主和集体决策可以解决这一问题①。

一般而言，政策目标的相对重要性是基于决策共同体对于不同相关方关于政策问题的意义的一种协调与妥协式的构造。一旦这样的构造受到挑战，则政策目标的优先序确立就会面临或倾向于新的政治适应与调整过程。对各种因素的考察本质上是一种对意识形态的工具性构造，即是对一种与公共目标相关的意义的构造。这种构建的努力必须基于有关政策问题及其背景下的相关利益共同体。当然，仅仅关注决策共同体的目的或目标是不够的，还必须考虑构造政策问题的不同利益相关方的主客观因素，即需要思考什么目标更重要以及相关的判断是如何作出的（Peters，2007，p.41）。显然，这样的构造论观点更符合我们关于政策过程实践的直觉。

根据以上讨论，我们可以选择工具价值与内在价值两个关键变量的不同强度组合作为确定政策目标优先序的基本维度。其中，工具性价值强调政策过程中的资源约束、社会舆论以及特定利益集团的压力等因素的影响力。为了简化讨论，这里仅仅以特定群体的利益表达能力为例说明工具性价值的强度水平，并据此将特定群体区分为强势群体与弱势群体。关于强势群体和弱势群体的定义是相对的。强势群体是指那些利益表达能力强或充分的群体与阶层；而弱势群体则相反，与强势群体相比，其利益表达能力要缺乏或更微弱一些。值得注意的是，强势群体与弱势群体都是在特定政策情景下才能明确的，试图在任何普遍情形下泛泛而谈弱势与强势群体是无意义的。因为社会上几乎每一个人或群体都是某一个或多个特定利益集团的一部分。本研究的一个基本假设是，特定群体的利益表达能力只是影响其利益诉求能否上升到政策目标的一个重要因素，对政策目标的确立而言，既不是必要条件也不是充分条件。无论利益表达能力强弱，其特定利益诉求都有可能转化为政策决策层的目标追求。

内在价值强度是决定政策目标优先性的另一重要维度。内在价值反映政策决策者在确定政策目标时是否具有强烈的诉求和依赖于内在价值的原则或某种意识形态化的需要。一般而言，内在价值的强度能够反映出特定目标与公共目标的一致性关系状况。当内在价值强度不高时，

---

① 关于公共目标以及公共利益是否可以独立于社会中广泛存在的个人的利益与特定群体利益而存在，这是容易引发争论的。不过，这一概念要比"国家利益"更清晰和可信点（俞可平，2002，p.162）。

表明工具性价值对目标优先序确立将起主导作用，即政府财政预算约束、公共舆论、专家以及特殊利益集团的压力等短期因素可以显著地影响政策目标的优先序。若政策目标对内在价值的诉求或动机不强，公共目标的优先序的确定相对有弹性。相反，当内在价值强度非常高时，政府对政策目标的诉求将会十分意识形态化，其特定价值取向或目标将在目标结构中占有绝对优先地位。此时，工具性价值的作用微不足道，无论特定群体的利益诉求是否能够引起决策者的关注，都难以改变政府追求某种价值目标的意志。

表 1   政策目标优先序的分类化

| | | 内在价值的强度（特定目标与公共目标的一致性） | | |
		与所有公共目标一致（强度较弱）	与部分公共目标不一致（强度较弱）	与所有公共目标缺乏关联性（高强度）
工具性价值的强度（特定群体利益诉求是否能够转化为特定目标）	强、弱：都是	情形 1	情形 4	情形 5
	强：否，弱：是	情形 2（简单式）	情形 2（复杂式）	
	强：是，弱：否	情形 3（简单式）	情形 3（复杂式）	
	强、弱：都否	/	/	

注："强、弱"分别表示强势群体与弱势群体，其中，强势群体与弱势群体的区分并不是以两类群体的规模或经济实力来划分的，而是以两类群体的利益表达机制的交流畅通程度及其对政策决策者的影响程度来划分的。而"是"、"否"分别表示特定群体的利益诉求"能够"或"不能够"转化为特定政策目标。一般而言，强势群体比弱势群体更有信息优势表达利益诉求，但这并不意味着强势群体的利益诉求总是能够得到政策决策层的响应，以取得特定政策目标的优先地位，也不意味着强势群体比弱势群体更能够直接影响政策决策者的目标偏好序。

当然，在绝大多数情形下，内在价值和工具性价值都处于相对□等的强度水平下。此时，特定群体的利益诉求与价值导向的公共目标都有相对迫切的重要优先性。于是，就出现了多重目标的不一致性难题，这正是情形 4 所要讨论的最常见的政策决策类型。

　　情形 1：政府有多个公共政策目标，且每个公共目标之间关系是一致的，同时公共目标又分别与特定目标倾向相一致。即强势群体和弱势群体的利益诉求都上升到了特定政策目标层面，并且还各自与某个公共目标形成一致性。

这是一个典型的 Pareto 改进式的政策变迁过程，如 20 世纪 80 年代初开始的家庭联产承包责任制以及农村集贸市场的开放政策对于活跃和刺激农村经济发展起了十分关键的作用。当时，政府启动农村改革的直接目标按照官方的解释就是"解放和促进农村生产力发展与农民收入的提高"。而这样的目标不仅和农民的利益诉求是一致的，也对城市居民以及社会广泛的各阶层的利益诉求有利。

情形 2（简单式）：政府有一个或若干公共目标，强势群体的利益诉求还不足以上升到政策目标的层次。然而弱势群体的目标诉求不仅成功地转化为特定政策目标，还与政府的公共目标取向保持一致性。

在这种情形下，政策决策层一般会被要求为弱势如贫困群体提供公共基金或支持性响应措施，以平衡政策调整过程的参与不平等问题。除了普通的公众之外，政策会扩展到包括那些在一项决策中即使没有特殊利益的人们。当然，弱势群体偶尔也会以某种公共价值目标如平等来掩盖其特殊利益诉求，以促进其特定政策目标的实现。

2005 年之后的农村税费改革和农村义务教育政策的调整就是典型案例。这两个案例表明政府追求的平等目标和减轻农民负担的特殊政治目标是一致的。无论是取消农村各种税费负担，还是减免农民子女的义务教育的学费负担，都意味着政府财政的转移支付，即农村乡镇政府运作成本和义务教育成本将逐步纳入到公共财政预算之中。从而事实上改变了传统农村诸如义务教育、治安、道路等许多以收取"附加费"的形式供给的"集体物品"的性质，恢复了由省、市级财政支持的"公共物品"性质。当然，这类政策目标调整客观上潜在地影响了某些地方政府机构和城镇居民的利益。如各级财政每年新增教育经费将更多地投入到农村教育供给中，以及各级财政转移支付到地方财政以弥补税费改革之后的财政缺口等，这些势必减少了城市公共财政的可支配水平，限制了对城市教育经费支出增长的幅度。但是，这些潜在受影响的城市居民乃至乡镇一级政府机构官员的利益诉求并不足以影响到中央政府的目标设定，也就是说利益受损集团的利益诉求还不能上升到政策决策的优先目标层次上。

同样，最近的保护农民工利益与提高企业职工工资的决策也都具有类似的性质，即政策既是响应特定弱势群体的目标诉求，也是与政府某一类公共价值目标相一致（如公平或减少收入分配的差距）。

情形 3（简单式）：政府有一个或若干公共目标，弱势群体的利益诉求还不足以上升到政策目标的层次；而强势群体的目标诉求不仅成功地转化为特定政策目标，还与政府的公共目标取向保持一致性。与情形 1 相反，此种情况下，公共政策成了特定强势群体的工具，即为政策俘获理论所讨论的情形。

关于这种情形的讨论，如大型企业、资源垄断下的金融、电信、高等教育、邮政等行业政策，已经形成了大量的学术文献，如 Stigler（1998）就明确提出应该研究一个产业组织或由意见相同的人构成的集团在何时因何缘故能够操作国家以实现其目的（或反过来被国家控制，实现不同的目标）。当一些利益集团对公共政策具有较大的影响力，政策可能不再是公共利益的代表，而成为有权势集团压迫其他公民的工具。如政府以促进平等为目标的政策取向常常只是迎合了利益集团的要求（Clark，2001，p. 161）。

以上讨论的情形1、情形2、情形3都是相对简化的理想类型。这些类型若发生在现实中都是特定历史条件下的相对特殊的政策经验。然而，一般而言，在多数政策过程中，政府的公共目标常常不是单一的，而且多重公共目标之间经常不一致或相互冲突。这样，情形2和情形3在特定目标诉求与某个政策公共目标发生冲突时，就会出现所谓情形2和情形3的复杂形式。这里的复杂形式更接近于现实情况。鉴于情形2、情形3的复杂形式与情形4比较接近，这里仅仅以情形4为例说明之。

> 情形4：政府有多个公共政策目标，且每个公共目标之间存在冲突，同时相互冲突的公共目标又分别与某一特定目标倾向相一致。即强势群体和弱势群体的利益诉求都上升到了特定政策目标层面，并且还各自与某个公共目标形成一致性。这样的政策制定常常出现胶着状态，其实施成本高昂。

当出现胶着或目标冲突时，政府在政策决策，尤其是政策实施过程中常会出现所谓的"迟疑"或"不决"的现象，即政府不仅需要斟酌不同利益集团的"呼声"与公共目标的相对重要性，而且还要权衡各种可供选择的政策工具在缓解多重政策目标冲突与紧张方面的潜在效果。例如，银行金融风险凸显了房价控制政策目标的复杂性，其中不仅不同特定群体或集团的利益目标发生冲突，而且公共目标与特定目标之间存在不一致性。为了响应公众的呼声或不满，政府的价格控制目标与房地产行业的利润目标以及银行金融业的利润目标之间存在冲突。显然，银行金融业的赢利能力依赖于房地产行业的繁荣，两者在利润目标极大化上是一致的；但金融与地产行业的利润极大化目标与广大公众的利益诉求即价格控制和稳定目标是不一致的。就是说，房价越高，房地产行业企业的利润空间就越大，银行金融业利息租金的收入也越高；但公众购买房屋的成本负担也就越重，其福利损失也就越大。同时，房价控制政策的困难在于，房地产与金融行业的特定目标与国家宏观金融安全目标之间存在紧密关联性。即，如果房地产价格下降幅度过大的话，将会产生严重的难以想像的银行贷款风险，而金融危机的爆发与扩散会扰乱和摧毁中国整体经济发展能力，从而直接威胁国家金融安全目标。就这一点后果的严重性而言，无论中央政府还是地方政府对此都是有清醒认识的。于是，考虑到社会公众对房价控制的呼声，和国家金融风险的潜在压力，政府始终在出台的"国八条"和"新六条"中都没有承诺要必须使房价降下来；在回应社会公众的利益呼声方面，政府设置其政策目标也一直是以稳定现行房价为底线的。所以从中央政府来看，国家控制房地产价格政策至少涉及四个具体的目标：一是公共目标，即维持金融安全；二也是公共目标，控制经济过热和通货膨胀的压力；三是控制和稳定房地产价格目标，以缓解社会公众强烈的不满和民愤；四是保持房地产行业的健康发展。

情形5：政府有一个或若干价值强度非常高的或者十分意识形态化的公共目标，但是强势群体和弱势群体的利益诉求都不足以上升到政策目标的层次；或者虽然已经转化为特定政策目标，但却与政府的公共目标取向不存在明显的关联性，从而在政策目标的优先序中弱于公共价值目标的重要性。

在20世纪50年代早期，中国政府推行第一个五年计划时，主张以"公私合营"的形式或收购赎买的形式进行国有化占领，事实上是考虑到所谓民族资本家的利益诉求的。但是一旦公有制优越性以及迅速公有化成为迫切优先的政策目标，工业化与国有化政策就倾向于以没收和直接接管的方式剥夺资本家对生产资料及企业的任何占有[①]。同样，一个国家的国防政策制定，也具有类似的性质。在国家安全上升到十分重要的程度时，诉诸安全价值的政策目标也不会顾及任何相关特殊利益群体的目标诉求，而是随时可能征用社会公众或企业组织的物资与劳动力。此外，特定时期的计划生育政策也是政府在迫切追求人口规模控制目标的刺激下对公民生育自由及权利施加严格的限制。

所以，当政策决策层对特定价值目标给予特别强烈或优先考虑时，除非特定利益群体的目标诉求与政策的价值目标或意识形态化非常一致，否则就不会对政策决策发生任何实质性的影响。

---

① 意识形态对选择公营企业有重要影响，即使在许多具有不同意识形态的国家里，国有企业部门的相对规模以及行业集中现象都是非常相似的。在不涉及意识形态的条件下，很难解释不同国家国有企业部门的相对规模的某些差异，或很难解释国有企业在不同时期里重要性的变化。共产主义国家和美国在公营企业重要性方面的历史差异，很大程度上归因于意识形态的不同。相似地，在解释为什么同一个国家的相同行业被一个政府国有化而被另一个政府非国有化的问题上，意识形态具有重要作用。（Aharoni，1986，P. 317）

四、影响政策目标优先序的重要因素

既然政策目标优先序是由工具性价值与内在价值的强度交互作用和决定的，那么所有与它们相关的影响因素或变量的改变都会在一定意义上对政策目标优先序的确定发生作用。不过，值得一提的是，政策目标优先序的决定虽然也可以是一个类似于均衡的过程，但是目标优先序并不会像市场均衡一样任何一个变量的改变产生连续可微的变化或移动。相反，政策目标优先序的变动一定是一个非连续的过程，即任何一个影响因子或变量的改变只有在达到一定累积水平或程度之后才有可能促使政策目标优先序发生调整，而且一经调整之后新的政策目标优先序又将会在一段时期内保持稳定状态，直至新的、影响足够大的变量冲击出现为止。以下仅对几个重要的变量作进一步讨论。

（一）政府的成本收益计算与官僚行为

"财政部控制"包含着一个危险但十分有效的策略（尽管也许不是有意设计的），该策略包容任何政策建议的提出（哪怕是作为争论问题）。如果这个政策有益，会严格地改变当前政策目标的优先序（Vickers，2004，p. 113）。有时，政策目标被看作是非常普通的，常常是一些象征性表述，与政策手段没有什么相干。事实上，政策目标和手段是相对的概念，即一个目标可以作为一个手段或约束，而一种手段或约束也可以作为目标；也就是说，工具不可能和目标截然分开（Majone，1989，p. 117）。如决策者对减少财政预算支出（或盈余）或负担既可以理解为政府追求的政策目标，也可以认为这是一种考虑确保其他公共目标的资源保障的手段。

政府的成本收益计算在什么时候会成为政府十分担心的问题，即转化为政府必须面对和治理的政策目标追求呢？一般而言，在政府承担的成本不断地攀升到超出了其财政可以忍受或承受的边界之际，政府会作这一转变，即把一种预算约束因素转化为政策本身所需要优先考虑的目标追求。这在社会主义国家经济改革或转轨经济中尤为突出（如20世纪90年代中期国有企业改革，1998年粮食政策改革以及乡镇企业改革）。相反，当政府财政足够充裕时，原来不可行的或在政府考虑之外的一些政策目标也有可能重新回到或步入政府的政治追求视野中。如对上海市浦东科技型中小企业提供融资支持，公民的基本医疗卫生保健目标等。

除此之外，还有一种情形，特定的政府部门机构也许会追求部门自身预算最大化，从而可能在政策决策中施加影响，把部门的预算目标渗透或转化到上级的政策目标组合之中。Niskanen（1971）对官僚机构的经典研究提供了一条理解部门预算的博弈视角。根据该视角和方法，对以最小成本取得某种水平的产出有兴趣的一元化"立法机构"即政策的决策层，与希望获得最大限度的部门预算或整个组织的悠闲的部门领导之间存在一种博弈关系，甚至是策略性的博弈关系。该关系本质上是一种信息不对称的双边寡头垄断博弈，即官僚行政部门不仅知道政策决策层能为不同数量的产出支付多少，而且也了解一定产出的最低成本是多少。追求预算最大化的行政部门领导还会利用政策决策层或立法机构的预算单来估测产出的水平，并提出相应的预算要求，这同时会使行政部门的预算最大化。正如在中国的医疗卫生改革决策过程中，卫生部门与劳动和社会保障部门都试图分别测算各自所主张或提议的政策备选方案的费用预算规模。显然，由于政策决策层具有为改革支付费用的意愿，并且也缺乏有关成本的、减少行政部门预算所必需的信息，政策决策层常常会接受行政主管部门的预算诉求。当然，Niskanen 所担忧的公共行政部门规模的膨胀并不是本研究关心的主题，本文关注的是行政部门追求预算或自身利益最大化的动机是否以及会在多大程度上施加政治压力影响目标优先性。一个合理的推论是：当政策决策层的主流观念或对特定目标的追求将增加某个行政部门的预算利益时，这会刺激该部门领导对相应政策观念或目标优先序的政治支持；相反，若预期一项价值目标的追求损害或削弱其部门利益，则该行政部门就会倾向于消极抵制，甚至在政策决策层内游说或公开反对，以改变政策目标的优先序及其方案。

（二）媒体、学者与社会流行观念

媒体与学者对政策目标优先序的作用，时常由于或者被低估或者被高估，而令人难以作出准确的判断。关于媒体对政策主流观念的影响，一般认为它为社会与政策决策层提供了一个信息沟通机制。这种影响还主要体现和塑造了一种所谓的社会流行观念①。与群体心态不同，社会流行观念是指不同社会个体或区体形成一种类似的或共同的价值判断与认知，尽管他们并不一定实际聚集在一起，如学术界（研究机构）一定领域内的同行群体认知，以及民间组织或传播媒体的群体一致性观念。这种社会观念可能是理性的，也可能是非理性的，甚至可能是相互冲突的。根据群体心态学的观点，作为群体心态的社会流行观念具有强烈的互动性，类似于群体的"从众性"，但不完全一样。首先，社会个体具有情绪性，在特定环境下往往会从众或响

---

① 社会流行观念本质上是一种群体心态，即是一种能够把分散的人聚集在一起形成聚众状态，并且能够支配聚众人群的行为走向的心理机制。分散地流行于社会的个人或团体之间的共同认知或价值判断。群体心态是指人聚集在一起后形成的一种心理倾向，人在群体行为时其理智水平处于最低状态，其理性能力处于最低状态，且判断能力也处于最低状态（勒庞，2000，p. 6）。

应或跟着一个"群体意识"。如在房价高涨的情形下，普通民众会不自觉地加入到"抑制房价"的群体呼声浪潮之中，而一个农民则可能面对沉重的税费负担而走向抗税费的群体活动中。

其次，传播媒体及其对不同的群体之间互动的影响也是十分明显的。传播媒体既可能受公民意识或群体心态的刺激和鼓动而加入宣传报道该群体的意识与观念，也有可能传播媒体的立场本身就推动和强化了公众的群体心态和行动。如大量的媒体对医疗事故或公众"看病难、看病贵"的特殊事例的夸张性报道会在一定程度上扩大公众反对医疗市场化改革观念的流行范围和影响深度。同样，关于土地征用政策，农民的态度也可以通过媒体报道而吸引社会广泛的关注。大众传媒在确定有关政策的议程以及传播相关的农民补偿与纠纷问题的信息上起着非常重要的作用①。例如，对政府高级官员型智囊王梦奎和陈锡文讲话的报道表明了土地征用中引发农民纠纷及其上访问题的严重性，而关于广东省委书记讲话的报道则表明了地方政府对土地征用决策与实施的强度正在上升。

同样，学者在某种程度上参与政策过程（议程的设置和政策的制定），但是到底能起多大作用却很受争议。学者在政策过程中的角色既可能是信息的提供者，也可能是直接参与者。作为信息提供者，学者尤其是经济学家的作用是可以量化相关政策议题涉及的收益和成本，并为政治决策层提供更好的信息数据，即他们进行决策的政策利益点是什么；哪些成本或代价是可以并且能够支付的；以及存在哪些风险或不确定性及其相关的约束条件；哪些约束条件是可以改变的或不可以改变的。不过，应当注意到学者对政策问题的研究成果多数是技术性质的，从而对政治决策者而言可以起到决策咨询与参考作用，这也是各级政府都会设立专门的基金发布"政府决策咨询课题"项目招标的原因。当然，不能由此认为各类专家或学者的研究成果就会对实际的政策制定产生了实质性的影响或作用。

不过，对于那些直接参与到政策制定过程中的少数学者而言，其影响的重要性则可能显著

---

① 以下三则媒体报道有效地表达了学者或政策决策层官员对有关土地问题的关注点及其政策目标诉求。王梦奎说，许多社会问题需要从个案处理转向制度性解决。以农村土地问题为例，国务院发展研究中心课题组调查显示，农民上访事件中四成左右是由土地征用引发的，26% 是由承包地流转引发的，两者合计占农民上访总数的 66%；东部地区高于中、西部地区，超过 70%。这说明经济发达地区征地问题更为突出。（左振乾，http://www.jrj.com，《中国产经新闻报》，2007 年 1 月 30 日）。2007 年 1 月 30 日，中央财经领导小组办公室副主任、中央农村工作领导小组办公室主任陈锡文表示，总体看农村引起农民上访的主要问题有 3 个，一个是土地征占，第二个是村里的财物，第三个是有些地方出现了环境污染。在这中间，土地问题所占的比重确实是比较高的。广东省委书记张德江表示：现在农民上访有相当一部分和征地有关。今天我说三句硬话：今后，征地手续不齐全、不完备的项目，不能开工；没有与农民就征地补偿民主协商和达成协议的项目，不能开工；征地补偿款没有兑现到农民手里、各种补偿不到位的项目，不能开工。（来源：《人民日报》，2006 年 01 月 04 日，"针对农民因征地上访 张德江：'三个'不能开工"，王楚、韩建清）

上升。一旦接近或进入政策决策制定层的学者，其学术思考的独立性常常会大大削弱。显然，政策智囊团内的学者常常并不只是一位，也许是许多位来自不同机构或学科的专家。事实上，这些不同背景的学者不仅自身对所谓"正确"或"适当"的政策方案难以达成一致看法，而且也不能无视公众和媒体的诉求与心态。当然，更重要的是学者们必须适应特定利益集团的行动以及政治家的意志。这意味着即使学者们已经接近政治决策层，也不能断定他们的参与就一定是政策过程中决定性的组成部分。甚至通常学者的参与也可能不是最重要的部分，而其结果也常常是出乎所有相关者预料的。（Dixit，2004，p. 112）

学术界和研究机构的介入常常会以权威的形象引导社会群体心态与观念的态势，从而促使政治决策层对有关问题的关注。当然，这还需要学者参与或介入由政府智囊团组织规划的课题研究活动中（如政府决策咨询系列课题等）。例如 2005 年 6 月初，国务院发展研究中心社会发展部与世界卫生组织的"中国医疗卫生体制改革"合作课题组发表了六份专题报告和一份总报告，表明中国医改是不成功的，甚至是彻底失败的。政治学家王绍光（2006）是这样描述这份研究报告对政策议程及其目标设置的影响契机的。

由于这些报告刊登在内部刊物上，最初并没有引起人们的注意。2005 年 6 月底情况突然急转直下，国务院发展研究中心社会发展部副部长葛延风在接受媒体采访时，透露了总报告的内容。它指出，未来中国医疗卫生体制的改革应该坚持两条原则：一是追求公平，要确保所有社会成员都能够得到基本的医疗卫生服务；二是强调卫生投入的绩效，即在有限的社会卫生投入水平下使全民族的健康水平获得最大限度的提高。而市场化改革不可能达到这两个目的。

这个案例表明专家学者甚至是政府的智囊团的政策倡议如果能够得到媒体或公共舆论的强力支持，则其对政策议程及其目标优先序的影响能力就会显著上升。当然，一般而言，除非借助于学术界或意识形态的压力或者事态的性质发生了重要变化，媒体对政策问题的关注力虽然可以影响政府讨论问题的议程或注意力，但其本身很难真正对政策决策层的目标优先序产生实质性的作用。正如研究传媒议程的 Cohen（1963）所指出的，"传媒如果想对受众'怎么样想问题'指手画脚，恐怕很难成功，但它对'受众想什么问题'的控制却易如反掌"。

因此，政府包括其智囊团成员在内的各级官员也可以不同程度地受到媒体和学者等社会流行观念的影响和冲击，以至于其中许多官员也会不同程度地接受特定群体的心态。于是，一个新的政策目标就有可能在特定群体心态或社会民意的压力之下形成。当然，任何一个新的政策目标的形成和确立都有一个过程，这是一个与旧的政策目标优先序或价值观念进行斗争，并最终战胜和代替旧的政策目标或价值观念的过程①。这个过程带给政治决策领导层一种新的政策目标优先序。其中，社会流行观念或特定群体心态所诉求和主张的价值目标在领导层意识形态中的优先考虑程度提高了。

（三）利益集团的压力

关于利益集团的压力，需要考虑的问题是利益集团是以何种方式以及程度上影响了政策决策者对目标追求的优先序。当然，最可能的情形或许是利益集团并没有为受影响的利益采取行动，或许即使行动了也没有对政策目标优先序发生任何影响。

首先，对于那些利益受到影响的组织，是否会变被动的情况（被"影响"）为主动的状态（"试图影响"），去积极影响或干预政策过程一直是一个备受争议的问题。这一点也可以从有关利益集团的不同定义之间的差异中观察出来。如一种观点将利益集团理解为受某种共同的感情或利益所驱使而联合起来的公民群体，他们的利益是同其他公民的权利或社会的长远利益相左的（Madison，1980）。类似的观点认为利益集团是那些具有特定的共同的立场、观点和利益的人们的集合体（迁中丰，1989）。从这个定义理解的利益集团是相对"被动的"，只是意识到具有特定共同利益或情感，但却未必会行动起来以主动实现或谋求对政策施加影响。相比较而言，在维·杜鲁门（1971）看来，一个具有共同态度的群体，会通过影响政府而向社会中的其他群体提出一定的利益要求或某种声明。而 Berry（1989）则明显强调利益集团是那些具有某种共同的目标并试图对公共政策施加影响的个人的有组织的实体。Dahl（1989）也提出了类似的看法，即任何一群为了争取或维护某种共同的利益或目标责任而一起行动的人。所以，从具有潜在利益的集团到明确声称具有共同利益的群体，再到能够积极寻找对政策过程施加影响或干预的利益集团之间存在大量宽泛的中间组织形态。当然，按照现代文献的理解，狭义的利益集团应当主要局限于后者。

问题的关键在于什么样的利益集团可以以及能够在何种程度上影响公共政策的优先序。多元主义者会认为，如果人们受到某种社会条件或变革的负面影响，那么他们就会组织起来改变这种情形；但是，直到现在为止，大多数政治科学家认为，"从被动的受影响者转变为主动的

---

① 竞争通常被看作在强大的"特殊利益"与捍卫力量弱小的"公共利益"之间的竞争。美国卡特总统曾经作过这样的描述："国会被数百种用于经济实力和拥有权力的特殊利益往各个方向牵扯和牵引。"并且他还警告说，国家利益并不总是我们所有单个利益或特殊利益的集合。（D. Stone，2006，p. 224）

行动者这一点既非自然，也不容易"（Stone，2006，p. 210）。利益团体影响公共决策需要采取各种途径或实际的行动，其方式是多种多样的，如游说（接近立法者，或联络人、信息人和监督人，或者接近政府与其相关的部门甚至司法机关）、宣传、捐款、抗议（包括示威或暴力抗议）等等。利益团体通过制造舆论，进行民主调查，或向政府提供有关的信息来影响政府的决策。

　　不过，从 Wilson（1980）对政策类型学的研究来看，可以更清楚地发现"成本"和"收益"对政策目标优先序的确定具有内在的意义。Wilson 假定人们会围绕对他们产生强烈影响的事情组织起来并展开斗争。因此，如果使用 Wilson 的成本和收益这两个术语来描述坏和好的效果的话，则使用"集中"和"分散"这两个术语就可以把握住利益集团影响政策目标优先序的强度或力量了。

　　和前文"强势群体"一样，利益集团的组织化程度越高或可以动用的资源越多，则其影响政策过程的力量也就越强。从表 2 可以看出，能够获益的或收益"集中"的利益集团容易形成强有力的组织努力，而那些潜在利益分散的群体则可能保持被动或无组织的状态。同样，对成本的承受方而言，也是一样的逻辑，即利益分散的或受损不大的利益集团与受损很大或成本集中的利益集团相比，就缺乏形成组织化的动力，相反，后者则会有强烈的动力去采取集体行动。在 Wilson 看来，集中的利益和分散的利益相比几乎总是会取胜，而有组织的反对派也可以轻易地打败难以组织的、潜在的获益者。所以，利益或成本"集中"的利益集团对政策目标优先序的影响强度会显著地超过那些利益或成本分散的利益集团。

表 2　利益集团的类型及其对政策目标优先序的影响程度

		收益	
		分散的	集中的
成本	分散的	影响政策目标优先序（二具性价值）强度低	对利益集中方：影响政策目标优先序强度高 对成本分散方：影响政策目标优先序强度低
	集中的	对成本集中方：影响政策目标优先序强度高 对利益分散方：影响政策目标优先序强度低	对集中的潜在利益方和成本承担方，两者影响政策目标优先序（工具性价值）强度都很高

五、结　　论

　　本文不仅从理论上梳理了政策目标的来源、特定群体的利益表达以及公共目标与特定目标的区别，从而区分了几种可能的目标优先序排列的形式，而且也揭示了各种因素影响政策目标优先序的内在机制。本研究表明，作为政策目标优先序的主流观念的概念与方法，既具有理论解释上的优点，也具有一定的可操作性。在这样一个分析中，内在价值观与外部压力因素同时得到了考察，并且还被有机地联系起来了。政策目标优先序模型对各种解释变量的包容性在很大程度上增强了其理论解释力。相对于经典的政策过程理论，该模型克服了制度主义和利益集团寻租模型过于强调某一类变量的局限性，综合考虑了各种可能情形下内在价值变量与外在工具变量交互作用的多重均衡。例如公共选择理论认为利益团体、政治家和行政官员在公共决策过程中相互勾结，构成一个"铁三角"，一起追求预算的最大化，其结果总是有损于公共利益或浪费社会资源。但是，政策目标优先序模型认为上述结果并不是必然的，其至多只是在特定条件下政策过程的一个特例或一种情形。相反，在另一些条件下，政策的结果或许有利于公共利益，有助于提高资源配置效率或分配公正性。

当然，这些多重均衡是不稳定的，随着时间和环境的变化而变化，这也是主流观念演化的本质特征。但是，该模型也存在一些不足之处：一是内在价值变量的选择是以西方流行的价值理论为基础的，而没有考虑到中国社会的传统政治伦理与价值观对政策目标确立的影响机制；二是关于政策目标优先序排列或分类基础，如公共目标与特定目标的分类依据还缺乏逻辑一致的和彻底的解释与论证。

参考文献

[1] 奥尔森，1965，《集体行动的逻辑》，上海人民出版社。

[2] 彼特斯、尼斯潘，2007，《公共政策工具》，中国人民大学出版社。

[3] 戴维·杜鲁门，1971，《政府之过程》，阿尔弗雷德·诺夫公司。

[4] 迪克西特，2004，《经济政策的制定：交易成本政治学的视角》，中国人民大学出版社。

[5] 古丁、克林格曼，2006，《政治科学新手册》（下册），生活·读书·新知三联书店。

[6] 汉密尔顿·麦迪逊，1980，《联邦党人文集》，商务印书馆。

[7] 赫希曼，2003，《欲望与利益：资本主义走向胜利前的政治争论》，上海文艺出版社。

[8] 黑尧，2001，《现代国家的政策过程》，中国青年出版社。

[9] 勒庞，2000，《乌合之众——大众心理研究》，中央编译出版社。

[10] 梁鸿，2006，《卫生政策制定中的中国国情概述》，打印稿。

[11] 迁中丰，1989，《利益集团》，经济日报出版社。

[12] 斯通，2006，《政策悖论：政治决策中的艺术》，中国人民大学出版社。

［13］王楚、韩建清，2006，"针对农民因征地上访 张德江：'三个'不能开工"，《人民日报》，1 月 4 日。

［14］王绍光，2006，《中国公共政策议程设置的模式》，中国社会科学出版社。

［15］威尔森、查尔斯，1980，《管制的政治学》，基础图书出版社。

［16］亚当·斯威夫特，2006，《政治哲学导论》，江苏人民出版社。

［17］俞可平，2002，《权利政治与公益政治》，社会科学文献出版社。

［18］Aharoni, Y. , 1986, *The Evolution and Management of Stated-owned Enterprises*, Ballinger.

［19］Barry, Weingast, 1995, "Rational Choice Perspective on the Role of Ideas: Shared Belief Systems and State Sovereignty in International Cooperation", *Politics and Society*, 23: 449 – 464.

［20］Berlin, 1969, *Four Essays on Liberty*, Oxford University Press.

［21］Bernard, C. Cohen, 1963, *The Press and Foreign Policy*, Princeton University Press.

［22］Berry, Jeffrey M. , 1989, *The Interest Group Society*, 2nd ed, Glenview, Scott, Foresman.

［23］Clark, B. , 2001, *Political Economy: a Comparative Approach*, Praeger Publisher.

［24］Dahl, Robert A. , 1989, *Democracy and Its Critics*, Yale University Press.

［25］Kaufman, H. , 1960, *The Forest Ranger: A Study in Administrative Behavior*, Johns Hopkins University Press.

［26］Majone, G. , 1989, *Evidenc, Argument and Persuasion in the Policy Press*, Yale University Press.

［27］Michael, Howlett and M. Ramesh, 2003, *Study Policy: Policy Cycles and Policy Subsystems*, Oxford University Press Canada.

［28］Posner, R. , 1974, "Theories of Economics Regulation", *Bell Journal of Economic and Management Science*, 15: 335 – 358.

［29］Stigler, George J. , 1971, "The Theory of Economic Regulation", *Bell Journal of Economics*, 2: 3 – 21.

Evolution Mechanism of Dominant-ideology and Policy Aims Priority

Zhao Deyu

(the School of Social Development and Public Policy, Fudan University)

Abstract: This paper discusses in theory the sources of policy aim, expression of special group's interests as well as differences between public aims and specific aims. It not only provides with a few possible forms of policy aims priority order, but also reveals the internal mechanism of various factors influencing the policy aims priority. The research shows that the concept and method of dominant-ideology, as the policy aim priority, has advantages on both theoretic explanation and maneuverability. In such an analysis model, the internal value and external pressure are closely linked. The model of policy aim priority is inclusive of all types of variables, which enhances its theoretical explanation to large extent. That is to say, compared with the classical policy processing theory, this model overcomes the limitation of institutionalism and interest-group rental-seek model which unduly emphasizes certain type of variables. It also takes into account of multiple balanced results of all possible situations under which the internal value variables and external instrument variables may have interactions.

Keywords: dominant-ideology; policy aims priority; internal value

稿约

由浙江大学经济学院、浙江大学民营经济研究中心、浙江大学跨学科社会科学研究中心联合主办，汪丁丁教授任主编的《新政治经济学评论》，是一份综合性的经济学理论连续出版物，刊登经济学各个领域的理论和经验研究论文。借此之际，向海内外学者同仁广纳贤言，欢迎赐稿！

《新政治经济学评论》设"综述"、"论文"、"评论与回应"、"书评"四个栏目。"综述"栏目发表关于某一领域最新学术动态的综述性文章；"论文"栏目发表原创性的理论和经验研究文章，文章长度不限，欢迎 10 000 字以上的论文；"评论与回应"栏目发表对已发表过的论文的评论和原作者的回应；"书评"发表通俗、可读的中文经济学新书的介绍和评论。以下为投稿体例。

一、稿件一般使用中文，作者投稿时应将打印稿一式三份寄至：

杭州市浙江大学经济学院《新政治经济学评论》编辑部

邮编：310027

或通过电子邮件寄至：cec_dyq@zju.edu.cn

二、稿件的第一页应该包括以下信息：

（1）文章标题；（2）作者姓名、单位，以及通信作者的通信地址和电子邮件地址；（3）感谢语（如有最佳）。

稿件的第二页应提供以下信息：

（1）文章标题；（2）200 字以内的中文摘要；（3）3 个中文关键词；（4）文章的英文标题、作者姓名的汉语拼音（或英文）和作者单位的英文名称；（5）200 字以内的英文摘要；（6）3 个 JEL（*Journal of Economic Literature*）分类号。

三、文章正文中的标题、表格、图、等式编号必须连续。

一级标题用一、二、三等编号，二级标题用（一）、（二）、（三）等，三级标题用 1、2、3 等，四级标题用（1）、（2）、（3）等。一级标题居中，二级及以下标题左对齐。前三级独占一行，不用标点符号，四级及以下与正文连排。

四、每张图必须达到出版质量，并打印在单独的一张纸上。行文中标明每张图的大体位置。

五、文章正文的脚注必须每页重新编号，编号格式为：①，②，③……

六、文章中的定理、引理、命题和定义等单独成段。定理、引理和命题的证明（如果有的话）安排在文末的附录。

七、翻译外国人名请附原文或直接采用原文。专业术语的翻译请尽量规范化，在较为生僻或可能引起歧义的情况下请附原文。

八、所有参考文献必须出现在文章的末尾，并按作者姓名的汉语拼音（或英文名字）顺序编号排列。体例如下：

［1］Acemoglu, Daron and Thierry Verdier, 2000, "The Choice between Market Failures and Corruption", *American Economic Review*, 90（1）, pp. 231 –257.

［2］Barro, Robert and Xavier Sala-i-Martin, 1995, *Economic Growth*, New York：McGraw-Hill.

［3］林毅夫，蔡昉，李周，1994，"论中国经济改革的渐进式道路"，《中国的过渡经济学》，上海：上海三联书店。

［4］汪丁丁，2003，"行为、意义与经济学"，载《经济研究》，第9期，第14—20页。

文中对文献的引用采用如"Becker（1968，pp. 168）指出……"、"报酬递增……（Romer, 1986)"，或"正如琼斯所言：'……'（琼斯，2003，第18页)"的形式。

九、本编辑部在收到稿件后的三个月内给予作者是否录用的答复，在三个月之内没有接到录用通知者即可另投。稿件如被录用，作者须将文章用与中文 Microsoft Word 兼容的软件录入，并将软盘寄至编辑部，或将文件通过电子邮件寄至：cec_ dyq@ zju. edu. cn。本编辑部因人力财力有限，恕不退稿。请作者自留底稿，并不要在信中夹带现金或邮票。

十、稿件发表前，本编辑部将把排版清样寄给作者，由作者校对稿件。稿件发表时，本编辑部将向作者提供3本样书，作者如需更多本，请付费购买。